本书得到贵州大学人文社科类学术出版基金资助

RESOURCE ALLOCATION METHOD AND
APPLICATION OF
MULTI-PROJECT CRITICAL CHAIN UNDER DATA DRIVE

数据驱动下多项目关键链资源配置方法及应用研究

张人龙 刘小红 ◎ 著

中国财经出版传媒集团

经济科学出版社

Economic Science Press

图书在版编目（CIP）数据

数据驱动下多项目关键链资源配置方法及应用研究/
张人龙，刘小红著. -- 北京：经济科学出版社，2022.7
ISBN 978 - 7 - 5218 - 3825 - 1

Ⅰ.①数… Ⅱ.①张…②刘… Ⅲ.①项目管理 - 资
源配置 - 研究 Ⅳ.①F284

中国版本图书馆 CIP 数据核字（2022）第 115801 号

责任编辑：李　宝
责任校对：刘　昕
责任印制：张佳裕

数据驱动下多项目关键链资源配置方法及应用研究

张人龙　刘小红　著

经济科学出版社出版、发行　新华书店经销

社址：北京市海淀区阜成路甲 28 号　邮编：100142

总编部电话：010 - 88191217　发行部电话：010 - 88191522

网址：www. esp. com. cn

电子邮箱：esp@ esp. com. cn

天猫网店：经济科学出版社旗舰店

网址：http：//jjkxcbs. tmall. com

北京季蜂印刷有限公司印装

710×1000　16 开　16.25 印张　330000 字

2022 年 10 月第 1 版　2022 年 10 月第 1 次印刷

ISBN 978 - 7 - 5218 - 3825 - 1　定价：66.00 元

（图书出现印装问题，本社负责调换。电话：010 - 88191545）

（版权所有　侵权必究　打击盗版　举报热线：010 - 88191661

QQ：2242791300　营销中心电话：010 - 88191537

电子邮箱：dbts@ esp. com. cn）

前 言

　　大数据驱动下的管理与决策呈现出高频实时、深度定制化、全周期沉浸式交互、跨组织整合、多主体决策等特性。在大数据背景下，传统的管理与决策正从以管理流程为主的线性范式逐渐向以数据为中心的扁平化范式转变，管理与决策中各参与方的角色和相关信息流向更趋于多元和交互。同时，移动互联网、云计算、大数据、物联网、人工智能催生了新模式、新业态和新人群，为社会经济生活注入了新活力，进一步丰富和拓展了大数据应用创新领域，为学术界、产业界以及政府部门带来许多新的项目管理研究的理论和应用性课题。

　　项目管理已成为一种有效的管理技术和管理方式，并越来越得到企业的广泛应用，同时，其研究及实践重心也开始从原来的单项目管理向多项目管理转化。多项目管理被认为是21世纪一种全新的管理方法而日益受到企业的青睐。随着多项目管理理论与方法的发展，目前多项目资源配置，特别是多项目关键链资源配置，显得更加重要，并成为多项目管理领域的研究热点。目前，大部分多项目管理问题实际上已升级为多项目资源配置问题。本书从项目族视角，以大数据驱动下多项目关键链资源配置为研究对象，应用粒计算、云模型及混合量子粒子群算法等理论对多项目关键链资源配置参数、多项目关键链资源配置模型、资源配置算法及其鲁棒性等问题深入研究。本书主要研究内容、研究成果及其创新点包含以下几个方面：

　　从项目族视角，在多项目管理理论与方法以及工作分解结构研究基础上构建多项目工作分解结构GWBS模型；然后通过多项目关键链资源理论研究在GWBS模型上构建了多项目关键链资源GBOR模型；GWBS模型和GBOR模型的提出有效提高了资源配置效率以及多项目管理水平；应用不确定性粒计算方法对多项目关键链资源配置进行具体分析研究：基于模糊粗糙集的多项目关键链资源配置，基于信息熵粗糙集的多项目关键链资源配置，基于可调变精度粗糙集的多项目关键链资源配置；同时，提出了多项目关键链资源属性定量测定方法；该研究成果可为多项目关键链资源有效配置提供科学依据。

在对大数据驱动下多项目关键链资源 GBOR 研究的基础上设计了多项目关键链资源参数及资源缓冲，为多项目关键链资源定量配置提供了条件；同时，对多项目关键链资源熵进行定量测定；在云模型基础上构建基于高斯分布的云模型，在基于云模型的多项目关键链资源属性研究基础上应用高斯云模型对多项目关键链进行定量识别和测定研究，该研究成果为多项目关键链资源有效配置提供前提条件以及重要基础。

通过多项目理论与方法、关键链理论、多项目资源配置理论研究，在多项目关键链资源配置问题及其特征参数研究基础上构建了基于多属性的多项目关键链资源配置模型；同时，在以上研究基础上应用学习效应理论构建了基于学习效应的多项目关键链资源配置模型：基于 Wright 学习效应的多项目关键链资源配置模型；基于 Richard 学习效应的多项目关键链资源配置模型；基于 Dejong 学习效应的多项目关键链资源配置模型以及基于混合学习算法的多项目关键链资源配置模型并对其进行算例分析；该研究成果为多项目关键链资源有效配置提供了理论基础以及实践依据。

在区间优化算法理论、粒子群算法以及量子算法研究基础上提出了多目标区间粒子群算法以及基于云模型的混合量子粒子群算法；同时，应用混合量子粒子群算法对多项目关键链资源配置进行研究；在研究过程中结合多项目案例集进行资源配置仿真实验；然后对多项目关键链资源配置模型及其算法进行鲁棒性研究；该研究成果可为多项目关键链资源有效配置提供科学实现方法和实现条件，并且该研究成果能为多项目关键链资源配置提供有效鲁棒性控制方法以及管理建议。

本书研究既具有一定的理论价值又具有较强的现实意义，其研究价值主要体现在以下方面：在多项目管理理论和方法研究基础上提出了 GWBS 模型以及 GBOR 模型，为多项目关键链资源有效配置提供了新的视角；在对多项目关键链资源配置问题及其配置深入研究的基础上构建了大数据驱动下多项目关键链资源配置理论模型，为解决多项目关键链资源配置问题提供了新的研究思路及新的理论基础；通过多项目关键链资源配置新算法设计及其鲁棒性研究有效、科学地解决了大数据驱动下多项目关键链资源的有效配置问题。本书以多项目关键链资源为研究对象，借鉴敏捷管理原理中的 GBOM 思想，以响应变化的思想取代抵制变化的观念；以多项目关键链资源族 GBOR 的运作逻辑替代传统项目资源配置的方式，同时，采用人工智能算法、系统建模、学习效应等多学科理论与方法，为数据驱动下多项目关键链资源的有效配置提供了新的视角和新的方法。因此，本书具有较高的理论价值和应用价值。本书的出版得到了贵州大学人文社科类学术出版基金资助，感谢贵州大学哲学院与管理学院的领导和老师们的支持与帮助！

作　者

于贵州大学管理学院

目 录

第 1 章

绪　　论

1.1　研究背景与研究意义

1.1.1　研究背景

移动互联环境下的新兴技术快速发展与应用（如物联网、云计算、人工智能等）催生了新的商业模式，给整个社会经济发展注入了新的动能，并进一步拓展了大数据的应用领域，为学术界、产业界以及项目管理带来许多新的课题。同时，数字经济催生了以大数据为代表的新型生产要素，以数据驱动持续增长和创新发展是企业数字化转型的关键，企业也将面临越来越多的多项目管理的挑战。因此，本书对数据驱动下多项目关键链资源的有效配置进行深入探讨。随着项目管理作为一种有效的现代管理技术和管理方法得到广泛应用，其研究与实践重心已开始从单项目管理（single project management）转移到多项目管理（multi-project management，MPM）。在企业实际运作中发现高达90%的项目属于多项目运作且绝大部分是存在资源竞争的多项目。而经济的快速发展，各类以项目为运作单元的公司，如软件公司、工程建设公司、咨询公司等，无论是项目数量还是项目规模都在快速扩大。例如，根据《中国建筑2021年年度报告》，中国建筑工程总公司2021年度新签项目合同总额为35295亿元，相比2020年的32008亿元同比增长10.3%；竣工验收项目总数为11475个，其中境内11250个，境外225个；在建项目总数为22880个，其中境内22135个，境外745个；新签项目数量为5920个。随着项目规模扩大、项目数量增加以及地域国际化，项目资源的有效配置与利用已成为制约这些公司项目运作成功的关键。国家统计局对2003年以来承建项目按1‰比例抽样发现，由于项目资源配置不足等原因造成项目运营过程中存在极大偏差，有71.43%的项目超期完工，其中，64.29%的项目进度拖延超过半个月，42.86%的项目进度拖延超过三个月，项目工期偏差最大竟然达

488 天，实际项目工期竟然达计划工期的三倍之多。

多项目资源配置研究目前是理论界和企业界关注的热点领域。苏维·埃洛宁（Suvi Elonen，2008）对多项目运作环境下的项目影响因素重要程度进行统计研究发现，关键链资源不合理配置影响程度比例高达 24%。马茨·恩格沃尔、安娜·杰布兰特（M. Engwall and A. Jerbrant，2003）认为资源对企业很重要，特别是关键链资源是项目执行中不可缺少的重要组成部分。因此，如何解决多项目关键链资源有效配置已成为国内外多项目运作企业十分重要的课题。本书针对多项目关键链资源配置这一重要问题，参考多项目管理理论与方法提供的解决方案，特别是项目族工作分解结构（group work breakdown structure，GWBS）理论与方法能准确应对多项目运作环境下项目产品化趋势，将过去孤立的多项目管理研究转换到基于类的多项目管理研究，这为多项目运作环境下项目管理提供了一种全新视角的理论与方法。

传统项目管理通常以单项目作为研究对象，并将项目看成一个封闭系统做决策，导致最终结论也相对简化。但是，随着项目规模不断增加以及项目复杂程度的不断增强，单项目管理已不再适应社会及其本身发展要求，据洛瓦与托莫斯（Lova and Tormos，2000）调查统计，84% 的西班牙企业在多项目环境下运作并共享多种项目资源。多样化项目需求以及多元化项目经营与服务面临着多项目管理及多项目管理技术的应用，这迫使企业从综合效益考虑多项目管理核心的应用，即如何提高项目资源配置效率。因此，多项目资源配置问题已日益受到关注，国内外相关研究趋势从资源受限多项目问题拓展为资源受限融合多项目资源配置新问题。本书研究成果将有效改进多项目关键链资源配置管理理论与方法，对如何有效实施多项目关键链资源配置有重要的指导实践价值。

1.1.2 研究意义

多项目资源配置问题是我国管理学界学者和企业界目前关注的焦点课题。本书以提高多项目关键链资源配置效率及其水平为研究目标，以多项目关键链资源配置为研究对象，从项目族视角对多项目关键链资源配置问题展开深入研究。目前，企业面临复杂多变的动态环境，单项目管理已不再适应市场发展需要，而多项目管理能及时调整好自身战略目标，有效对项目及项目间资源进行科学合理配置，且注重项目活动与项目资源间相互关联，注重项目整体效益并提高组织间技术、知识以及信息共享程度；通过增强项目间的联系，解决多项目资源配置效率低的难题。多项目运作环境下的管理问题属于项目管理领域的研究热点，具有较强理论意义、实践价值以及很好的应用空间。

理论意义：本书针对多项目关键链资源配置问题，以多项目关键链资源为主要研究对象，借鉴项目族工作分解结构思想构建基于 GWBS 的多项目资源类清单（general bill of resources，GBOR）模型，根据多项目及其运作特点以及多项目类分解结构分解特征对多项目关键链资源配置进行深入研究；在满足约束条件的前提下，在从项目族视角对多项目关键链资源配置进行深入研究的基础上，应用 GBOR 等理论构建基于多属性的多项目关键链资源配置模型；应用学习效应理论构建基于学习效应的多项目关键链资源配置模型；同时，在量子算法和人工智能算法研究基础上开发多项目关键链资源配置算法——区间量子粒子群算法和基于云模型的混合粒子群算法；并对多项目关键链资源配置模型及其算法的鲁棒性进行研究。本书的研究成果对提高多项目关键链资源有效配置及其管理水平有重要指导价值，同时，能进一步有效改进多项目关键链资源配置管理理论与方法，并为多项目关键链资源配置提供很好的研究思路。

实践意义：企业多项目资源错配问题具有广泛性与普遍性，既严重损害生产率的进步与经济发展，又带来环境负生态效应。因此，考虑环境污染的资源优化配置，如何有效提高多项目关键链资源配置效率是多项目资源配置领域急需解决的难题。基于上述研究背景，本书以如何进行多项目关键链资源配置、怎样构建多项目关键链资源配置模型以及设计多项目关键链资源配置算法为主要研究思路，以多项目关键链资源配置为对象，借鉴项目族工作分解结构思想，根据多项目及其运作特征构建了基于 GWBS 的资源类清单 GBOR 模型，结合多项目关键链资源多属性特征，应用多项目理论、多属性、学习效应理论与方法，深入剖析多项目关键链资源配置问题，构建各类型多项目关键链资源配置模型，在云模型、粒子群算法、量子算法等研究基础上设计基于云模型的混合量子粒子群算法；对多项目关键链资源配置模型和算法进行鲁棒性分析并从生态视角提出资源配置的相关性控制方法和建议，具有重要的理论参考与实践指导意义。

1.2　文献综述

1.2.1　多项目资源配置

项目管理是一项在有限的资源约束下，为满足甚至超越项目涉及人员对项目的需求与期望，将理论知识、技能等应用到实际项目过程中的一项科学管理活动。进入 20 世纪 90 年代，特纳等（Turner et al.，1999）率先提出项目导向型社会设想，即在这种社会中营利组织和非营利组织经常使用基于项目管理工作方法来开展具有独特性和复杂性较高的工作。而普里茨克尔（Pritsker，1969）最早提出多项目概念，指出多项目管理是站在企业层面对现行组织中所有的项目进行筛选、评估、计划、执行与控制的项目管理方式。多项目管理与一般单项目管理虽然都属于项目管理大的范畴，但在战略性、动态性、最佳资源利用率、组织的整合性等方面存在很大区别，因而使越来越多的国内外学者对其进行深入研究和探讨，目前多项目管理理论及其方法研究以及多项目运作环境下的多项目资源配置已经成为热点课题。部分研究表明，多项目资源配置的最终效率与最低项目工期及项目工期标准偏差有很大关系，所以按照一定的配置规则对资源进行有效配置具有十分重要的作用。然而，在多项目资源配置研究中，如何优化研发项目资源配置，特别是项目关键研发人才以及项目瓶颈资源的有效配置越来越重要。同时也要关注项目资源配置过程中资源的相互依赖关系及其特征变化。资源约束下的多项目资源优化配置通常采用启发式算法，并借助多通道排队理论来解决多项目资源分配 MPRA 问题。实质上多项目资源配置问题是在优先权和资源约束下对项目资源进行有效利用。赵颂提出了具有资源转移的随机分散多项目资源配置问题，采用新闭环近似动态规划方法可以进一步提高基本启发式算法的求解质量，研究方法的有效性及其研究成果可应用到项目资源配置管理中（Song Zhao，2021）。项目矩阵结构已经成为维持多项目环境下资源有效配置的一种重要组织形式。针对不确定性资源与稀缺资源配置问题以及项目资源具有的冲突性，佐哈尔·拉斯洛（Zohar Laslo，2008）应用项目净收益作为重要指标对项目进行定量评价，探讨多项目资源分配不确定性环境下矩阵式多项目组织结构对资源配置的影响，应用系统动力学方法以及仿真方法统一资源配置策略，解决多项目资源配置问题，提高组织绩效从而实现企业整体效益。根据相关资源配置研究发现，资源的有效配置对企业发展具有重要的战略意义。如何解决跨国企业内部子公司的项目资源配置问题，可依据子公司项目资源配置的决定性因素，如资源议价能力以及项目创新的特征等，通过创新转移项目资源来配置子公司的资源需求。多项目资源配置研究主要集中于多项目资源配置的研究内容、资源配置的评价方法以及资源配置的算法优化等几个方面。约翰·H. 佩恩（John H. Payne，1995）通过对多项目及其管理发展情况进行梳理，在针对项目资源、项目规模以及项目资源的需求等方面进行分析研究的基础上，提出了多项目资源配置管理方法，设计了多项目资源配置算法并对其进行具体算例分析。阿普凡·德梅尔韦（Apvan Der Merwe，1997）针对多项目管理组织结构采取关键链的控制方法，并对多项目关键链进行了实证研究。桑托什·巴塔拉伊等（Santosh Bhattarai et al.，2020）

针对研发项目提出了多项目环境下基于结果公平性的项目选择，并构建了项目间进行利益分配的最佳平衡多维分配模型。巴列斯特罗斯·佩雷斯等（P. Ballesteros‐Pérez et al.，2012）同样研究多项目环境下优化现有资源的分配过程，构建了基于优先规则的矩阵分配理论模型，通过大量实证分析研究发现在分配方法上可以采用资源组合方法来进行多项目资源的配置。阿利（Ali J.，2001）指出多项目中各种变量都是随机动态、不确定的，有必要对其进行项目资源配置机理方面的研究。李菲菲等（Feifei Li et al.，2021）利用精确搜索和基于局部搜索的启发式算法解决基于多智能体的分散多项目调度与资源分配问题，缓解自主局部决策的资源竞争，实现全局决策者资源的合理配置。当前，国内外越来越多的企业开始运用多项目管理理念开展业务，催生了企业资源配置职能的演化。而多项目管理往往涉及同种约束条件下的多个子集，受到人力、资金、材料和设备等生产要素的制约，因此，只有深度解析企业资源配置存在的相关问题，才能提出更好的解决措施，科学规范地推动企业内部管理的优化。

舒心等（2021）考虑不确定性医疗服务多项目活动时间，以优化项目资源水平为目标建立了多项目资源优化模型，采用遗传算法对模型进行求解，并对多项目资源进行了有效配置。胡雪君等（2021）考虑活动工期的不确定性，从时差效用拖期成本—鲁棒性的多目标框架下构建资源专享—转移视角下的多项目资源配置模型。于懿宁等（2020）考虑多技能异质的共享资源特性以及指派方案不同，构建了基于多技能的多项目资源配置模型。马西耶·哈普克等（Maciej Hapke et al.，1998）应用加权法针对多项目目标问题进行加权归一化处理，将多目标问题转化为单目标问题并针对项目资源配置问题构建多目标项目资源优化模型，应用启发式人工智能算法进行算例求解，其研究成果为多目标资源配置问题提供了有效处理办法。田原等（Yuan Tian et al.，2022）采用动态两阶段方法求解多目标资源受限的项目资源配置问题，应用 PSA 方法产生非支配解，应用约束搜索算法对产生的近似解与非支配解进行交互分析，最终求得项目资源配置的有效折中解并应用算例进行了验证。伯特·德雷克和威利·赫罗伦（Bert De Reyck and Willy Herroelen，1999）采用类似多目标问题转化为单目标问题求解方法，应用单项目求解方法来求解多项目资源配置问题，并采用单项目求解方法进行多项目资源配置问题的求解。纽曼等（K. Neumann et al.，2000）针对多项目资源净现值特征提出多模式多项目资源配置问题，通过多项目活动的不同模式来获取多项目资源净现值最大化，最后就多项目资源配置问题提出了基于拉格朗日松弛的求解方法。安娜·维安娜等（Viana Ana et al.，2000）分别采用 PSA 和多目标禁忌搜索算法 MOTS 求解多目标资源受限项目资源配置的近似帕累托解集，并对研究结果进行比较分析得到 MOTS 优于 PSA 的结论。克诺萨拉和沃尔（R. Knosala and T. Wal，2001）应用遗传算法解决多项目资源配置问题，应用动态优先级方法对动态多项目环境中资源实行最优配置并使项目资源总成本达到最小化，同时应用算例对新方法进行了验证分析。法迪·A. 扎拉克特等（Fadi A. Zaraket et al.，2014）研究项目的优化选择以及资源的有效分配框架，通过设计新的禁忌选择和贪婪分配 TSGA 的元启发式算法，克服计算复杂性从而提高资源的配置效率，可使企业资源有效利用产出的利润最大化。法特米·戈米等（S. M. T Fatemi Ghomi et al.，2002）针对资源约束下多项目问题提出了资源配置仿真模型，发现在 MPRA 模式下可通过启发式算法进行求解，并应用相关算例验证了多项目资源配置问题的有效性。彼得罗·德马里尼斯等（Pietro De Marinis et al.，2020）考虑资源受限条件，针对农业发展项目资源配置问题，采用参与式层次分析法构建了多项目资源配置模型，最后应用算例与实例对模型和算法的有效性进行了验证。森吉兹·卡拉曼等（Cengiz Kahraman et al.，2010）应用资源计划替代法对项目资源进行组合管理，在资源组合管理研究基础上针对车间特点应用贪婪优先法则构建了基于交付约束的资源优化扩展模型，并应用并行贪婪算法及搜索演化算法对构建的扩展模型进行仿真实验与模拟。陈瑞茂（Ruey–Maw Chen，2011）设计粒子群优化算法来探讨解决多项目资源受限配置问题，在标准粒子群算法研究的基础上设计改进粒子群算法求解多项目资源配置最优化解，应用算例对多项目资源受限配置进行了相关验证说明。沈晓宁等（Xiaoning Shen et al.，2019）针对大规模多目标软件项目资源调度问题，考虑工期和成本两个与效率相关的指标，同时考虑项目不确定性的鲁棒性和员工对受各种现实约束的满意度等因素，构建改进资源分配协同进化算法，通过 15 个随机实例和 3 个真实实例的实验结果表明，新算法在保持均匀分布解的同时，取得了比其他进化算法更好的收敛性能。雅格霍特卡和吉尔（K. Yaghootkar and N. Gil，2012）在项目资源驱动和资源容量条件约束下针对多项目资源配置问题进行研究，通过多项目并行工程分享技术以及系统动力学对多项目资源配置进行仿真模拟，从而达到加快项目资源优化配置的最终目的，并且其项目资源配置优化研究成果在实践中得到了广泛应用。

刘士新等（2001）在项目资源配置理论研究基础上，应用直接搜索算法求解项目资源配置全局最优问题，并给出了算法的具体求解步骤。寿涌毅（2004）对多项目资源配置进行了研究，提出了一种新拉格朗日分解法和次梯度优化方法，同时，应用混合算法求解多项目资源配置最优解，从而解决了项目间资源冲突问题。陈宁等（2006）应用资源效率转换系数以及随机理论解决多项目并行时资源配置效率问题，在项目资源配置研究基础上构建同时考虑配置效率和配置水平的多项目资源配置模型，对其进行相关数学分析并给出了具体算法和算例。彭武良、郝永平（2010）通过改进粒子群算法来解决项目资源配置问题，并且针对不同项目资源配置应用了大量算例进行数值仿真分析研究。别黎、崔南方（2011）应用鼓理论对多项目关键链资源配置能力约束缓冲大小进行设置，提出项目鼓资源紧张度以及项目鼓网络复杂度理论，并应用紧张度以及网络复杂度分析了项目能力约束下的项目缓冲原理。张俊光等（2021）为了提高系统关键链的工作效率，提出了一种基于关键工序综合优先级的能力约束缓冲分配模型和两阶段监控预警模型。赵松等（2021）针对地域分散型多项目时间/成本权衡问题，设计一种遗传算法对带有预算约束的局部项目调度问题进行求解，采用序贯博弈谈判机制协调总预算在多项目间的分配并制定全局资源转移计划。刘东宁、徐哲（2021）以最小化期望总拖期成本为目标，设计基于多优先规则启发式的动态调度算法，在每个决策点分别以不同的多优先规则启发式决策候选活动和协调候选活动间的全局资源冲突。张静文等（2021）在研究满足两类资源约束的调度方案中识别出关键链并改变关键活动在活动序列编码中的位置，以增加解的多样性从而提高搜索效率。

多约束的多项目资源配置问题是目前国内外的一个研究热点。阿莫尔·辛格（Amol Singh，2014）构建一个基于优先级的规则与层次分析法相结合的混合算法来解决多项目资源调度问题。通过实验证明该集成项目优先算法优于现有优先权规则算法，计算结果验证了改进混合算法具有较强的有效性。熊健等（Jian Xiong et al.，2016）针对资源受限项目调度问题提出项目优先级关系，指出了每个单独的资源单元可以具有不同的资源效率；活动持续时间的不确定性本质上是与时间或效率相关的。该问题被描述为一个多目标优化模型，同时考虑完工时间和资源效率的平衡。设计一种协同进化多目标算法 CCMOA，以产生高质量的解。与 MOEA/D 和 NSGA – Ⅱ 这两种流行的多目标优化算法相比，实验结果表明所提出的新算法具有相对有效性。苏尼尔·阿多等（Sunil Adhau et al.，2013）认为针对多项目企业在地理上分布不同，不考虑资源转移时间、执行以及控制成本，需要数量有限可用资源在项目间转移或共享，提出现有多智能体系统分布式资源约束下的多项目调度问题，并对 140 套标准测试问题进行训练，实验结果表明平均延迟相对差距 APD 只有 33.43%，然而总完工时间误差平均百分比差距 TMS 达到 6.52%。结果证明了资源转移对项目延迟和多项目持续时间具有较强的影响作用。文森特·范彼得汉姆等（Vincent Van Peteghem et al.，2014）针对多模式资源受限项目调度问题提出了元启发式算法解决现有基准数据集和新生成数据集，所提供计算结果说明了元启发式算法的有效性。为解决资源约束多项目管理者如何优化分配资源难题，泰森·R. 布朗宁和阿里·A. 亚辛（Tyson R. Browning and Ali A. Yassine，2010）针对 20 个优先规则对 12320 个问题库进行具体测试，研究发现在受限情况下项目优先规则表现不佳；投资组合经理和项目经理喜欢何种不同优先级规则取决于项目的局部性以及全局性目标。托马斯·S. 基里亚基迪斯等（Thomas S. Kyriakidis et al.，2012）针对多模式资源受限项目调度问题构建了可再生和不可再生资源的基于过程混合整数线性规划模型，用基于网络的表示新回路方法将该模型有效地转化成一组描述优先关系和不同类型资源约束的数学模型，最后证明了模型和算法的有效性。

项目资源配置问题实质上是一个多目标优化问题，有学者提出了多目标资源受限项目调度问题 MORCPSPS 以及用启发式演化算法来解决工程实例问题（Francisco Ballestín and Rosa Blanco，2011）。汤米·梅塞利斯等（Tommy Messelis et al.，2014）研究多模式资源受限项目调度问题及其算法，发现通过改变混合算法优化策略可以大幅度提高算法的整体性能。还有学者研究多模式资源约束项目调度问题分布式算法 EDA 并设计 DOE 实验测试，通过仿真结果比较分析表明分布式算法对解决该问题具有针对性和有效性，设计了一种有效混合蛙跳算法 SFLA 解决多模式资源受限项目调度问题。在混合蛙跳算法中虚拟青蛙被编码为扩展多模活动清单 EMAL 以及多模串行进度生成机制，结合本地搜索（包括多模排列为基础本地搜索），其测试计算结果证明了该算法的有效性（Ling Wang and Chen Fang，2012）。何塞·科埃略（José Coelho，2011）对多模式资源受限项目调度问题（multi-mode resource constrained project scheduling problem，MRCPSP）进行优先级相关研究，设计有效元启发式方法来解决 MRCPSP 问题。新算法的执行完全依靠单一优先级列表来优化，并通过简单适应纯 SAT 求解器求解 MRCPSP 问题，计算结果表明该算法程序能更好地解决 MRCPSP 问题，但是需要耗费更多 CPU 时间。在当今竞争非常激烈的环境中减少项目时间和成本是一个很重要的问题，帕维兹·古杜西等（Parviz Ghoddousi et al.，2013）提出了多模式资源受限项目调度 MRCPSP 问题、离散时间成本权衡 DTCTP 问题以及资源分配和资源均衡 RLP 问题。应用基于非支配遗传算法 NSGA－Ⅱ搜索非劣解，考虑总项目时间、成本以及资源时刻偏差三个目标并构建 MRC－DTCTP 模型来解决 MRCPSP 问题。图利·巴克希等（Tuli Bakshi et al.，2012）提出关于粒子群优化 PSO 资源受限的项目调度问题，为了评估 PSO 的性能，采用最小化成本法解决资源受限的项目调度问题并给出计算分析，结果表明 PSO 算法在资源约束下项目调度中的应用是可行的。赫尔顿·克里斯蒂亚诺·戈麦斯等（Helton Cristiano Gomes et al.，2014）针对资源受限项目调度问题优先级关系设计了基于多目标 MOG，多目标变邻域搜索 MOVNS 和帕累托迭代局部搜索 PILS 元启发式算法。实验结果表明统计显著差异以及错误率都很好，验证了该算法的有效性。黄健仓（2016）指出资源约束下的多项目调度问题是建设企业多项目管理中的核心问题，以最小化项目时间为目标，给出受工期时间约束和资源约束的数学模型，借助自适应遗传算法对该模型求解，为建设企业大型多项目管理的实际操作提供技术手段与方法参考。郭庆军、赛云秀（2007）针对多项目进度管理问题，确定多项目的瓶颈缓冲及对后续项目的影响，综合应用关键链和进度控制方法进行进度的适时控制，保证了多项目计划在不确定性环境下的稳定运行。

实际工作对网络计划中的工期—资源优化问题提出了两类要求：一类是在有限资源约束下寻求最短完工期；另一类是在规定工期内使某一个资源的占用值最小，即资源均衡优化问题。多项目管理中由于资源的有限性，平行活动间往往会发生"争夺"资源的现象。在保证关键活动完工期不变的前提下，启发式算法可对资源均衡作出优化。从理论上说，资源约束条件下的优化问题是一种组合优化问题，这类问题受到活动的先后次序和资源限度的双重约束，使问题本身具有内在的复杂性，导致构建的解析模型规模庞大，因而各种启发式准则和算法过程不断出现。目前我国很多项目都具有规模大、结构复杂、技术难度高、资源约束、周期长、相关单位多等特点，项目进度受到的影响因素也较多，而关键链法作为项目进度管理的重要组成部分，蔡雅莉（2016）指出研究基于资源约束的关键链法可以进一步丰富项目进度管理方法的理论体系，不仅具有理论开拓价值还有一定的现实指导意义。多项目多资源项目进度计划是一个 NP 难问题。廖良才、张琦（2014）应用关键链思想与方法建立了一种多项目多资源进度计划模型；并设计基于混合遗传和禁忌搜索算法的模型求解算法。通过实例求解验证了关键链方法在研究多资源约束多项目问题上的有效性，以及混合遗传和禁忌搜索算法求解问题的可行性。当前越来越多的企业运用多项目管理理念优化企业资源配置受到诸多现实条件与复杂性问题的限制。而资源受限项目调度问题，如作业任务调度设计、模糊项目调度设计、调度方案的鲁棒性以及资源受限项目调度算法设计等已经被证明是 NP-hard 问题。然而资源在多项目间不同的分配策略会影响项目的工期安排及企业收益情况，如何解决这些问题推动企业多项目运作发展，值得进一步深入研究。综上可知，多项目资源配置已经引起学术界的关注并从纵横视角不断深化相关研究。随着"互联网＋"及 5G 移动互联时代的到来，企业信息化得到了快速发展，企业经营者利用智能设备、物联网、移动互联等新技术积攒了海量数据，未来大数据在企业运营中将扮演非常重要的角色，包括大数据将全面参与企业的运营、决定企业的智能化进程、促进中小企业的资源整合能力等。

在当前的大数据时代，企业的运营方式也将逐渐转向数据驱动型运营方式，这为多项目资源配置研究拓展了更为广阔的研究前景，也增加了研究难度。

1.2.2 多属性及其粒计算

多属性决策理论与方法在各领域中具有深刻的理论意义和广泛的实际应用价值，对多属性决策的研究引起了学者们的高度关注，如基于多层次组合决策理论，针对具有主观不确定性判断信息的多属性决策问题，学者们（Bingsheng Liu et al.，2014；Bingsheng Liu et al.，2015）结合其信息相关性设计了一种对不确定性信息进行组合的新算法，将不确定性问题转化为普通确定性多属性决策的信息融合决策问题。多属性决策相关理论与方法日益完善，延展了很多不同的理论研究方向和研究课题，如基于误差传递理论与比重变换法定义了区间数决策矩阵规范化的误差传递法；基于区间数以及模糊的有关运算给出了区间数以及模糊数决策矩阵规范化比重变换法和极差变换法；针对现有区间数 DEMATEL 决策方法且未考虑区间数具有正态分布特征的情况，提出新的区间信息下的决策方法；针对多个决策者以区间数和模糊数形式给出决策判断矩阵，构建了基于误差传递理论判断矩阵的集结算法；重构了具有模糊与多属性决策的排序问题以及群决策等问题。梳理文献可知，多属性决策方法研究总体可以分为以下两种：确定型多属性决策方法和不确定型多属性决策方法。其中，确定型多属性决策方法的研究对象主要针对其属性、约束、价值偏好等决策要素都是确定的，或者关于它们的决策信息是属于完全多属性决策问题。迄今为止关于确定型多属性决策方法的研究相对于不确定型多属性决策方法的研究越来越多，确定型多属性决策理论也日益成熟。例如，刘树林、汪寿阳（1999）、龚本刚（2007）等学者根据偏好信息特征不同，对现有确定型多属性决策方法的分类、理论与方法进行了深入探讨和研究。综上分析，本书从信息偏好视角将确定型多属性决策方法综合分成三类，具体内容如表 1.1 所示。

表 1.1 确定型多属性决策方法

类别	主要方法
有关无偏好信息多属性决策方法	主成分分析法、优势法、极大极小法、极大极大法、相关熵的技术法
有关属性集偏好信息多属性决策方法	多属性决策方法（PROMETHEE、PROMETHEE-Ⅱ、TOPSIS、ELEC-TRT）、字典序法、简单加性加权法、层次分析法、理想点法
有关方案集偏好信息多属性决策方法	多维偏好分析的线性规划法、交互式简单加性加权法法、有理想点多维标度法等

除了研究确定型多属性决策方法外，国内外很多学者对于不确定型多属性决策方法及其理论也进行了大量的研究：考虑不确定型多属性决策方法的研究对象如属性、属性约束、属性价值偏好等要素是否完全确定或部分是确定的，或者关于决策信息是否完全或部分不完全等。韩玮等（2021）、李鹏宇、吴冲（2021）、陈伟（2017）等学者研究时间、属性、方案三个维度的多属性决策问题，并考虑群体多属性决策问题中决策人的风险偏好，在直觉梯形模糊数的基础上，利用区间有序加权平均算子转换成直觉模糊数，开创了多属性决策不同的研究维度并取得了一定的研究成果，在具体算例应用中给出了新方法的具体步骤并验证了方法的有效性。目前对时间序列的多属性决策方法的研究也日益增多，其研究对象各不相同，主要包括时序多属性决策理想矩阵法、二阶段法、关联分析法、满意度矩阵法以及动态加权平均算子法等。针对混合型多属性决策方法的研究主要从不同视角对多属性决策中单属性价值以精确数、区间数、模糊数等不同混合形式展开研究。但是对于传统决策支持系统中具有模糊、定性等特点的不确定型多属性决策问题仍难以有效解决，因而曾培红等（Tzung – Pei Hong et al.，2002）开始将人工智能（artifieial intelligenee）、神经网络（neural network）、遗传算法（genetie algorithln）、机器学习（machine learning）和专家系统（expert system）等技术应用到不确定型多属性决策问题的解决中，从而提出了更具效率的多种智能决策方法。国内学者基于多属性决策方法的研究，是在概率犹豫模糊集和犹豫直觉模糊集的基础上，对混合型属性的决策信息进行统一描述，并提出概率犹豫直觉模糊熵对决策信息的犹豫性和不确定性进行测度。例如，万树平、董九英（2014）、张小芝等（2014）、李岩等（2020）、姜广田（2014）、陈晓红等（2012）对基于三角直觉模糊数多属性决策、时间序列多属性决策、多属性相对变权决策、混合型随机多属性决策方法、基于梯形模糊数的分层多目标决策等进行了系统分析和研究。从以上文献可以看出：多属性决策方法可以对企业中的多目标决策问题做出实质性决策与优化。本书在研究过程中应用多项目关键链资源属性特征描述多项目实例资源，并构建多项目资源库属性特征能力属性集合。多项目关键链资源需求分析及其动态配置过程离不开对多项目资源属性特征的深入分析。因此，本书有必要对多项目关键链资源配置过程中的资源属性内在特征、相互作用关系等资源属性内容进行更深入的探讨。

在处理大量复杂信息时，往往会把大量复杂信息按其各自特征和性能划分为若干较为简单的块，每个被分出来的块被定义成粒。多粒度数据就是一种特殊的、有用的数据类型，通过对论域采用不同的粒化方式使得数据能够在多个粒度空间中进行呈现。粒计算作为一种新兴的多学科范式，近年来受到了广泛的关注。部分文献对基于粒计算的多粒度数据研究进行综述，给出了每一类多粒度数据分析方法的理论框架、基本概念以及多粒度数据分析研究中存在的若干问题。实际上粒就是指一些个体通过相似关系、邻近关系或者功能关系相似等所形成的块，对这些块信息进行处理的过程和方法就称为信息粒化。目前粒计算属于一个没有明确定义及范围的新研究领域，不同研究者对粒计算的理解也不完全相同。为了构造更一般的粒度、层次和层次结构，学者们利用数据和参数的演化机制研究了邻域系统中顺序三向决策的集成多粒度方法。粒计算处理大体分为两大类：一类侧重于不确定性处理粒计算；另一类则注重于多粒度计算以及粒计算。粒计算在处理多属性决策问题中都是通过一系列矩阵运算构造并修改新的划分矩阵。粒计算中信息粒是广泛存在的，实际上粒计算是对现实问题进行信息粒化处理和存储信息粒的一种新计算方法，其中粒计算模型可以分为两大类：一类是以处理不确定性问题为主要目标的粒计算模型，如模糊粒计算模型中以模糊粗糙集作为方法的理论模型等；另一类是多粒度粒计算模型与方法，如基于熵空间方法的多粒度粒计算理论与方法。因此有必要对当前粒计算领域中已开展的多粒度数据分析工作进行归纳总结并梳理出粒计算领域存在的问题，为促进粒计算的进一步研究与发展提供理论参考。

目前，粒计算方法（granular computing method，GCM）是人工智能研究领域拓展的一种新研究方法，主要用来模拟不确定性、高复杂性等复合问题以及复杂问题的求解、大数据处理和数据挖掘、模糊信息的有效处理等。国内外相关研究成果较多，集中于组合粗糙集及其应用研究、模糊邻域系统、基于二元关系的信任函数的粒计算模型、基于邻域系统的粒计算在粒结构、粒表示以及粒应用研究等。粒计算中的模糊集理论和粗糙集方法都可以应用于数据挖掘以及机器学习等领域，在研究粒计算熵空间过程中可采用启发式搜索算法、信息融合算法以及路径推理的混合智能算法解决实际问题。刘盾等（2019）分析了三支决策与粗糙集理论的历史脉络、内在联系和相互关系，探讨了决策粗糙集、概率粗糙集、粗糙集和三支决策之间的包含关系，提出了基于容差关系的粒计算理论模型构建，应用粒计算运算方法以及粒计算分解算法，考虑粒的属性容差关系，同时结合粗糙集中属性约简完善了信息系统的粒计算方法，并提出了粒属性必要性判定不确定模糊条件，取得了粒计算应用性研究成果。李道国等（2006）在粒计算理论研究基础上构建了基于粒空间的 BP 网络模型，通过知识粒计算表达的可理解性，其基于粒空间的 BP 网络模型研究成果提高了 BP 网络的时效性，BP 网络模型研究成果具有良好的应用效果。综上，粒计算方法与技术可以用于处理模糊性的、不确定性的复杂问题，提供基于粒与粒间关系复杂问题的求解方法，是一种信息处理的新理论、新方法和新技术。国内很多学者对粒计算的研究主要集中在基于粒运算规则决策、基于集合论粒计算描述及其应用，并取得了很好的研究成果，如提出的基于粒计算的符号型数据分组算法，将粒计算分为粒度生成和粒度选择两个阶段。针对目前已有的形式概念属性约简算法的不足，如属性约简的时间复杂度偏高、属性及属性值比较过程中存在冗余计算、存储开销大等问题，结合粒计算思想提出基于属性分类的形式概念属性约简模型。在研究过程中发现粒计算寻找的是复杂问题的近似解而非最佳精确解，通过粒计算过程得到简化从而实现其过程求解，提高基于粒计算算法的鲁棒性来降低求解时间。为解决多粒度粒化这个问题，有学者利用局部策略来加速由高斯核函数诱导的基于邻域的粒化序列。通过时空多粒度学习框架来解释、表示和实现顺序三向粒度计算，该框架用数据的时间性和参数的空间性来描述，通过一系列全局视角和局部视角的对比实验，验证了模型的有效性。同时，通过粒计算采用合适的粒度层次来实现粒度层次间的交互效应从而解决复杂问题的求解。由此可知，基于粒计算的混合人工智能方法是目前实用性较好的一种算法与技术。

近年来，粒计算理论和方法在很多相关计算机智能研究领域得到应用，并取得了良好的实际效果，因而成为人工智能领域研究的热点，也助推了粒计算理论和方法研究的进一步深化。尽管如此，不同的多粒度与粒计算的数据分析方法都是根据其优势采取不同的方法来解决相关的问题，为了适应不确定性环境需要融合多种多粒度数据分析方法，因此，交叉融合研究也将是粒度与粒计算理论研究的一种发展趋势，是解决粒度与粒计算缺陷问题的必然。数据驱动和问题驱动的融合将成为多粒度与粒计算领域中一种新的研究范式。相信今后多粒度与粒计算的数据分析方法这方面取得的研究成果将成为数据分析理论研究和应用研究的标志性研究工作和研究成果。

1.2.3 混合量子智能算法

人工智能算法广泛应用于制造业、交通、城市、通信、金融、医疗、农业等各领域，而混合人工智能算法综合考虑到了各种算法的优缺点，所以大数据时代在数据驱动下的混合人工智能算法日益得到关注，特别是对混合量子智能算法的研究。混合人工智能算法的研究主要集中在混合智能算法的混合策略、混合方法以及其他混合新方法的研究，其应用领域也在不断扩大增强。智能优化算法模拟自然界中的自然选择和遗传机制，依赖生物本身的能力进行无意识的寻优找到问题的最值，广泛应用于最优化问题。社会生活中的许多科学研究和实际的工程问题，在本质上属于最优化问题，或者可以转化为最优化问题。与古典优化方法相比，智能优化算法能够利用其隐含的并行性快速找到问题的最优解或次优解，且不依赖于问题的具体数学性质，具有较强的适应性；但算法在寻优过程中，仍然存在着一定的未成熟收敛问题且容易陷入局部最优。

随着量子计算的发展，研究者着手将量子计算与传统智能优化算法结合构造量子优化算法以提高传统算法的性能。在面对复杂的优化问题时，量子优化算法也存在易陷入局部最优解的缺陷，同时，算法迭代次数多也是影响算法整体性能的因素之一。为进一步提高算法的求解性能，针对智能优化算法及量子优化算法各自的优缺点，不少学者考虑采用不同的优化策略构建基于量子遗传的混合粒子群优化算法等，并对新算法进行性能评测。有学者（M. G. Epitropakis et al.，2012）在结合粒子群优化算法以及差分进化算法基础上设计了混合粒子群算法框架，有效提高了粒子群优化算法的收敛性，并通过高维多峰基准函数以及相应统计分析实验表明该混合算法收敛性能得到有效提高，其研究成果实用效果相当广泛。有学者（C. Y. Liu et al.，2014）在粒子群算法研究基础上开发了一种混合粒子群优化算法来求解约束复杂问题。其全局最优解精确搜索通过修改单纯形算法的粒子群算法来实现。通过对反应堆冷却剂系统关键部件稳压器的重量优化设计，实验结果表明加压器重量减轻 16.92%，相比于化石燃料电厂蒸汽循环压水堆热效率提高 0.5%。这些实验数据说明了该算法具有有效性和实用性。也有学者（Mahmood Joorabian and Ehsan Afzalan，2014）结合 NM 单纯形法和粒子群优化 PSO 方法提出了新的混合模糊粒子群优化算法。NM 单纯形法能有效显示局部搜索过程，但对所选择的出发点的收敛性非常敏感。而混合模糊粒子群优化算法对求解数学函数以及最优化问题具有相当高的有效性能。

有学者（S. M. Abd – Elazim and E. S. Ali，2013）设计了一种基于粒子群优化PSO 算法和细菌觅食优化 BFOA 算法的混合粒子群算法 BFOA – PSO。其搜索方向是由个别最佳位置及全局最佳算法实现定位，实例仿真结果表明 BFOA – PSO算法比标准 PSO 更具性能优势和系统稳定性。有学者（Ching – Jong Liao et al.，2012）提出了混合粒子群优化 HPSO 算法解决最小完工时间目标 HFS 调度问题。相比其他算法实验结果，混合粒子群优化算法更能有效解决 HFS 问题且更具效率优势。有学者（Yufei Zhuang and Haibin Huang，2014）提出了与 LPM 算法结合的混合粒子群优化 LPM – PSO 算法。算法在搜索过程开始阶段，其初始化发生器是利用 PSO 算法建立随机初始值。该算法具有很强的全局搜索能力和鲁棒性，能更迅速准确地找到全局最优解。通过 200 次蒙特卡罗试验，其仿真结果表明所提出的混合粒子群优化 LPM – PSO 算法在搜索能力和收敛速度方面都比标准粒子群算法要好。也有学者（Mingqiang Meng，2014）提出一种混合粒子群算法用来解决基于隶属函数模糊变量环境下的数据包络分析 DEA 模型，针对梯形模糊变量设计混合粒子群优化 PSO 算法，该混合算法结合近似方法、神经网络 NN 以及粒子群优化算法来解决所提出的 DEA 模型并讨论该模型的灵敏度，大量数值实验证明混合粒子群优化算法具有有效性。还有学者（Wenxing Xu et al.，2013）提出基于分段线性混沌映射 PWLCM 和序列二次规划 SQP 鲁棒混合粒子群优化 RHPSO。其研究目的是开发不需要调整无约束和约束优化问题参数的单目标优化方法。这种新算法采用 SQP 加速局部搜索，算例仿真结果证明了 RHPSO 的有效性和鲁棒性。

差分进化 DE 是解决非线性和非凸优化问题的一个强大统计方法。快速收敛 DE 会降低其搜索能力及性能，导致获得更高的局部最优概率。为克服快速收敛这个缺点，有学者（Taher Niknam et al.，2011）提出了一种模糊自适应混合 PSO 算法 FAPSO - VDE。考虑惯性权重参数，自适应地调整交叉和变异因素，DE 能保持混合粒子群优化算法种群的多样性，防止局部最优运行。算例实验结果表明该混合算法具有可行性和有效性，以及具有高质量解决方案的能力。有学者（Huaqin Jiang et al.，2013）结合最小二乘支持向量机精度高的优点，以及粒子群优化算法的快速收敛性，设计了最小二乘支持向量机与蚁群免疫克隆混合粒子群优化算法。此外，将免疫克隆 IC 方法引入到 PSO 算法中使粒子增强了 ICPSO 的不同全局搜索能力，避免早熟收敛和局部优化。扩大数据范围提高搜索精度和收敛效率避免早熟收敛。蚁群优化 ACO 引入到 PSO 算法找到初始粒子，研究结果显示所提出的混合算法具有较好的预测精度和有效性。GSA 和 PSO 作为训练前馈神经网络 FNNs 的方法，为减少陷入局部极小，同时克服当前进化学习算法收敛速度慢的问题，有学者（Seyed Ali Mirjalili et al.，2012）结合标准 PSO 算法模糊神经网络学习训练提出了一种新混合粒子群算法。实验结果表明 PSOGSA 优于 PSO 和 GSA 分别训练模糊神经网络时的收敛速度和避免局部极小，并验证了该算法的有效性。如何选择混合算法的重要参数是支持向量机研究领域要解决的问题，有学者（Chen Yongqi，2012）提出了基于最小二乘支持向量机参数选择的混合粒子群优化算法。该方法降低了传统算法陷入局部最优的缺点，仿真结果表明基于 IS - SVM 的混合粒子群优化算法比传统粒子群算法的全局优化能力更好。新混合粒子群优化 ALPSO 算法能解决径向基函数神经网络 RBFNN 分类问题。通过选择初始隐层中心径向基函数神经网络，采用正交最小二乘算法结合 ALPSO 算法来进一步优化 RBF 神经网络权值以及包括结构参数在内的控制参数，并通过测试不同分类问题基准验证 ALPSO 算法的有效性。实验结果表明 ALPSO 混合算法比传统算法性能更优越（S. Y. S. Leung et al.，2012）。基于上述文献梳理可知，混合粒子群算法将传统寻优算法或传统算子与标准 PSO 相结合，算法性能效果要更好。因此，混合人工智能算法可应用新算法、新技术与 PSO 算法进行融合，产生如交叉变异遗传算子、免疫克隆算法、量子算法及其量子技术、混沌理论及协同技术等新的算子、算法或应用技术。

量子智能计算理论以及量子优化算法尚处于探索阶段，并未形成一个独立的学科体系。已有学者对量子优化算法进行了研究，并证明量子优化算法要比遗传算法、模拟退火算法、局部搜索算法等优化方法要好。埃尔纳兹·达沃迪（El-naz Davoodi，2014）提出一种新混合改进免疫量子粒子群和单纯形算法。改进混合量子粒子群优化算法经过几个基准函数测试得到的结果表明，其性能优于粒子群优化算法。改进混合量子粒子群优化算法在解决电力系统潮流计算及负载流量等问题时，求解结果证明了该混合算法具有较好的鲁棒性、有效性以及可行性。有学者（Vahid Hosseinnezhad et al.，2014）为解决具有非光滑无约束成本函数问题，在粒子群算法和量子算法研究基础上构建了基于量子粒子群优化的 SQPSO 算法及新算法的最佳控制参数。仿真结果和各种实例数值研究与其他常规技术相比，所提方法在评估效率、收敛速度以及稳定性等方面都表现得比较好。有学者（Ahmad Bagheri et al.，2014）在量子粒子群算法研究基础上提出了一种新的混合量子粒子群优化 HPSO 来预测金融时间序列并模拟实际问题进行预测。时间序列分析小波分解为基于自适应网络模糊推理系统 ANFIS 对未来市场的价格预测输入数据，提出一种新混合动态时间归整 DTW 小波变换 WT 自动模式的提取方法，结果表明所提混合智能方法能有效预测金融价格。也有学者（Mostafa Jamalipour et al.，2013）提出一种利用量子粒子群优化算法与微分算子相结合的新混合方法 QPSO - DM 及算法 ICFMO 优化策略。实验研究结果表明 QPSO - DM 优化函数在性能方面表现很好并具有很好的应用价值，QPSO - DM 方法已广泛应用于电力系统优化问题。有学者（You - Min Jau et al.，2013）提出基于模型参数估计的量子行为粒子群优化算法 MQPSO。混合算法应用精英交叉遗传算法 GA 和模拟退火自适应衰减 SA 来克服早熟和控制搜索策略，仿真结果表明 MQPSO 在精度和收敛速度以及模型参数估计偏差等方面具有优点。有学者（Na Tian et al.，2011）应用量子粒子群优化算法 QPSO 以及随机共轭梯度法 CGM 等混合方法对先验信息进行估计并作为函数估计逆计算。数值实验表明该混合算法具有较好的有效性和稳定性。也有学者（Jun Sun et al.，2012）在基于量子力学以及粒子群优化 PSO 研究基础上提出量子粒子群优化算法 QPSO，并设计了一种具有更好的全局搜索能力的粒子群优化算法。QPSO 算法在概率度量空间的收敛性证明了该算法是一种压缩映射，可以收敛到全局最优解。其中双目标问题是由价格惩罚因子转化为多个单目标问题。有学者（Songfeng Lu et al.，2010）结合差分变异操作 QPSO – DM 算法提高全局搜索能力。在这项研究中提出了处理等式约束，特别平衡约束启发式策略。不同情况下进行 QPSO – DM 与差分进化 DE 相比，QPSO – DM 具有相同启发式策略解决方案质量以及更能提高算法的收敛性与鲁棒性，该算法能更高质量地解决求解方案。有学者（Chengfu Sun and Songfeng Lu，2010）提出一种改进免疫量子粒子群优化算法，采用启发式策略进行相关试验，结果表明所提方法能够产生更高质量的解决方案同时严格满足所有约束测试系统。还有学者（Zhang Zhisheng，2010）认为量子粒子群优化算法集成了粒子群优化算法和量子计算叠加特性，利用量子旋转角实现粒子更新操作。该混合算法可有效地解决经济负荷分配问题，其解决方案优于改进粒子群优化算法以及其他优化算法。有学者（Hongsheng Su，2011）在基于量子行为的粒子群优化 QPSO 算法研究基础上，结合混沌优化策略提出混沌量子粒子群优化算法 CQPSO。该混合算法应用 QPSO 算法实现进化操作，通过混沌机制引入粒子迅速跳出局部最优，使算法收敛速度加快且具有较高预测精度，因此，该混合算法是一种比较理想的优化算法。元启发式算法灵感来自生物学行为，也有学者（Fang Liu et al.，2012）提出一种新混沌量子基于量子操作变换粒子群优化算法 LI – CQPSO，粒子群优化结合混沌理论以及量子操作策略提出了混沌量子粒子群优化算法。该混沌量子粒子群优化算法保证了粒子能从局部最优逃逸出来，使算法具有更好的搜索性能以及具有较少参数来控制。

最优化问题涉及实际生活与工程领域中的诸多方面，是一个普遍需要面临的问题。混合智能优化算法是求解最优化问题的一条有效途径，但求解过程中仍然存在不足，需要对算法进一步改进。综上所述，人工智能混合优化算法研究内容主要集中在粒子群优化与遗传算法、蚁群算法、模拟退火算法等启发式算法以及分布估计算法并结合粗糙集理论进行的设计和研究。随着混合算法的发展，人工智能优化算法也开始和一些硬计算方法进行结合，如粒计算等融合算法也日益受到学者广泛关注。混合智能优化算法能较好解决一些复杂问题，但是这些个性化的混合智能算法是从局限角度出发开发的新算法，均具有一定的局限性和针对性，因此，应该从实际出发针对复杂的优化问题来设计相应的混合智能算法。

1.3 研究思路与研究内容

1.3.1 研究思路

进入 21 世纪以来，制造业开始走向全球化和多元化，在此背景下企业间竞争日益激烈，多项目并行成为常态，项目管理工作面临更多挑战。多项目管理实际上同一般项目管理一样具有目的性、系统性、创造性等特点。但多项目管理更立足于企业整体的利益和发展战略，通过协调各个项目的选择、评估、计划、控制等，保证各项目的质量、进度、成本，从而使得企业整体的利益最大化。将关键链方法用在多项目管理上，管理者通常面对有限或者短缺的资源，需要平衡多个项目的需求。因此，多项目管理在企业的实际运作中十分重要。

国内外学术界和工业界对多项目管理理论与技术进行了大量研讨。本书通过对关键链方法与技术应用于多项目管理的文献综述、理论基础、现有研究进行分类梳理，确定了多项目关键链资源配置理论及其应用的重要价值与研究方向，提出了多项目环境下项目族工作分解结构及基于 GWBS 的多项目工作分解结构模型和多项目关键链资源类清单 GBOR；构建了基于不确定性粒计算的多项目关键链资源配置模型，对基于项目 GBOR 的多项目关键链、多项目关键链资源熵、基于高斯云模型的多项目关键链进行分析与测定。在对多项目关键链资源配置问题及其特征参数、学习效应理论分析的基础上，构建了基于多属性的多项目关键链资源配置模型和基于学习效应的多项目关键链资源配置模型。同时在对云模型、粒计算、多目标粒子群算法、基于云模型的区间量子粒子群算法、不确定模糊支持向量机学习算法、基于云模型的分类向量机模型及其学习算法等深入研究的基础上，构建了多项目关键链资源配置算法对模型进行求解。最后对多项目关键链资源配置模型及算法的鲁棒性进行算例仿真实验，创新性地提出了多项目关键链资源配置鲁棒性控制方法及其管理建议。本书章节安排如下：

第 1 章为绪论，阐述数据驱动下多项目关键链资源配置的研究背景及研究意义；提出研究问题、研究目标、研究思路以及研究内容等。

第 2 章为多项目管理及统计学习理论，综述多项目管理及其关键链资源配置的相关理论研究；对多项目资源配置、关键链算法、多属性、粒计算、混合量子智能算法等文献进行梳理。

第 3 章为数据驱动下多项目关键链资源 GBOR 测定，基于项目族视角，结合多项目及其关键链管理理论和方法，应用不确定性粒计算对多项目关键链资源配置进行研究。

第 4 章为数据驱动下多项目关键链资源熵及其识别。

第 5 章为数据驱动下多项目关键链资源配置模型及其应用研究。

第 6 章为多项目关键链资源配置算法及鲁棒性研究。

第 7 章为总结与展望，给出总体研究结论和管理建议。

通过以上多项目关键链资源配置的研究背景、研究意义、理论基础、现实问题、研究目标、研究内容以及研究思路，得出数据驱动下多项目关键链资源配置的具体研究技术路线，如图 1.1 所示。

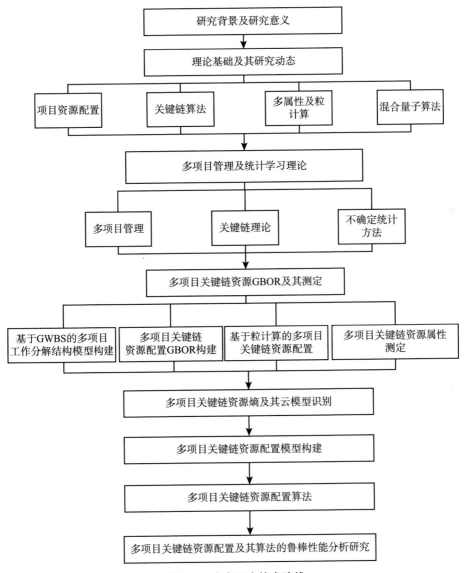

图 1.1 本书研究技术路线

1.3.2 研究内容

本书研究的核心内容分为五大类：

一是数据驱动下多项目关键链资源配置相关研究：基于 GWBS 的多项目工作分解结构模型研究；多项目关键链资源配置 GBOR 构建及其测定研究。

二是基于不确定性粒计算的多项目关键链资源配置研究：基于模糊粗糙集的多项目关键链资源配置；基于信息熵粗糙集的多项目关键链资源配置；基于可调变精度粗糙集的多项目关键链资源配置。

三是从项目族视角对多项目关键链资源参数、缓冲设计、资源熵测定、云模型识别进行研究：基于连续变量的多项目关键链资源熵测定；基于离散变量的多项目关键链资源熵测定；高斯云模型构建；高斯云模型测定多项目关键链；多项目关键链具体算例研究。

四是多项目关键链资源配置模型研究：多项目关键链资源配置问题研究；基于多属性的多项目关键链资源配置模型研究；基于学习效应的多项目关键链资源配置模型研究。

五是多项目关键链资源配置算法研究：多目标区间粒子群算法研究；基于云模型的混合量子粒子群算法研究；多项目关键链资源配置算法及其流程设计；算法仿真实验及结果分析；多项目关键链资源配置模型及算法鲁棒性分析研究。

1.4　本章小结

随着经济与大数据技术的发展，目前数据驱动下的多项目管理及其理论是一种全新的管理理论与方法。多项目管理采用的具体技术、工具和方法依然来源于现代项目管理体系，并在此基础上根据多项目管理特征变化不断创新，因此，多项目管理继承了单项目管理中的理论与方法优势，不同的是多项目管理更强调项目间、项目与组织间协调一致的关系，其核心是如何在各个项目之间合理地优化配置各种项目资源；但是多项目管理的难度和复杂性远高于单个项目的管理。在多项目管理运作过程中需要借鉴项目管理体系中 GWBS、关键路径管理（critical path management，CPM）、计划评审技术（project evaluation and review techniqu，PERT）等先进的项目管理方法与管理工具。本章对研究背景与研究意义、多项目关键链资源配置的方法及其模型、多属性及其粒计算、混合量子智能算法等进行了学术梳理和理论综述，说明了研究和探讨多项目管理及其关键链理论的重要性，同时也阐述了数据驱动下多项目关键链资源配置方法及应用研究的紧迫性和重要性。

第 2 章

多项目管理及统计学习理论

2.1 多项目管理内涵、理论与方法

2.1.1 多项目管理内涵

多项目管理 (multiple project management, MPM) 到目前为止学术界还没有统一的标准概念，因此本书就当今学术界有关多项目管理的一些代表性定义描述概括如下。

(1) 从项目经理以及项目职能来进行定义。多项目管理是指在多项目管理过程中项目经理同步对所有管理的多个项目进行有效的管理，项目经理同时协调所有项目的评估、控制以及项目资源配置等各项项目管理工作开展，应用项目管理领域知识、项目管理理论以及项目管理方法对其进行计划、指挥、协调及控制的动态管理过程。

(2) 从项目管理方式进行定义。多项目管理是指现代企业组织中对企业所有项目进行评估、筛选与控制以及项目资源配置的一种重要项目管理方式。

(3) 从项目管理活动进行定义。多项目管理是指通过项目以及项目组合方式对项目资源进行优化配置，实现组织战略目标的一种有效项目管理活动和项目管理过程。这种管理活动是以现代组织发展战略、资源配置、项目部门间协调运作为主要目标，对组织范围内所有项目活动进行有效管理与运作的一种方式。

综上所述，多项目管理的内涵归结为两层：一是多项目管理是对多个不相关的、相互独立的项目进行的管理；二是多项目管理是对组织中的所有项目进行相应的管理，在管理过程中无论其子项目是否相互独立或关联，每个子项目均共享多项目中的资源。由于多项目管理的第一层含义没有实质性的意义，因此大多集中在对第二层含义的理解。考虑到多项目管理研究的理论意义和实际意义，本书所定义的多项目管理是指在组织范围内对项目资源，特别是多项目资源进行有效

配置的一种多项目控制过程及其相关活动。多项目管理与多项目运作中最重要、最核心的内容是多项目关键链资源配置、多项目资源控制及其管理活动。

2.1.2 多项目管理理论与方法

多项目管理理论与方法侧重于系统工程思维方法并不断发展和完善,其管理思想与现代项目管理理念有十分密切的关联。多项目管理理论与方法立足于从孤立的研究对象转向多个项目相互联系视角来研究项目中的相关问题;多项目管理理论与方法用动态眼光来观察项目变化。多项目管理理论与方法总是遵循最优化原则,用系统观点根据需要和能力为系统确定最优目标,并运用一定手段以及方法把整个系统分成不同的层次结构来协调项目整体以及项目间关系;同时,所有目标服从项目总体最优从而达到项目整体最优的目的。多项目管理理论与方法应用具体项目管理技术、项目管理方法,根据多项目管理具体特点不断创新,借鉴项目管理体系中工作分解结构(work breakdown structure,WBS)、关键路径法(critical path method,CPM)、甘特图(gantt chart,GC)以及计划评审技术(project evaluation and review technique,PERT)等分析方法和工具应用到多项目管理实践中。

多项目管理环境中项目组织仅依靠一般项目管理方法已不足以处理好多项目以及项目间关系,如果仅用单项目管理方法来管理多个项目会导致项目需求不明、项目计划与控制方法不力、项目管理人才缺乏、项目组织内部以及项目资源冲突等矛盾,使得项目组织失去活力从而导致项目本身以及项目管理失去意义。随着经济全球化发展和国际竞争日趋激烈,复杂项目管理已经成为企业、行业、国家竞争的一个核心领域。多个并行的复杂项目之间资源竞争非常激烈,给企业层面的多项目资源配置带来困境,一些学者探讨了在多项目环境中项目工作者如何管理或防护超负荷工作任务及超负荷工作时间等问题。本书总结多项目管理与单项目管理存在的不同,识别具有针对性的方法才能充分发挥多项目管理与方法的效用。多项目管理与单项目管理具体表现情况如表 2.1 所示。

表 2.1 　　　　　　　　　　　多项目管理与单项目管理比较

比较项	单项目管理	多项目管理
管理目的	面向单个特定项目,追求单个项目效益最大化	面向战略决策层,追求整个组织的竞争力最大化
关注领域	实现单个项目的目标,在预算的成本和工期内,按时保质完工	如何经济、有效地同时管理多个项目,使其实施达到高效、最优

续表

比较项	单项目管理	多项目管理
管理对象	项目内部各个岗位的管理活动	决策层、管理层及多个项目间相互关系
管理重点	单个项目的进度、成本、质量	多项目进度计划问题，相互影响和项目资源约束及项目平衡
项目周期	一次性，与项目的生命周期相同	周而复始，伴随企业生命周期
管理角度	一个项目专业学科	一种项目管理规则、企业文化
项目资源	独占项目资源	可以共享资源、项目间资源有约束
资源利用情况	一般项目管理假定项目资源得到保障以实现既定目标	多项目管理通过协调和分配现有项目资源而获得最佳项目实施组合，通过对项目资源最优配置获取最大项目收益
资源管理方法	简单项目资源管理方法	项目资源分配——容量计划
管理的复杂性	单项目管理比较单一	单项目管理复杂
管理组织结构	一般采用项目负责制	采用矩阵项目管理结构方式
适用范围	比较简单的项目管理活动	复杂的项目管理活动
行业分类特征	简单运作的单一项目企业	业务复杂的多项目运作企业，如：航天业
复杂程度	简单的项目管理	复杂的项目组合式管理

多项目管理是基于单项目管理的一种全新项目管理模式，是基于组织管理层面的，对所有子项目进行计划、指挥、协调与控制的项目全过程动态管理。多项目管理继承了单项目管理理论和方法优势，但难度和复杂性都高于单项目管理理论和方法。不同的是，多项目管理更关注项目与项目间以及项目与组织间的协调一致关系，其管理核心是在项目间如何合理、科学地分配项目资源。需要说明的是，将复杂项目分解为子项目群进行管理的项目，归属于项目管理范畴，而不属于"多项目管理"范畴。

总之，多项目管理是指应用项目管理的相关理论与方法，根据多项目特征，按照项目管理和项目控制方法，在可利用项目资源下，按照多项目管理模式和管理方法来实现项目资源的有效配置，从而实现多项目管理的最优化管理。

2.2　项目关键链及资源理论

2.2.1　项目关键链

关键链（critical chain，CC）是由高德拉特博士（Eli Goldratt，1997）提出

的一种基于约束理论（theory of constraints，TOC）的项目管理理论和方法。在关键链管理实践中一般采用 CRM/PERT 以及工作分解法对项目资源进行管理。通过对项目工序时间的估计构建项目进度计划网络图，并找出项目关键路径；或者通过关键链的理论与方法来解决项目资源分配问题，然而这些方法均存在一定的局限性，其具体表现如下：（1）多项目资源配置过程中项目资源约束处理方法的选择；（2）多项目资源配置过程中资源及项目行为特征等因素的处理方法；（3）多项目资源配置方法与算法以及管理与控制的相关问题。有些学者研究将 TOC 理论与方法应用于多项目领域并提出了具有针对性的项目关键链管理理论与方法，通过加强对项目活动的控制，以及项目缓冲、项目接驳缓冲和项目资源缓冲来保证其在多项目动态环境中的顺利执行。解决项目和项目间资源冲突问题最初考虑应用项目资源优先约束以及项目资源约束理论与方法，然后将关键链理论与方法导入到项目管理运作中。有学者认为多项目关键链项目管理 CCPM 是一种基于项目优先级的项目管理新方法，并指出多项目资源冲突问题是一种基于项目优先级的问题，因此，针对多项目资源调度任务优先级的不同，应用证据推理 ER 以及关键链 CC 理论方法来解决多项目资源的有效配置（Shanlin Yang and Lei Fu，2014）。有学者在多项目关键链调度问题研究基础上提出多项目关键链调度多目标优化模型，用来生成项目替代时间表，并针对项目大小以及项目重要性的不同，考虑遗传算法具有的随机性和云模型的稳定性，设计了基于云模型的遗传算法，生成多项目调度活动优先级来获得解决多项目关键链调度问题的突破口（Wei-xin Wang，2014）。有学者应用多项目关键链理论与方法分析研发项目的资源约束配置问题，提出了改进平方根误差 IRSE 缓冲区大小，并采用基于优先规则启发式算法和计划调度抢占式调度方法，比较了剪切和粘贴缓冲区设置方法以及根均方误差 RSE，发现 IRSE 缓冲设置方法可提高缓存利用率，保持较高稳定性，对缩短项目工期有直接的积极作用（Xue-mei Xie，2010）。还有学者对项目资源限制以及不确定条件项目资源调度问题提出模糊关键链理论与方法，并添加项目缓冲 PB 来处理项目的不确定性，应用模糊数计算来确定 PB 缓冲区大小（Luong Duc Long and Ario Ohsato，2008）。一些学者通过关键链项目管理并借鉴资源约束理论思路设计一个系统管理缓冲区方法来解决项目资源的不确定性。以前的缓冲区大小研究主要集中在关键链上，通常会导致缓冲区过多，并且在规划期间关键链会受到缓冲区供给的挑战，因此提出一种新的基于网络分解缓冲区大小的调整方法，即进给缓冲区的大小由所有相关的非临界链确定；项目缓冲区通过比较进料链与平行关键链，将安全裕度纳入关键链之外，这与以前的方法相比具有逻辑上的优势（Bingling She，Bo Chen and Nicholas G. Hall，2020）。有学者应用关键链以及约束理论，同时考虑多并行项目共享资源，并指出 TOC 理论与方法可以应用到项目成本管理以及风险管理等其他方面（H. Steyn，2002）。还有学者在项目关键链研究基础上合并新资源管理方法开发资源受限下项目随机网络调度启发式算法。研究假设每项活动时间由随机变量密度函数决定，通过确定为最小化期望工期及其方差乘法、最大限度减少预期项目时间以及方差选择活动总贡献来研究项目关键链其效果相当明显（M. Rabbani，2007）。通过以上综述可以看出，项目关键链理论与方法和约束理论 TOC 联系比较紧密，二者都是在资源约束下研究关键链理论与方法。本书在以上研究基础上，提出基于项目族的多项目关键链以及多项目关键链资源配置，该研究领域内容以及研究方向具有很强的针对性和前沿性。

2.2.2　关键链算法

在多项目管理中，众多项目的管理、协调、调配是难题，加上现实中资源有限性的限制，如何在企业的经营过程中合理安排多项目的资源配置、执行顺序，以达到在受到资源约束的情况下实现资源均衡配置和多项目工期安排的双优化，这是目前多项目资源配置管理中的目标和难点。通过前面对关键链理论与方法的综述可知，关键链理论与方法已广泛应用到现代企业多项目管理中，关键链理论及算法方面的研究成果日益增多，大部分集中在项目关键链识别算法以及多项目关键链应用等不同领域，对时间和资源进行假设，然后应用关键链算法对关键链缓冲区进行设计来解决项目资源问题。为保证项目进度的顺利完成，项目关键链方法可以削减单个工序安全时间，将安全时间设置缓冲区，保障项目进度安全从而有效避免项目进度风险。通过关键链及其算法研究发现，关键链缓冲区主要存在以下两种设定方法。

（1）关键链剪切—粘贴法（cut and paste method，C&P 方法）。C&P 方法是高德拉特（Goldratt，1997）根据传统方法估计出每个工序的工期，减去各工序上项目安全时间，并根据减去后的项目工期，取关键链上所有工序被减掉安全时间总和的一半作为项目的缓冲，同时将非关键链上工序被减掉安全时间的一半作为非关键链接驳缓冲。项目关键链缓冲计算公式如下：

$$B = \frac{1}{2} \sum_{i=1}^{n} t_i \tag{2.1}$$

其中，B 为关键链项目缓冲，i 表示项目工序序号，n 为对应项目关键链工序数，t_i 为各项目工序安全时间。

（2）关键链根方差法（root square error，RSE）。根方差法原理与剪切—粘贴

法原理类似，根方差法在计算缓冲区大小过程中，取安全时间根方差，即取项目
工序安全时间的一半作为工序工期的标准差，并以 2 倍关键链标准差作为缓冲估
计，同时项目工序安全时间代表其工期不确定性，如果项目关键链的工期是相互
独立的，那么根据中心极限定理其缓冲计算公式如下：

$$B = 2\left[\sum_{i=1}^{n}\left(\frac{t_i}{2}\right)^2\right]^{\frac{1}{2}} = \left(\sum_{i=1}^{n} t_i^2\right)^{\frac{1}{2}} \qquad (2.2)$$

其中，B 为项目关键链的缓冲，i 为项目工序序号，n 为项目关键链整体工序数，
t_i 为项目工序的每个安全时间数量。但是，在采用 RSE 方法前必须考虑各项目工
序工期都是相互独立的。因此，RSE 方法在计算项目关键链缓冲时具有一定的局
限性。

项目关键链资源缓冲可避免关键链上某工序所有资源都已经准备就绪，但却
因其中所需项目资源没有到位而造成项目拖延。项目资源缓冲设置保证当项目关
键链上工序开始执行时其所需项目资源均已安排就绪，保证项目的顺利完成。因
而设计好的关键链算法求解项目资源最优解，并识别项目关键链理论与方法，是
目前实际解决项目资源配置问题的最好理论与方法。本书在关键链算法研究基础
上，总结项目关键链缓冲区定量计算方法如表 2.2 所示。

表 2.2 项目缓冲区的定量计算方法

计算方法	时间/作者	计算公式	备注
根方差法（RSE）	1988/Newbold	$U_i = S_i - D_i$ $BS = \left(\sum_{i=1}^{n} U_i^2\right)^{\frac{1}{2}}$	U_i：安全时间 BS：项目缓冲
资源紧张法（APRT）	2006/Tukel et al.	$BS = (1 + RT) * \left(\sum_{i=1}^{n} VAR_i\right)^{\frac{1}{2}}$	RT：紧张度 BS：项目缓冲
网络密度法（APD）	2006/Tukel et al.	$BS = (1 + ND) * \left(\sum_{i=1}^{n} VAR_i\right)^{\frac{1}{2}}$	ND：网络密度 BS：项目缓冲
模糊根方差法（FRSE）	2008/Long and Ohsato	$U_i = S_i - D_i$ $BS = \max\left(\sum_{i=1}^{n} U_i^2\right)^{\frac{1}{2}}$	U_i：安全时间 BS：项目缓冲
实验模拟	2009/Vanhoucke	项目活动敏感性指标（schedule sensitivity index, SSI）、关联度指标（correlation relation index, CRI）、关键度指标（criticality index, CI）、重要度指标（significance index, SI），实验结果：SSI 和 CRI 要好于项目 CI 和 SI	项目工期敏感性控制方法
项目组合缓冲方法（PGB）	2013/郭妍	$BS = \left\{\sum_{i,j=1}^{n}\left[\left(1 + a_{ij}^{complex} + a_{ij}^{constr}\right) * (t_{ij})^2\right]\right\}^{\frac{1}{2}}$	BS：项目缓冲

本书在关键链以及关键链算法研究基础上，针对资源受限下多项目关键链活动依赖关系不同等问题，从项目族资源视角来分析多项目关键链资源配置，提出基于高斯云模型的关键链识别新方法。该方法通过对多项目资源在项目活动间的不同需求，构建多项目活动间资源配置 GBOR 模型，应用高斯云模型理论结合多项目关键链资源属性特征来识别多项目关键链。多项目关键链算法及其识别算法也将引起学术界和企业界的广泛关注和高度重视。

2.2.3 资源理论

在当前复杂动态的环境下，企业经营环境因互联网、数据驱动、人工智能等的发展而发生了根本性的变化，产业边界与企业边界日益模糊。如何迅速识别、配置和应用有限的资源以应对不确定性的竞争环境，已成为企业面临的关键课题之一。随着近年来资源理论的兴起，使人们意识到企业的战略管理过程实际上就是配置整合内外部资源的过程。因此，企业有必要从资源角度出发，研究资源的内在柔性问题，以及如何利用资源柔性来提升企业的运作效率与效益。

资源柔性是指主体对环境变化做出快速有效响应的一种能力，也是一种可以有效应对日益多变、复杂以及不确定性环境的能力。柔性能力日益成为现代企业生存以及发展的决定性能力因素，其竞争焦点也已经从产品成本、产品质量、交付周期等转移到企业柔性及其管理上，所以很多企业为获得高度柔性，在先进制造技术、柔性设备和多技能员工等资源方面愿意大力投资。资源理论的相关研究也因此成了学术界研究的热点，目前很多学者对资源的研究主要集中于资源受限下的车间调度问题 FRCSSP 并构建车间调度模型，将作业时间设为 FRCSSP 问题的固定参数，通过确定作业参数控制与调节来解决系统绩效问题，最后通过大量实证以及算例来验证研究结论（Juan M. Novas，2014）。有学者在对柔性理论研究基础上对资源配置问题中的资源柔性价值进行了相关分析研究，应用柔性理论对多技能员工约束项目调度问题 MPSP 进行研究，发现应用员工的多技能可解决多模式下项目资源配置问题，并应用案例实证分析得出通过多技能资源有效配置可以提高资源的应用效率以及缩短混合流水车间的最大完工时间（Chung - Yee Lee，1994）。黄敏镁（2007）深入研究了资源理论及其应用，如对资源受限下的项目调度问题进行研究，通过构建相应的资源调度模型来解决流水车间资源的配置问题，应用实验对其进行了验证和深入探讨。吴兵（2008）对资源替代、资源—资源权衡以及资源柔性等价性等应用方面进行具体研究，发现资源的多模式方法并不能将资源配置问题进行完备模型的构建，在资源模式以及资源理论的研究方面具有一定局限性。有学者研究动态灵活资源管理的可调度性准则，通过对大型电信公司技术人员以及求解任务调度问题（technicians and tasks scheduling problem，TTSP）的模型构建、算例设计、调度问题求解发现，研究结果存在不同，主要原因是资源柔性导致的差异，同时在对资源的度量、数学建模和求解方法的选择以及资源受限的项目调度研究内容也有不同（Hermann Simon Lichte，2008）。本书在以上研究基础上对相关的资源理论研究文献进行总结，如表2.3所示。

表2.3 资源理论研究结果对比

作者信息	对资源的定义和度量	多种模式	数学建模	求解方法	资源柔性价值
Vairaktarakis	处理机可以加工多个活动；没有将能力抽象出来；根据可用性矩阵来进行定量度量	否	混合整数规划模型构建	给出了一个下界构建了启发式算法并分析了5种启发式规则的计算效果；算例中项目网络以阶级数和各阶段的活动数进行区分	区分均衡性和非均衡性可用性矩阵；分析资源柔性值对项目完工时间的影响
黄敏镁	资源技能矩阵表示资源技能分布，柔性度量	否	无	构造了遗传算法进行求解；仅考虑一个算例	逐步增加资源柔性值，分析了其对项目完工时间的影响
吴兵	资源矩阵构建	是	离散型和连续型整数规划模型构建	全枚举算法；X – MP 软件精确求解；启发式算法算例根据 PROGENN 和 FGEN 生成	分析问题结构参数与问题求解难度关系；分析启发式规则效率和资源价值
Hermann Simon Lichte et al.	资源配置的规则和标准	否	数理模型构建	资源配置的规则和标准	分析了资源配置的规则和标准
Jiexin Lian et al.	资源多主体仿真	否	多主体仿真模型构建	构建了资源多主体仿真结构模型	资源多主体仿真结构模型构建及其分析
Cordeau et al.	用技术员技能向量和技能矩阵表示技能分布	否	数学模型构建	构造了2阶段启发式算法和大规模领域搜索算法；算例来自挑战赛题目，根据大型电信公司实际构造	无
喻小光等	资源替代、资源—资源权衡与资源柔性是等价概念	是	不能将资源项目调度问题进行完备建模	—	没有将资源项目调度问题进行完备建模

续表

作者信息	对资源的定义和度量	多种模式	数学建模	求解方法	资源柔性价值
Emrah B. Edis et al.	资源在并行机器上调度优化	否	调度优化模型构建	项目资源在并行调度优化分析研究	构建调度优化模型并仿真分析
Dimitris Bertsimas et al.	资源的动态配置机器模型框架	否	资源动态配置模型构建	项目资源的动态配置模型及其仿真分析	构建了资源的动态配置模型及仿真分析研究

多项目资源配置管理是将有限的企业资源在多个项目间进行优化配置，用以最大化满足不同项目对资源的需求，从而实现企业目标的最大化。而在识别项目资源需求的过程中，企业既需要确定项目的所有资源需求，同时也需要识别出所有项目资源综合需求的峰值，这些峰值可能意味着企业的资源瓶颈，需要重点调控。因此，大数据时代，多项目资源配置问题及解决方法受到学术界与产业界的关注。本书在对多项目、关键链理论与方法、云模型、量子算法以及人工智能算法等的理论研究基础上，重点对数据驱动下的多项目关键链资源配置展开研究。多项目关键链资源是指配置过程中具有一定柔性的所有资源，资源柔性特征在不同环境下所发生的作用和功能是不一样的。在多项目关键链资源配置中通过对资源属性的研究可提高资源配置效率，因此，本书从识别各个项目的资源需求、分析企业的资源约束、制定多项目的资源计划等方面展开对多项目关键链资源配置的相关研究。

2.3　统计学习理论与方法

2.3.1　统计学习方法

统计是一种最基本的启发性数理知识分析方法和分析手段。伴随着科学技术的飞速发展，通过吸收和融合相关学科的新理论，开发应用新技术和新方法，深化和丰富统计学传统领域的理论与方法，统计学拓展了新的领域。统计学习理论（statistical learning theory，SLT）的基本内容诞生于 20 世纪 60 ~ 70 年代，是研究利用经验数据进行机器学习的一种一般理论，属于计算机科学、模式识别和应用统计学相交叉与结合的范畴。到 20 世纪 90 年代中期作为一套科学理论体系得到发展与完善。一些学者在优化问题中研究了局部极小点或样本数目的渐近性等统计特征，如支持向量机（support vector machine，SVM）统计学习是针对小样本进行分析，其样本具有非线性以及高维特征，所以不确定性 SVM 统计学习在分析数据型问题时具有很好的处理性能。统计学习及其应用研究主要包括四个方面的内容：（1）对统计学习经验风险最小化准则下统计学习一致性（consistency）条件的研究；（2）对统计学习在约束条件下关于统计学习方法及其边界研究；（3）对统计学习在边界研究基础上构建小样本归纳推理及其准则的分析研究；（4）对统计学习实现新准则以及新方法的研究。其中最有指导性的理论研究结果：统计学习方法与理论具有推广性与统计学习相关核心概念 VC 维（Vapnik - Chervonenkis dimension）理论。

统计学习（statistical learning）是计算机基于数据构建概率统计模型并运用其模型对数据进行预测以及分析的基于学习效应的一门科学。统计学习方法也称统计机器学习方法（statistical machine learning），在统计学习中具有广泛的理论价值以及实践意义。统计学习具有以下主要特点：（1）统计学习以计算机及网络为平台并构建在计算机及其网络上；（2）统计学习以数据为研究对象，是基于数据驱动的科学及其推理；（3）统计学习以针对研究数据进行预测与分析来解决实际问题为驱动；（4）统计学习是概率论、统计学、信息论、计算理论、最优化理论及计算机科学等多个领域的交叉学科，并且统计学习理论在发展中逐步形成了独自的理论体系与方法。

统计学习数据可以分为连续型变量数据和离散型变量数据，在统计学习的研究过程中，一般会涉及数理模型构建以及模型对数据进行预测与分析，特别是对未知数据进行的预测与分析，通常统计学习方法可以有效准确地预测数据从而达到研究目的。统计学习对数据的预测分析使计算机更加智能化或者使计算机某些性能得到提高。多标签学习就是其中比较典型的例子。统计学习方法是基于数据构建相关统计模型，从而对相关问题进行预测与分析。统计学习注重统计方法的研究，特别是监督学习方法，涵盖统计学习分类、标注与回归问题等方法。统计学习由监督学习（supervised learning）、非监督学习（unsupervised learning）、半监督学习（semi-supervised learning）和强化学习（reinforcement learning）等组成。实现统计学习方法步骤可以总结如下：（1）得到一个统计学习有限训练数据集合；（2）确定包含统计学习所有可能模型假设空间，即学习模型集合；（3）确定统计学习模型选择准则以及统计学习策略；（4）实现求解统计学习最优模型算法，即统计学习新算法；（5）通过统计学习方法选择最优模型；（6）最后利用统计学习最优模型对新数据进行预测与分析。在统计学习过程中以变量或变量组表示数据。统计学习从数据中提取数据特征并抽象出统计学习数据模型，在学习过程中可以是线性学习、非线性学习、马氏度量学习等统计学习方法，其学习的核函数也可以是多类。统计学习方法关于数据基本假设是同类数据具有一定统计规律性是统计学习的前提。统计学习具有某种共同性质数据，由于具有统计规律性，所以统计学习可以用概率统计方法来加以有效处理。例如，统计学习可以用随机变量描述数据特征，用概率分布描述数据统计规律来解决问题。

统计学习广泛应用于人工智能、数据挖掘、模式识别、语言处理与识别、图像识别、生物信息以及信息检索等许多计算机应用领域，并逐渐成为这些领域的核心技术。统计学习将会在今后科学发展和技术应用中发挥日益重要的功能和作用，统计学习方法及其理论的重要性主要体现在以下几个方面：（1）统计学习方法是处理海量数据的有效方法。现实中统计学习数据不但规模大而且常常具有不确定性，而统计学习方法是处理数据最强有力的工具与方法。（2）统计学习方法是计算机智能化的有效手段。人工智能化是计算机发展的必然趋势，也是计算机技术研究与开发的主要目标。近几十年来人工智能等领域研究表明：应用统计学习模仿人类智能方法，虽有一定局限性但仍然是实现这一目标最有效的手段和方法，基于统计学习的人工智能算法也将是未来一个很好的研究方向。（3）统计学习方法是计算机科学发展的重要组成部分。统计学习主要属于信息这一维并在其中起着核心作用，基于统计学习方法的核间性能干扰分析，基于信息融合全局和局部度量的统计学习方法以及其他不确定性统计学习方法研究也都将是以后研究的热点。

2.3.2　学习效应理论

学习效应是指在长期生产过程中生产技术人员不断通过积累生产管理、技术设计以及经验来提高产品产量和质量，从而导致长期平均产品成本下降与质量提高，这种现象和效应称为学习效应。通过学习效应可以刺激企业扩大生产规模从而提高效率和利润；在学习效应理论研究过程中通常用具体学习曲线来进行定量分析。学习曲线 $L = a + bN^{-\beta}$，其中 L 为每一批产品产出所需投入量，N 为累积性产品批量，a、b、β 为学习效应参数；如果 $\beta = 0$，随累积性产品批量增加每单位产出所需要素投入不变，则表示没有学习效应。其中，学习效应参数 β 值与其技术设计经验以及管理水平等有关。比斯库普（Biskup，2008）第一次把学习效应引入排序机器环境中来提高机器工作的效率。赖特（Wriight，2008）根据科学依据研究学习效应，得出以下研究结果：航空行业内生产成本会随着每个产品生产而减少 80%，也就是每个产品产出翻一番，单位生产时间减少 20%。研究学习效应的学者很多，通过查找学习效应相关文献，本书就学习效应理论以及模型研究统计如表 2.4 所示。

表 2.4   基于学习效应的数学模型统计

学习效应数学模型	作者	备注
$P_{i[r]}^A = P_i r^\alpha$	Biskup	$\alpha \leqslant 0$
$P_{i[r]}^A = P_i(1 + \sum_{j=1}^{r-1} P_{[j]})^\alpha$	Kuo and Yang	$\alpha \leqslant 0$
$Y = k(XR_x^\alpha + P)/(XR_x^\alpha + P + R) + \varepsilon_X$	Nembhard D. A.	$\alpha \leqslant 0$
$P_{i[r]}^A = P_i\left(1 - \dfrac{\sum_{j=1}^{r-1} P_{[j]}}{\sum_{j=1}^{n} P_{[j]}}\right)^\alpha$	Koulamas and Kyparisis	$\alpha \geqslant 1$
$P_{i[r]}^A = P_i\left(1 - \dfrac{\sum_{j=1}^{r-1} P_{[j]}}{\sum_{j=1}^{n} P_{[j]}}\right)^{\alpha_1} r^{\alpha_2}$	Cheng et al.	$\alpha_1 \geqslant 1$; $\alpha_2 \leqslant 0$
$P_{i[r]}^A = P_i\left(1 - \dfrac{1}{k} \sum_{j=1}^{r-1} P_{[j]}\right)^\alpha$	Janiak and Rudek	$\alpha \geqslant 0$
$P_{i[r]}^A = P_i(\alpha a \sum_{j=1}^{r-1} P_{[j]} + \beta)$	Wang et al.	$\alpha \geqslant 0$, $\beta \geqslant 0$, $\alpha + \beta = 1$; $0 < a \leqslant 1$
$P_{i[r]}^A = P_i Q_r^{\alpha_1} (c_0 + \sum_{j=1}^{r-1} \beta_j P_{[j]})$	Wu and Lee	$\alpha_1 \leqslant 0$; $\beta \geqslant 0$; $c_0 > 0$
$P_{i[r]}^A = P_i(Q_r + \sum_{j=1}^{r-1} \beta_j P_{[j]})^\alpha$	Lee and Wu	$\alpha \leqslant 0$; $\beta \geqslant 0$
$P_{i[r]}^A = P_i f(\sum_{j=1}^{r-1} \beta_j P_{[j]}) g(r)$	Yin et al.	—

学习效应理论与方法是目前具有很好应用前景的一个研究领域，大部分研究集中在车间调度领域，并且分布于对基于时间、空间以及资源学习效率理论的研究。目前学习效应理论被广泛扩展到质量改进、生产计划、物流库存以及批量决策、流程改造与控制、质量与成本控制方法等很多领域。同时，按照不同标准学习曲线模型可以进行如下分类：按照变量类型分为成本型学习曲线模型和时间型学习曲线模型；按照因子多少分为单因子学习曲线模型和多因子学习曲线模型两种类型，其中单因子学习曲线模型主要基于对数学习曲线模型、指数学习曲线模型以及基于此进行改进的学习曲线模型。综上所述，很多学者对学习效应理论模型以及学习曲线模型进行深入分析，其研究成果主要体现在数理模型及其应用。本书应用学习效应理论与方法，从项目族视角在多项目关键链资源属性研究基础上，提出多项目关键链资源配置模型及其算法，从而提高多项目关键链资源配置效率及其管理水平。

2.4 本章小结

随着项目管理作为一种有效的管理技术和组织形式得到广泛采用，其实践和研究重心已从单项目管理转移到多项目（multi-project）管理。为应对外界环境的不断变化，开始于美国阿波罗登月计划，兴起于 20 世纪 80 年代末的项目管理（project management）理论与方法，凭借项目及其资源的柔性化、较强的市场适应能力与创新能力，成为企业开展项目活动的主要形式。《项目管理》① 概述了美国项目管理学会第一次对全世界的项目投资规模进行估计，发现全世界每年项目投资为 10 万亿美元左右，约占整个世界总产值的四分之一，美国公营和私营产业每年用于项目投资的资金达 2.3 万亿美元，相当于美国国内生产总值的 25%。而中国是世界上最大的新兴项目市场，每年投入的项目资金高达 5000 亿美元。我国的三峡大坝、南水北调工程，发射神州 13 号载人飞船，SARS 疫苗研制计划等，都是一个个举世瞩目的大型项目。因此，研究如何提高多项目管理及其关键链资源有效配置是企业一项非常有研究价值的重要工作。本章对多项目管理理论、方法、关键链及其相关应用进行探究分析，主要就多项目管理理论（多项目内涵、多项目特征等）、项目关键链及资源理论、不确定统计学习方法（统计学习方法、学习效应理论）等主要内容进行了深入的理论分析与研究，为以下章节内容的展开提供了很好的理论研究基础。

---

① ［美］杰弗里 K. 宾图. 项目管理（第 4 版）［M］. 鲁耀斌，赵玲等，译. 北京：机械工业出版社，2021.

第3章

数据驱动下多项目关键链
资源 GBOR 测定

随着以多项目管理作为主要管理运营模式的企业数量日益增多，多项目管理环境下企业所面对的挑战也变得日益复杂。对各项目逐一进行定制 WBS 生成方法以及在此基础上进行项目资源配置已成为制约多项目运作企业发展的关键因素。作为对上述变化的反应，加雷斯和特纳（Gareis and Turner，1999）率先提出项目导向型企业（project-oriented company，POC）的设想，在项目导向型企业中形成两类多项目管理问题：一是传统特定环境下出现的多项目管理问题；二是在多项目管理运作环境下出现的多项目管理问题。其中，后者比重不断提高，大部分项目管理问题实际上升级为多项目管理问题。多项目管理及其相关问题研究是国内外项目管理领域的研究热点。本书在以往多项目管理理论研究基础上，借鉴敏捷管理原理以及类物料清单 GBOM 管理思想，针对多项目管理及多项目管理特征，提出基于项目族工作分解结构 GWBS 模型；通过多项目关键链资源逻辑关系研究构建快速动态响应客户多项目需求规范变化的项目族工作分解结构，并构建了对应的资源配置 GBOR 模型；对基于不确定性粒计算的多项目关键链资源配置、多项目关键链资源属性及其变量测定方法等进行分析研究，从而实现多项目关键链资源的有效配置。

3.1　项目族及其多项目 GWBS 模型构建

3.1.1　项目族

项目与项目之间具有唯一性、差异性特征。在多项目运作过程中，不同项目间存在差异性与相似性。由于多项目运作过程中项目间相似性可最大程度减少项目工作定制化，通过已有项目 WBS 模板快速创建新的 WBS，从而可以通过工作定制化提高多项目管理效率。多项目关键链资源配置中也同样存在较大共性，可以通过减少项目资源定制化要求来提高项目资源配置效率以及配置水平。本书所述多项目项目族是指一组具有类似项目的集合，具有相同项目功能并能满足特定客户群体需求特征。多项目项目族同属于一个项目族，各项目具有相似多项目工作分解结构特征、相同多项目资源配置机理以及相同多项目配置规则等内容。工作分解结构（work breakdown structure，WBS）的图形最早在马尔科姆、罗斯布姆、克拉克和法扎尔（Malcolm，Roseboom，Clark and Fazar，1959）发表阐述关于"计划评审技术（PERT）"的经典论文中出现，PERT 和 WBS 的概念随之被广泛而迅速地传播，到 20 世纪 60 年代初，美国国防部和航天局最早开发了工作分解结构的概念。本书借鉴产品族特征分析多项目项目族具有的特征：（1）属于同一个多项目项目族中的项目，具有相同市场定位和客户群需求；（2）多项目项目族中，项目具有相似项目 WBS 结构，并可以用通用 GWBS 结构来进行表述；（3）多项目项目族中，项目 WBS 叶节点上 WBS 元素具有相似的功能，其中，项目族的 WBS 元素具有类似功能、相同连接关系以及相同属性功能。

WBS 是把项目按照一定原理和规则分解成互相独立、互相影响、互相联系的项目单元，并以此作为多项目开展的计划、实施、控制和信息传递及反馈等项目管理的技术与理论，以达到项目综合计划与控制要求。项目工作分解结构是许多不同分解结构的通用术语，如产品分解结构和资源工作分解结构 RBS；可以对产品执行的工作具有特定的含义。本书将详细讨论这些差异，包括使用 RBS 作为项目资源配置效率的评估工具，提供的资源工作分解结构显示了每个细分结构的层次结构。随着项目技术的发展，WBS 方法与理论也伴随着项目的发展不断成熟，越来越多的学者和实际项目工程都将眼光聚集于 WBS 的研究。在实际过程中也提出在各个工程项目中如何有效地运用该 WBS 原理实现项目利益的最优化与可持续性发展。工作分解结构被证明是成功的项目管理规划的关键。随着 WBS 理论的不断发展，该方法在很多行业都得到广泛应用。

在大型项目中，规划开发工作是一项非常复杂的任务，因为要交付的产品的不同方面存在不确定性。当前的规划实践采用了大量的项目规划方法，其中，工作分解结构 WBS 是一个突出的方法。使用 WBS，可交付成果、要交付的最终产品、其组件和相关的交付物，通常是隐式归纳的。多项目项目族是针对以多项目为运作方式的项目型企业而言的，项目族中项目类似但关联性不大，资源具有可配置性能。为使类项目族工作分解结构 GWBS 资源配置能表示同类项目资源配置需要，并从所有同类资源中抽取资源变量属性转化为同类项目资源属性特征参数，通过项目 GWBS 模型转化过程导致 GWBS 快速创建特定项目工作分解结构。因为多项目中所有项目具有唯一性和差异性特征。本书通过在多项目及其特征研究基础上提出多项目项目族 GWBS 定义，为构建多项目 GWBS 结构模型以及多项目关键链资源 GBOR 研究提供理论依据。

3.1.2 多项目 GWBS 模型构建

工作分解结构是多项目管理的基础。多项目同属一项目族，各项目间工作分解结构有着很多相似共性，但各项目间工作分解结构也有着很多不同。本书在多项目、工作分解结构以及类物料清单结构模型研究基础上提出多项目项目族分解结构 GWBS 概念。多项目项目族中各项目工作分解结构元素，GWB 可描述项目族中类似项目的 WBS 元素。多项目 GWBS 可较好保持 WBS 元素属性的相关项目属性信息；多项目 GWBS 由 WBS 结构以及选择树构成 WBS 元素层次结构，同时多项目 WBS 结构选择树由 WBS 元素属性层次结构组成并通过 GWBS 结构节点 WBS 元素差异特征来得以体现。

当前的规划实践采用了大量的项目规划方法，其中工作分解结构是一个突出的方法。但是李彦斌等（2011）指出 WBS 结构具有以下缺点：一是将项目 WBS 结构视为完全相似，缺乏必要分类并用同一套项目 WBS 结构管理；二是将项目 WBS 结构视为不同并孤立于组织活动。以上两个问题，在多项目运作中应用类的思想来进行解决。在多项目管理实践中采取减少项目定制化，多项目管理应用定制 WBS 方法应对类似于产品族的多项目项目族，通过构建类似的项目 WBS 结构处理多项目项目间的相似性以及项目间的联系，通过多项目项目工作分解结构的通用结构来建模，快速反应从而提高多项目管理效率和管理水平。

多项目中快速生成对应产品的物料清单（bill of materials，BOM）是基础，与 BOM 快速生成机制密切相关。类物料清单（generic bill of materials，GBOM）作为一种较好的折中方式而成为产品族模型的表达方式。工作分解结构是许多不同分解结构的通用术语，如产品分解结构（product breakdown structure，PBS）和成本分解结构（cost breakdown structure，CBS）；工作分解结构还可以对产品上执行的工作具有特定的含义。本章将详细讨论工作分解结构这些差异，包括使用 CBS 作为评估工作分解结构的工具。提供工作分解结构的图表显示每个细分结构的层次结构。还讨论了工作分解结构中组织分解结构及其相关责任矩阵。若借鉴 GBOM 思想，在多项目管理过程中应用项目族工作分解结构 GWBS 来描述类似子项目，此时多项目 GWBS 模型可以通过图来比较 GWBS 与 GBOM 模型间逻辑关系以及演变过程及其对比，多项目 GWBS 概念模型具体情况如图 3.1 所示。

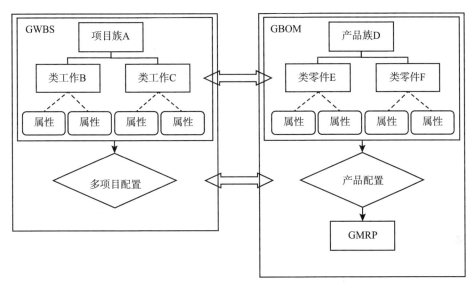

图 3.1　多项目 GWBS 模型

项目族工作分解结构也存在较多共性，借鉴以往项目 WBS 创建新项目 WBS，使得项目 WBS 间具有继承性基础上构建项目 GWBS 结构。因此，本章采用以上思路和方法构建基于项目族的多项目类工作分解结构。本书通过对多项目管理及其特征构建多项目类工作分解结构，对多项目 WBS 元素归一化处理并进行标准化处理，由于项目 WBS 结构本身只针对项目分解，所以本书构建多项目的类工作分解结构并提出了多项目 GWBS 模型，多项目 GWBS 模型为多项目关键链资源配置提供了可行性思路并为本书研究提供可靠性条件。GWBS 是可以证明项目管理规划成功的关键。为了正确管理项目需要生成其工作分解结构 WBS，可以生成几种可能的 WBS 模式描述同一个项目。该方法已应用于多个案例研究，结果表明对于实际项目，GWBS 模型能够生成 WBS 及其活动。因此可以得出结论，这些建模方法能够显著改进复杂项目的 WBS，并改进多项目关键任务，提高多项目资源的配置效率。

通过以上多项目及其 GWBS 模型分析可以得出多项目项目族中 WBS 分解结构具有相似性，通过其相似性分析较复杂项目特征，然后结合多项目管理的实际情况将其 WBS 结构以及项目 WBS 元素标准化，最后将项目族中 WBS 属性附加获得基于项目族的项目工作分解元素的类工作分解结构的属性。在多项目管理过程中，类工作分解结构的属性对多项目管理是非常重要的，通过多项目 WBS 元素归一化处理可以定量分析类工作分解结构的属性，所以在多项目管理过程中应该注意多项目及其 GWBS 模型中的元素属性。通过在多项目管理理论以及多项目 GWBS 模型构建研究基础上提出了多项目类工作分解结构，其基于项目族的多项目类工作分解结构如图 3.2 所示。

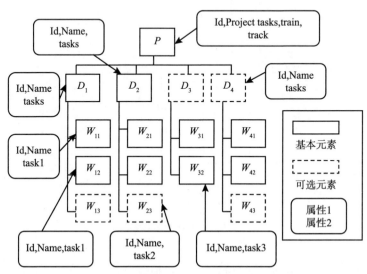

图 3.2　基于项目族的多项目类工作分解结构

其中，D_1、D_2、D_3、D_4 为多项目类工作分解结构的标准化属性；W_{13}、W_{23}、W_{11}、W_{12} 为多项目类工作分解结构的可选 WBS 元素属性。以项目 WBS 元素 $\{W_{23}$、$W_{43}\}$ 为基础构建基于多项目类工作分解结构，以上基于项目族的多项目的基本 WBS 元素采用实线矩形表示；虚线矩形可以表示基于项目族的多项目可选 WBS 元素。多项目项目族中各项目 WBS 元素具有相同功能，多项目项目族类工作分解结构 GWBS 是指集成多项目项目族各项目 WBS 元素一种类工作分解结构，是一种虚拟项目类工作分解结构。项目 WBS 结构中 WBS 元素都具有相应属性。在多项目类工作分解结构中应该注意以下几个方面：多项目项目族是 WBS 结构集并通过项目 WBS 元素特征属性来表达，同时基于项目族的多项目类工作分解结构通过不同赋值的 WBS 结构元素特征属性来得以区别。为项目制定适当 WBS 的方法或工具，GWBS 是开发一种具有更高通用性的方法，为了解决这个问题，这些项目 WBS 结构可满足不同顾客需求；在多项目类工作分解结构中各项目 GWBS 元素都具有一定特征属性；在多项目类工作分解结构中标准化的属性 WBS 元素，每个项目都需要多项目类工作分解结构的标准化基本元素属性，基于项目族的多项目工作分解结构表示与项目工作分解结构基本一致，基于项目族的多项目类工作分解结构可以用层次图表示。

3.2　多项目关键链资源 GBOR 研究

3.2.1　多项目关键链及其网络特征参数

多项目关键链及其管理与单项目关键链管理相比更具有复杂性，从而表现出来的特征也不一样，通过上述分析可知，多项目关键链理论与方法研究具有较强的理论价值以及实际意义。对项目导向型企业而言，同时运行多个项目的能力需求越来越强烈，而多项目管理面临着众多过去单一项目管理技术无法解决的各类难题。例如，不能在整个企业范围内对所有项目进行统一的资源管理和分配，多个项目之间为得到有限的关键资源而发生冲突和争论等。因此，多项目应该充分考虑项目以及项目间不确定性因素，特别是针对多项目资源配置过程中项目、项目属性以及资源属性特征，在多项目管理中考虑将各项目工期与项目整体利益联系起来并应用约束理论整体思想来做多项目的整体资源优化，通过具体实例来验证多项目管理过程中资源优化的具体研究思想以及研究意义。在大数据时代多项目实际资源配置运作过程中出现级联效应、多重项目任务，不确定因素增加，约束条件增多，导致项目资源配置问题求解更为复杂、难以处理。因此，如何实现有限资源的最佳配置，本书采用数据驱动下的多项目关键链资源配置方法，为不确定性视角下的多项目资源有效配置提供一种新的处理方法。多项目管理中将所有项目看成一个系统，并把所涉及的多项目资源组成一个共享资源库，在项目实施中考虑共享资源库中满负载的多项目资源，基于容量约束的多项目资源（capacity constraining resource，CCR）配置就要考虑资源受限与冲突。资源"瓶颈"决定了并行进行的项目资源整体数量以及整体水平，而关键链缓冲区的设置能对多项目资源冲突活动进行交错处理从而避开资源冲突。本书利用多项目关键链识别算法分析影响多项目资源"瓶颈"的因素，并列出多项目关键链识别的具体步骤。

Step1：根据多项目关键链理论与方法确定多项目关键链，令多项目关键链关键工序 $P=l$，多项目关键链非关键工序 $P=0$。

Step2：确定初始可行多项目资源配置中多项目关键链活动，基于多项目关键链资源需求量不超过资源供应量要求，按照多项目关键链活动的要求对资源进行合理配置。若在多项目关键链各活动间产生冲突问题，则使用多项目资源缓冲器（multi-project resource capacity buffer，MRCB）。

Step3：以多项目关键链最早完成活动时刻为下一个决策点，重复 Step2，多项目关键链资源合理配置完毕后，找出最重要链长即为多项目关键链。

Step4：找出其他几种资源单独约束情况下的多项目关键路线，统计项目资源位于多项目第 k 次关键链上。

Step5：计算多项目关键链 N 种资源约束下关键度 $P_i = \dfrac{K}{N+1} * 100\%$，$P_i \in [0，1]$。

Step6：根据多项目关键链资源的关键度以及项目资源的其他特征来确定整体多项目关键链。因此，可用多项目资源成为多项目关键链资源配置的重点。

随着经济和技术的发展，企业项目的数量增多，规模随之增大，在项目实施过程中面临的不确定性也会逐渐增多。在激烈的市场竞争中，多项目管理成为企业运作的常态。关键链技术是在约束理论基础上发展起来的一种多项目管理方法，因此在项目管理中务必考虑项目资源冲突和项目任务间的依赖关系。通过衡量项目资源紧张度、网络复杂度、网络节点概率等不确定性因素对多项目关键链网络进行研究。本书主要研究多项目关键链资源配置问题，因此对多项目关键链的一些特征参数需进行定量分析，从而解决多项目关键链资源配置实质问题。本书通过多项目关键链一系列模拟实验发现多项目关键链及属性特征，实验参数及其实验现象如下：设定未增长前多项目关键链网络节点数目 M 为 50；每次引入新的多项目关键链网络节点新生成边数为 20；增长后多项目关键链网络规模 N 为 70；初始多项目关键链网络时第 $m0$ 个节点连接描述为 1，表示都是孤立；2 表示构成完全图；3 表示随机连接一些边；初始网络情况为 1、2 或 3；该随机图的平均路径长度为 Inf；该随机图聚类系数为：0.34545；该随机图平均度为：7.2571；$M = 50$ 的多项目关键链网络实验结果如图 3.3 ~ 图 3.5 所示。通过多项目关键链特征参数分析可以得出，关键链节点越多，多项目关键链网络就越复杂，多项目关键链网络节点概率分布就越复杂，从而导致多项目关键链资源配置就越难，因此，本书构建多项目关键链资源 GBOR 模型，然后通过 GBOR 模型研究，应用不确定性粒计算方法对多项目关键链资源配置进一步深入分析与探讨。

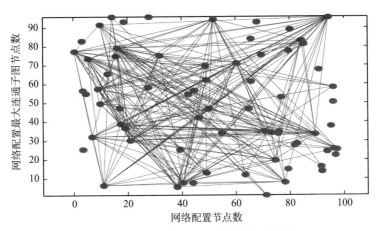

图 3.3 $M = 50$ 的多项目关键链复杂网络

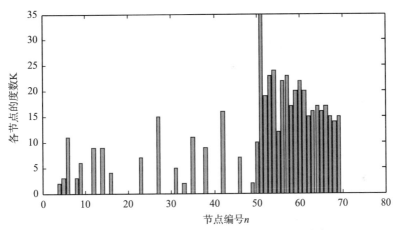

图 3.4 $M = 50$ 的多项目关键链网络节点大小分布

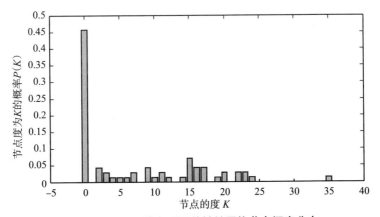

图 3.5 $M = 50$ 的多项目关键链网络节点概率分布

3.2.2 多项目关键链资源 GBOR 构建

借鉴类物料清单 GBOM 思想，引入项目族工作分解结构 GWBS 来描述多项目中的一类项目。本书多项目资源是指所有具有执行能力的所有资源范畴；多项目运作环境下资源与项目本身、项目性质以及资源性质等因素有关，所以在多项目运作过程中多项目关键链资源表现出资源的多属性特征。GWBS 是多项目一种新型工作分解结构模型，可以经由多项目 GWBS 分析与旧项目的差异性从而通过对 GWBS 进行配置而快速生成新 WBS。以多项目 GWBS 为基础在多项目关键链资源配置的同时同步实现多项目关键链资源的同步配置。多项目资源呈现族类的结构，即多项目关键链资源可以对应项目族使用一种通用分解结构来描述，这种通用分解结构称为多项目关键链资源类清单 GBOR。多项目 GBOR 为解决后续多项目关键链资源有效配置问题提供基础。多项目关键链资源类清单 GBOR 模型知识表示是采用形式化语言来描述模型架构、要素及其属性关系。采用不同形式化语言形成不同模型描述在所对应多项目关键链资源配置优势。在项目族基础上实现多项目关键链资源同步配置需要解决两个配置问题：一是生成特定多项目关键链资源需求实例；二是在多个类似项目间通过 GBOR 模型实现关键链资源的配置。基于多项目 GWBS 模型以及多项目关键链资源 GBOR 模型的研究，对两者的具体情况以及描述关系如图 3.6 所示。

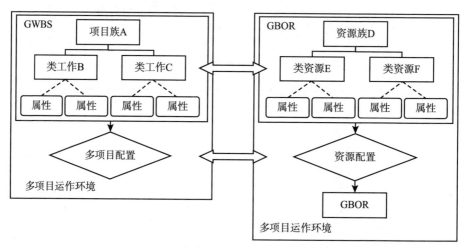

图 3.6 多项目关键链资源 GWBS 与 GBOR 模型关系

综上所述，类资源清单 GBOR 是多项目关键链资源配置研究的基础和有效手段。在多项目关键链资源配置过程中，应该考虑项目的实际情况以及资源属性间的相互关系；通过基于项目族的多项目类工作分解结构，找出多项目关键链的项目任务与多项目关键链资源间所映射的对应关系，通过基于项目族的多项目类工作分解结构构建资源 GBOR 模型。多项目项目族工作分解结构与单个项目工作分解结构区别在于多项目项目族中资源是类资源，代表具有相似性质的一类资源，每个类资源有多个属性，其中每个属性可取不同值来代表不同项目以及子项目对应资源，因此，项目工作分解结构资源可以有多个属性，但每个属性只能取唯一确定值；而单个项目中具体资源是完全确定的。通过推理可以分析得出：多项目关键链资源也具有以上属性逻辑关系。多项目项目族工作分解结构表示不仅有多项目项目族工作分解结构模型，而且其包含许多工作分解结构以及元素间相关规则，这些规则会对各个类资源取舍以及对各个多项目资源相关属性取值产生影响。在对以上多项目关键链、资源理论以及多项目资源类清单 GBOR 模型进行研究的基础上，提出多项目关键链节点资源（multi project critical chain node resource，MPCCNR）的 GBOR 层次配置如表 3.1 所示。

表 3.1   多项目关键链节点资源 GBOR 层次配置

ρ_1	ρ_2	ρ_3	...	ρ_{n-1}	ρ_n
$MCCFR_{1,1}$	$MCCFR_{1,2}$	$MCCFR_{1,3}$	...	$MCCFR_{1,n-1}$	$MCCFR_{1,n}$
$MCCFR_{2,1}$	$MCCFR_{2,2}$	$MCCFR_{2,3}$	...	$MCCFR_{2,n-1}$	$MCCFR_{2,n}$
$MCCFR_{3,1}$	$MCCFR_{3,2}$	$MCCFR_{3,3}$	...	$MCCFR_{3,n-1}$	$MCCFR_{3,n}$
...	...	...	...	...	...
$MCCFR_{n-2,1}$	$MCCFR_{n-2,2}$	$MCCFR_{n-2,3}$	...	$MCCFR_{n-2,n-1}$	$MCCFR_{n-2,n}$
$MCCFR_{n-1,1}$	$MCCFR_{n-1,2}$	$MCCFR_{n-1,3}$	...	$MCCFR_{n-1,n-1}$	$MCCFR_{n-1,n}$
$MCCFR_{n,1}$	$MCCFR_{n,2}$	$MCCFR_{n,3}$	...	$MCCFR_{n,n-1}$	$MCCFR_{n,n}$

本书在以上多项目关键链资源研究基础上，构建基于 GBOR 的多项目关键链资源配置模型以及基于 GBOR 的多项目关键链节点资源层次配置图来有效减少常规关键链资源配置，从而提高多项目关键链资源配置效率和配置的管理水平。

3.3 基于不确定性粒计算的多项目关键链资源 GBOR 研究

3.3.1 基于模糊粗糙集的多项目关键链资源 GBOR 研究

多项目关键链资源的柔性是指资源具有快速有效应对环境变化做出反应的能力。如果资源具有的属性越多，则资源能力越大；多项目关键链资源实体初始化时，其属性框中都会包含多项目关键链资源集中所定义的多项目关键链资源信息。多项目关键链资源数量及多项目关键链资源状态传递到多项目关键链资源中多项目关键链资源类型所对应属性特征。本书应用模糊粗糙集理论构建多项目项目族 GWBS 模糊相似关系，运用粒计算以及粗糙集理论变精度分类方法和约简理论求取多项目项目族 GWBS 属性的约简。由于多项目项目族工作分解结构中GBOR 资源间存在选择关系及组合关系，因此应用粒计算以及模糊粗糙集中属性约简以及其他混合属性运算来确定两种关系，从而最终确定基本多项目类资源清单 GBOR 资源以及可选多项目类资源清单 GBOR 资源。在确定多项目项目族工作分解结构中得出最基本的类资源清单 GBOR 资源后，运用多项目项目族可配置性，再根据多项目特定属性需求多项目类资源清单 GBOR 资源属性进行赋值，以上规律对多项目关键链资源同样适用。假设 $\forall x_s, x_t \in U, \forall c_j \in C, j = 1, 2, \cdots,$ m 为多项目关键链资源模糊关系 R，则有多项目关键链资源属性逻辑关系运算可以根据以下公式进行具体相关计算如下：

$$x_s R x_t = \left\{ (x_s, x_t) \in U \times U \mid \frac{1}{m} \sum_{j=1}^{m} |v''_{sj} - v''_{tj}| \leqslant \alpha \right\} \tag{3.1}$$

其中，$d(x_s, x_t) = \sum_{j=1}^{m} |v''_{sj} - v''_{tj}|$ 为海明距离，$1 - \alpha$ 为多项目关键链资源对象 x_s 与 x_t 的相似度，所有多项目关键链资源属性与 $x_i \in U$ 模糊相似对象集称为 x_i，模糊相似类可以用 $FR(x_i)$ 表示如下：

$$FR(x_i) = \left\{ x_s \in U \mid \frac{1}{m} \sum_{j=1}^{m} |v''_{sj} - v''_{ij}| \leqslant \alpha; j = 1, 2, \cdots, m \right\} \tag{3.2}$$

多项目关键链资源属性 $S = (U, C, V, f)$ 对多项目关键链资源属性某一 $X \subseteq U$ 和 U 上模糊相似关系 $R \subseteq C$，假定多项目关键链资源属性阈值 $0.5 < \beta \leqslant 1$，则多项目关键链资源属性 X 变精度 β 下近似集和 β 上近似集分别为：

$$\underline{R}_\beta(X) = \cup \left\{ x \in U \mid \frac{|X \cap FR(x)|}{|FR(x)|} \geqslant \beta \right\} \tag{3.3}$$

$$\overline{R}_\beta(X) = \cup \left\{ x \in U \mid \frac{|X \cap FR(x)|}{|FR(x)|} > 1 - \beta \right\} \tag{3.4}$$

其中，| · | 为多项目关键链资源属性集合基数，$X\beta$ 正域 $POS_{\beta}(X) = \underline{R}_{\beta}(X)$。多项目关键链资源约简可求取不含多余多项目关键链资源并保证分类正确。多项目关键链资源属性分类正确性可用资源依赖度表示；设 $R \subseteq C$ 为所有多项目关键链资源集合 C，则多项目关键链资源依赖度公式计算如下：

$$\gamma_{R}(X) = \frac{\sum_{i=1}^{n} |\underline{R}_{\beta}(X_{i})|}{|U|} \quad (3.5)$$

由多项目关键链资源依赖度可以测定多项目关键链资源近似度，如果多项目关键链资源产生分类相对于自身近似分类质量为 1，则多项目关键链资源属性集分类相同。因此，在模糊相似关系分析基础上构建基于依赖度的多项目关键链资源属性约简与运算可以找出其相互关系，从而通过多项目关键链资源依赖度分析多项目关键链资源配置。

多项目关键链资源集合集表示为 $S = (U, R, V, f)$。其中，论域 $U = \{x_1, x_2, \cdots, x_n\}$ 是多项目关键链资源对象集合，$R = C \cup D$ 是多项目关键链资源属性集合，其子集 C 和 D 称为条件多项目关键链资源属性子集，且存在子集 $C \cap D = \varnothing$，$V = U_{r \in R} V_r$ 是多项目关键链属性集合，V_r 表示资源属性 $r \in R$ 为属性 r 的值域。设多项目关键链资源集合簇 $F = \{X_1, X_2, \cdots, X_t\}$（$U = \overset{t}{U} X_i$）是论域 U 上定义的一个分类，B 是多项目关键链资源属性子集，B 对 F 的近似分类质量 $r_B(F)$ 为：

$$r_B(F) = \sum_{i=1}^{t} \frac{|B_{-}(X_i)|}{|U|} \quad (3.6)$$

设多项目关键链资源属性集合 P 和 Q 在 U 上导出划分分别为 X 和 Y，$X = \{X_1, X_2, \cdots, X_{n1}\}$，$Y = \{Y_1, Y_2, \cdots, Y_{n2}\}$，则可以计算 P 和 Q 在 U 子集组成 σ 代数上的概率为：

$$p(X_i) = \frac{|X_i|}{|U|}(i = 1, 2, \cdots, n_1) \quad (3.7)$$

$$p(Y_j) = \frac{|Y_j|}{|U|}(j = 1, 2, \cdots, n_2) \quad (3.8)$$

可以定义多项目关键链资源 P 熵 $H(P)$：

$$H(P) = - \sum_{i=1}^{n1} p(X_i) \log(p(X_i)) \quad (3.9)$$

可以推导出多项目关键链资源属性集 Q 相对 P 条件熵：

$$H(Q|P) = - \sum_{i=1}^{n1} p(X_i) \sum_{j=1}^{n2} p(Y_j|X_i) \log(p(Y_j|X_i)) \quad (3.10)$$

其中 $p(Y_j|X_i) = \dfrac{|Y_j \cap X_i|}{|X_i|}$, $i = 1,2,\cdots,n_1$, $j = 1,2,\cdots,n_2$。设多项目关键链资源属性集 P 和 Q 为 U 上两个等价关系项目族,在多项目关键链资源 S 中,资源属性重要性是讨论数据离散化、资源属性约简等问题的关键,通过资源属性重要性建立资源属性分类基础。多项目关键链资源属性重要性越高,说明该资源属性的重要程度越高。设 F 是多项目关键链资源属性集 D 导出的分类,多项目关键链资源属性子集 B' 在资源属性集 B 中的重要性 ($B' \subseteq B \subseteq C$) 为:

$$ipt_B(B') = r_B(F) - r_{B-B'}(F) \tag{3.11}$$

其中 $ipt_B(B') \in [0,1]$。该方法表示当从资源属性集 B 去掉资源属性子集 B' 对 F 近似分类质量的影响,$ipt_B(B')$ 值越大说明该资源属性集 B' 越重要。当 B' 仅有唯一资源属性时转变为单个多项目关键链资源属性重要性度量。

假设 S 是多项目关键链资源属性集,其中 $D = \{d\}$,C 为条件资源属性集,如果 $F = \{X_1,X_2,\cdots,X_t\}$,从而 $r_C(F) = \dfrac{\sum\limits_{i=1}^{t}|C_-(X_i)|}{|U|}$;又因为 $X_i \cap X_j = \varnothing(i,j = 1,2,\cdots,t)$,所以 $C_-(X_i) \cap C_-(X_j) = \varnothing$,从而得到 $r_C(F) = \dfrac{\sum\limits_{i=1}^{t}|C_-(X_i)|}{|U|} = \dfrac{|\bigcup\limits_{i=1}^{t}C_-(X_i)|}{|U|}$。

由此可以推出公式:

$$POS_C(F) = U_{X_i \in F}POS_C(X_i) = U_{X_i \in F}C_-(X_i) \tag{3.12}$$

$$r_C(F) = \frac{|\bigcup\limits_{i=1}^{t}C_-(X_i)|}{|U|} = \frac{|U|}{|U|} = 1 \tag{3.13}$$

如果 $F = \{X_1,X_2,\cdots,X_t\}$ 且 S 是完全一致的,多项目关键链资源配置 $D = \{d\}$,F 是资源属性集 D 导出的多项目关键链资源分类,$a \in C$。若多项目关键链资源属性 a 为 C 中相对于 D 是可省略的,则 $r_{C-\{a\}}(F) = 1$。这些结论对多项目关键链资源配置中求资源属性提供了有效方法以及理论依据。假定 F 是资源属性集 D 导出的分类,多项目关键链资源属性子集 B' 在资源属性集 B 中的重要性 ($B' \subseteq B \subseteq C$) 为:

$$PS_B(B') = \frac{|POS_{B-B'}(F)|}{|POS_B(F)|} \tag{3.14}$$

其中 $POS_B(F) = \cup_{X \in F}POS_B(X)$,$PS_B(B') \in [0,1]$。$PS_B(B')$ 说明资源属性集 B' 的重要程度。假定 S 是多项目关键链资源配置中 $D = \{d\}$ 且 $A \subset C$,则对于多项目关键链资源属性 $a \in C - A$ 的重要性 $SGF(a,A,D)$ 为:

$$SGF(a, A, D) = H(D) - H(D | A \cup \{a\}) \tag{3.15}$$

若 $A = \varnothing$，则称 $SGF(a, A, D) = H(D) - H(D | \{a\})$ 为资源属性 a 和 D 互信息并记为 $I(a, D)$。$SGF(a, A, D)$ 值越大说明在已知 A 条件下多项目关键链资源属性 a 对于 D 越重要。因此，多项目关键链资源中属性可按照式（3.16）计算：

$$\begin{cases} ipt_{|a,b|}(c) = r_{|a,b|}(F) - r_{|a,b| - c}(F) = r_{|a,b|}(F) - r_{|a,b|}(F) = 0 \\ SGF(c, \{a, b\}, \{d\}) = H(\{d\} | \{a, b\} - H(\{d\} | \{a, b, c\})) \end{cases} \tag{3.16}$$

其中 C 和 D 分别称为多项目关键链资源属性集和决策资源属性集，$C = \{a, b, c, e\}$ 并且 $D = \{d\}$。因此，多项目关键链资源属性重要性 $SGF(a, A, D) = 0$，则该多项目关键链资源属性重要性也为 0。多项目关键链资源属性 c 重要性 $SGF(a, A, D) \neq 0$；则多项目关键链资源属性 c 重要性不为 0。

3.3.2　基于信息熵粗糙集的多项目关键链资源 GBOR 研究

考虑到多项目关键链资源属性有时候会出现中断点，所以通过信息熵来度量不确定性转化为确定性方法来解决。在信息熵中等价划分被看作有限概率分布，将每个等价类占整个论域比例看作概率，应用信息熵测定资源属性不确定性。

令 $S = (U, A)$ 是多项目关键链资源属性集合 $U/IND(A) = \{X_1, X_2, \cdots, X_m\}$，通过信息熵理论可以计算资源 A 熵如下：

$$H(A) = -\sum_{i=1}^{m} p_i \log_2 p_i = -\sum_{i=1}^{m} \frac{|X_i|}{|U|} \log \frac{|X_i|}{|U|} \tag{3.17}$$

其中 $p_i = \dfrac{|X_i|}{|U|}$ 表示多项目关键链资源等价类 X_i 在论域 U 中所占比率。模糊熵用于度量多项目关键链资源模糊性，多项目关键链资源配置下发展一种新信息熵为互补熵，互补熵可以度量多项目关键链资源随机不确定性。在多项目关键链资源下互补熵定义如下：

令 $S = (U, A)$ 是一个完备多项目关键链资源 $U/IND(A) = \{X_1, X_2, \cdots, X_m\}$，则多项目关键链资源 A 互补熵为：

$$E(A) = \sum_{i=1}^{m} \frac{|X_i|}{|U|} \frac{|X_i^c|}{|U|} \tag{3.18}$$

其中 X_i^c 表示 X_i 的补集，即 $X_i^c = U - X_i$，基于模糊多项目关键链资源属性粒度大小，给出一个模糊粒空间模糊多项目关键链资源属性粒度。

设多项目关键链资源属性 $K(\tilde{R}) = (N_{\tilde{R}}(x_1), N_{\tilde{R}}(x_2), \cdots, N_{\tilde{R}}(x_n))$，$\tilde{R}$ 为模糊多项目关键链资源属性粒度，计算公式为：

$$GK(\tilde{R}) = \frac{1}{n} \sum_{i=1}^{n} \frac{|N_{\tilde{R}}(x_i)|}{n} \qquad (3.19)$$

其中 $|N_{\tilde{R}}(x_i)|$ 是模糊多项目关键链资源属性粒度 $N_{\tilde{R}}(x_i)$ 基数，则多项目关键链资源属性粒度退化计算公式为：

$$GK(R) = \frac{1}{n^2} \sum_{i=1}^{m} |X_i|^2 \qquad (3.20)$$

其中，多项目关键链资源属性 $\sum_{i=1}^{m} |X_i|^2$ 是由 $U_{i=1}^{m}(X_i \times X_i)$ 所诱导的资源属性序对个数。$K(\tilde{R}) = (N_{\tilde{R}}(x_1), N_{\tilde{R}}(x_2), \cdots, N_{\tilde{R}}(x_n))$，$N_{\tilde{R}}(x_i) = a_{i1}/x_i + a_{i2}/x_i + \cdots + a_{in}/x_i$。对于等价关系 R，如果 $R(x, y) = 1$ 且 $R(y, z) = 1$，则 $R(x, z) = 1$，$a_{ij} = a_{ji} = 1$ 或 0，$j \leqslant n$。

设 $X_k = \{x_{k1}, x_{k2}, \cdots, x_{ks_k}\}$，$k \leqslant m$，因此多项目关键链资源属性具有以下结论：

$$\begin{cases} \dfrac{1}{n^2} \sum_{k=1}^{m} |X_k|^2 = \dfrac{1}{n^2} \sum_{k=1}^{m} (|N_R(x_{k1})| + |N_R(x_{k2})| + \cdots + |N_R(x_{ks_k})|) \\ \dfrac{1}{n^2} \sum_{k=1}^{m} |X_k|^2 = \dfrac{1}{n^2} \sum_{i=1}^{n} \sum_{j=1}^{n} a_{ij} = \dfrac{1}{n} \sum_{i=1}^{n} \dfrac{1}{n} \sum_{j=1}^{n} a_{ij} = GK(R) \end{cases}$$

$$(3.21)$$

其中 $|X_k| = |N_R(x_{kl})| = s_k$，$l \leqslant s_k$，$\sum_{k=1}^{m} s_k = n$。因此，可以看出多项目关键链资源属性粒度等价粒空间是模糊粒空间中模糊多项目关键链资源属性粒度的一个特例。通过以上研究可对多项目关键链资源属性进行定量测定分析，并在此基础上对多项目关键链资源进行配置。

对于给定粒空间需要评价其目标概念或者目标决策，粒空间粗糙度用来衡量粒空间粗糙度的不确定性。本书给出基于粗糙熵的多项目关键链资源属性的定量测定方法，设多项目关键链资源属性空间 $K(R) = (N_R(x_1), N_R(x_2), \cdots, N_R(x_n))$ 是一个相容粒空间，其 R 粗糙熵可以测定如下：

$$E_r(R) = -\sum_{i=1}^{n} \frac{1}{n} \log_2 \frac{1}{|N_R(x_i)|} \qquad (3.22)$$

粗糙熵能够用来度量多项目关键链资源属性粒度性质，通过构造模糊粒空间族集，模糊粗糙熵定义来刻画模糊粒度空间模糊多项目关键链资源属性粒度。

设 $K(\tilde{R}) = (N_{\tilde{R}}(x_1), N_{\tilde{R}}(x_2), \cdots, N_{\tilde{R}}(x_n))$，$\tilde{R}$ 模糊多项目关键链资源属性粒度为：

$$E_r(\tilde{R}) = -\sum_{i=1}^{n} \frac{1}{n} \log_2 \frac{1}{|N_{\tilde{R}}(x_i)|} \qquad (3.23)$$

如果设 $U/R = \{X_1,\ X_2,\ \cdots,\ X_m\}$ 是一个等价粒空间，则 R 的模糊多项目关键链资源属性粒度可以退化为其粗糙熵：

$$E_r(R) = -\sum_{k=1}^{m} \frac{|X_k|}{n} \log_2 \frac{1}{|X_k|} \tag{3.24}$$

如果 $R(x,\ y)=1$ 且 $R(y,\ z)=1$，$a_{ij}=a_{ji}=1$ 或 0，$j \le n$。$X_k = \{x_{k1},\ x_{k2},\ \cdots,\ x_{ks_k}\}$，$k \le m$，其中 $|X_k| = |[x_{kl}]_R| = s_k$，$l \le s_k$，$\sum_{k-1}^{m} s_k = n$，则基于信息熵粗糙集的多项目关键链资源属性定量计算公式如下：

$$
\begin{cases}
E_r(\tilde{R}) = \sum_{k=1}^{m} \frac{|X_k|}{n} \log_2 \frac{1}{|X_k|} = -\sum_{k=1}^{m} \left(\frac{1}{n} \log_2 \frac{1}{|N_R(x_{k1})|} \right. \\
\qquad\qquad \left. + \frac{1}{n} \log_2 \frac{1}{|N_R(x_{k2})|} + \cdots + \frac{1}{n} \log_2 \frac{1}{|N_R(x_{ks_k})|} \right) \\
E_r(\tilde{R}) = \sum_{k=1}^{m} \frac{|X_k|}{n} \log_2 \frac{1}{|X_k|} = \sum_{k=1}^{m} \left(\frac{1}{n} \log_2 |N_R(x_{k1})| \right. \\
\qquad\qquad \left. + \frac{1}{n} \log_2 |N_R(x_{k2})| + \cdots + \frac{1}{n} \log_2 |N_R(x_{ks_k})| \right) \\
E_r(\tilde{R}) = \frac{1}{n} \log_2 |N_R(x_1)| + \frac{1}{n} \log_2 |N_R(x_2)| + \cdots + \frac{1}{n} \log_2 |N_R(x_n)| \\
\qquad \left(\frac{1}{n} \log_2 \frac{1}{|N_R(x_1)|} + \frac{1}{n} \log_2 \frac{1}{|N_R(x_2)|} + \cdots + \frac{1}{n} \log_2 \frac{1}{|N_R(x_n)|} \right)
\end{cases}
$$

$$\tag{3.25}$$

通过粗糙熵来计算模糊粒空间族集中模糊多项目关键链资源属性粒度。通过多项目关键链资源属性所表现出来柔性的能力数值来测定多项目关键链资源不同的柔性程度。

3.3.3　基于可调变精度粗糙集的多项目关键链资源 GBOR 研究

根据以上多项目关键链资源定义及其分析可以得出：多项目关键链资源具有资源柔性、具有替换性以及具有模糊粒度特性。本书所研究的多项目关键链资源，其本质是对项目关键链资源配置任务所具有的多种类型执行能力。这种执行能力是指完成多项目关键链中某项任务所需的特殊技能或特定功能，如对于多项目关键链资源中的人力资源是指多项目中人所具备的多种技能；多项目关键链资源中机器设备等则指其在多项目中所表现出来的多种使用功能。

本书考虑到多项目关键链资源配置实际情况，在模糊粗糙集以及信息熵粗糙集研究基础上提出可调变精度粗糙集，然后应用可调变精度粗糙集对多项目关键链资源配置进行研究。可调变精度粗糙集计算模型如下：

$$\begin{cases} \underline{R^\lambda}(F)(x) = \bigwedge\limits_{y \in U} ((1 - R^\lambda(X,\ Y)) \vee F(y)) \\ \overline{R^\lambda}(F)(x) = \bigvee\limits_{y \in U} ((1 - R^\lambda(X,\ Y)) \wedge F(y)) \end{cases} \quad (3.26)$$

其中 $\underline{R^\lambda}$ 为可调变精度粗糙集下近似模糊集；$\overline{R^\lambda}$ 为可调变精度粗糙集上近似模糊集。可调变精度粗糙集在计算过程中可通过粗糙度、模糊度以及贴近度来进行调节。本书在以上研究基础上提出可调变精度的模糊粗糙集定义如下：

$$\begin{cases} \underline{R^\lambda}(F)(x) = \mathrm{infmax}(1 - R(x,\ y),\ \beta) \wedge \mathrm{infmax}(1 - R(x,\ y),\ 1 - \beta) \\ \overline{R^\lambda}(F)(x) = \mathrm{infmin}(1 - R(x,\ y),\ 1 - \beta) \wedge \mathrm{infmin}(1 - R(x,\ y),\ \beta) \end{cases}$$

$$(3.27)$$

其中可调精度为 β。本书在研究过程中要考虑可调精度 β 的大小，在实际多项目关键链资源配置过程中，通过式（3.28）计算其平均空间来进行测定：

$$GK(R) = \frac{1}{n^2} \sum_{k=1}^{m} (\mid N_R(x_{k1}) \mid + \mid N_R(x_{k2}) \mid + \cdots + \mid N_R(x_{ks_k}) \mid) \quad (3.28)$$

随着可调精度 β 值不断增大，可调精度粗糙集近似质量单调递减；可调变精度粗糙集近似质量约简中，多项目关键链资源属性个数随着可调精度 β 值的不断增大呈现单调递减趋势。当可调精度 β 值较小时，近似质量较大，则所需多项目关键链资源属性个数就比较多。因此，多项目关键链资源属性近似质量约简个数也比较多。

3.4 多项目关键链资源 GBOR 测定研究

3.4.1 多项目关键链资源 GBOR 测定方法

本书研究目标在于分析多项目关键链资源柔性程度对资源配置的影响，在采用多项目关键链资源——能力矩阵对资源柔性进行研究基础上，提出了多项目关键链资源柔性度量方法。假设多项目环境下运作过程中共有 n 种可供使用的多项目关键链资源，多项目整体运作一共需要 m 种能力；每种多项目关键链资源具有几种能力，有些多项目关键链资源具有的运作能力可以相同也可以不同，或者有一部分多项目运作能力是相同的。多项目关键链资源中，求同一资源属性类型下的资源属性值间的相似性，也是资源配置一个至关重要的研究内容。在多项目关键链资源中资源属性变量按其取值测定方法类型可划分为：基于二值变量的多项目关键链资源属性测定方法；基于标称变量的多项目关键链资源属性测定方法；基于区间标度变量的多项目关键链资源属性测定方法；基于序数型变量的多项目关键链资源属性测定方法等。针对资源属性值间的差异性，在相似性原理改进的基础上，提出多项目关键链资源中资源属性值间相异度的具体计算方法，该方法能有效地解决多项目关键链资源属性值间的相似性，其相应测定方法如下。

（1）基于二值变量的多项目关键链资源属性测定方法。

如果多项目关键链资源属性是二值变量，表示该资源属性取值仅有两个状态，则对象 x_i 和 x_j 在同一资源属性变量 $v(v \in C)$ 上，那么多项目关键链资源属性值间相异度测定如下：

$$d(x_i(v),\ x_j(v)) = \begin{cases} 0 & x_i(v) = x_j(v) \\ 1 & \text{其他} \end{cases} \tag{3.29}$$

其中 $x_i(v)$、$x_j(v)$ 分别表示对象 x_i 和 x_j 在多项目关键链资源属性 v 上的取值，$i = 1,\ 2,\ \cdots,\ n$，以下含义类同。

（2）基于标称变量的多项目关键链资源属性测定方法。

如果多项目关键链资源属性为一标称变量，那么多项目关键链资源属性二值变量可以推广到两个以上状态值，其状态可用一组整数（$1,\ 2,\ \cdots,\ \omega$）来表示；多项目关键链资源属性 x_i 和 x_j 属性值间相异度测定为：

$$d(x_i(v),\ x_j(v)) = \begin{cases} 0 & x_i(v) = x_j(v) \\ 1 & \text{其他} \end{cases} \tag{3.30}$$

（3）基于区间标度变量的多项目关键链资源属性测定方法。

如果多项目关键链资源属性为区间标度变量，同时多项目关键链资源属性是一线性标度，则多项目关键链资源属性 x_i 和 x_j 属性值间相异度测定为：

$$d(x_i(v),\ x_j(v)) = \begin{cases} 0 & b = a \\ \dfrac{|x_i(v) - x_j(v)|}{b - a} & b \neq a \end{cases} \tag{3.31}$$

其中 $a = min_{1 \leqslant k \leqslant n}\{x_k(v)\}$，$b = max_{1 \leqslant k \leqslant n}\{x_k(v)\}$。

（4）基于序数型变量的多项目关键链资源属性测定方法。

假设多项目关键链资源属性为序数型变量，那么多项目关键链资源属性序数型变量 v 有 ω 个状态（$1,\ 2,\ \cdots,\ \omega$）。设多项目关键链资源属性 v 上资源属性值为 $x_k(v)$，多项目关键链资源属性对应秩 $r_k(v) \in \{1,\ 2,\ \cdots,\ \omega\}$，那么多项目关键链资源属性间相异度测定如下：

$$\begin{cases} d(x_i(v),\ x_j(v)) = \begin{cases} 0 & b = a \\ \dfrac{|z_i(v) - z_j(v)|}{b - a} & b \neq a \end{cases} \\ z_k(v) = \dfrac{r_k(v) - 1}{\omega - 1} \end{cases} \tag{3.32}$$

其中，$z_k(v)$ 代替资源属性集；资源属性值为 $x_k(v)$；$a = min_{1 \leqslant k \leqslant n} \{z_k(v)\}$；$b = max_{1 \leqslant k \leqslant n} \{z_k(v)\}$。多项目关键链资源包括多个对象资源属性，对象间相异度度量方法可解决多项目关键链资源属性类型混合性组合度量问题。在多项目关键链资源 S 中，对象 x_i 和 $x_j(i, j = 1, 2, \cdots, n)$ 间需要通过其所有资源属性 l 个资源属性来比较其相似性，设这 l 个资源属性构成的集合为 P，则对象 x_i 和 x_j 间相异度 $d(x_i, x_j)$ 为：

$$d(x_i, x_j) = \frac{\sum_{v \in P} d(x_i(v), x_j(v))}{l} \tag{3.33}$$

（5）基于 PEARSON 指数的多项目关键链资源属性测定方法。

通过多项目关键链资源理论及以上分析研究，本书提出基于 PEARSON 指数的多项目关键链资源属性测定方法，其测定方法如下：

$$d(x_i, x_j) = \sqrt{\sum_{i,j=1}^{P} (w_i - w_j)^2} \tag{3.34}$$

其中 $d(x_i, x_j)$ 是对象 x_i 和 x_j 间相异度量化表示，其对象 x_i 和 x_j 越相似（或接近），$d(x_i, x_j)$ 值越接近 0；对象 x_i 和 x_j 越不同，其 $d(x_i, x_j)$ 就越大。对象 x_i 和 x_j 间相异度 $d(x_i, x_j)$ 满足：

①$d(x_i, x_j) \in [0, 1]$；

②l 个资源属性 $d(x_i, x_j) = 0 \Leftrightarrow x_i(v) = x_j(v)$，$P$ 是 l 个资源属性构成的集合；

③$d(x_i, x_j) = d(x_j, x_i)$，但是具体计算公式要根据多项目关键链资源属性 v 变量的类型来决定其计算方法。当多项目关键链资源属性为高维时，本书采用投影寻踪方法进行降维，并根据多项目及其关键链资源实际情况采用不同的投影指标进行处理。

3.4.2　多项目关键链资源 GBOR 定量测定

多项目关键链必须要考虑项目资源约束与项目资源配置过程中其他的不确定因素。多项目关键链方法与传统方法不同，多项目关键链确定既要满足项目资源约束，还要满足项目活动间的资源依赖关系。不同的多项目活动不仅影响活动间的项目资源约束，同时引起项目资源的浪费。因此，增加对多项目关键链活动间相互影响不确定性的研究是未来的一个研究领域。资源约束下的多项目关键链资源配置问题是个复杂的问题，不同的多项目关键链资源分配导致不同的效果。对于复杂项目，可进一步探索多种多项目关键链资源约束与资源供应的不确定性问题。近年来，借助关键链和缓冲管理机制理论及其模型等的完善，以新颖的视角来研究不确定因素影响下的关键链理论及其方法一直是国内外研究的热点领域。

本书对近些年来围绕关键链的理论及其方法进行梳理，将该领域研究进展归结为关键链多项目资源配置理论与方法、模型与求解问题。基于多项目管理及其关键链理论与方法的研究将来会拓展到更多、更广、更深的管理研究领域。本书在研究过程中取 Silhouette 指数来评价多项目关键链资源属性特征，其指标可以通过多项目关键链资源属性分离度以及平均离散度指标来体现，具体计算如下：

$$\text{多项目关键链资源属性平均分离度 } A(g) = \sum_{h \in X_i} \frac{Dist(g, h)}{(\mid x_i \mid - 1)} \qquad (3.35)$$

$$\text{多项目关键链资源属性离散度 } D(g, x_i) = \sum_{h \in X_i} \frac{Dist(g, h)}{\mid x_i \mid} \qquad (3.36)$$

$$\text{多项目关键链资源其他属性离散度 } B(g) = min\{d(g, x_i)\} \qquad (3.37)$$

多项目关键链资源属性 Silhouette 指数可以通过式（3.38）计算：

$$MCCFRS(g) = \frac{B(g) - A(g)}{\max\{A(g), B(g)\}} \qquad (3.38)$$

Silhouette 指数等于 1 或者为 0，说明同属于同类型多项目关键链资源；如果是其他数值，就要由多项目关键链资源具体情况来决定。由此可以推导出多项目关键链资源 i 的属性 Silhouette 指数宽度为：

$$MCCFRS_i = \frac{B(g) - A(g)}{\max\{A(g), B(g)\} * \mid x_i \mid} \qquad (3.39)$$

多项目关键链资源属性分析及其测定过程中，Silhouette 指数宽度就决定了划分多项目关键链资源属性的分类标准，为多项目关键链缓冲区及其分析测定研究，以及多项目关键链资源配置提供基础。

本书通过以上研究提出多项目关键链资源可用多项目关键链资源种类与资源紧张度比值来表示，对于多项目关键链每种资源紧密度 $MCCR_f$ 及其 $MCCRS_f$ 表示如下：

$$\begin{cases} MCCR_f = \dfrac{1}{j} * \dfrac{1}{k} \sum_{j=1}^{J} \sum_{k=1}^{k} \text{sgn}(r_{jk}) \\[4mm] MCCRS_f = \dfrac{R_f}{\dfrac{1}{J} \sum_{j=1}^{J} r_{if}} \end{cases} \qquad (3.40)$$

在多项目关键链资源配置过程中，多项目关键链资源具有多种执行模式，同时多项目关键链资源配置也允许多项目资源能以多种执行模式配置资源，其中每种执行模式下，多项目关键链资源仅对应一种资源组合方式与相应多项目关键链资源配置。多项目关键链资源表现出其完成不同项目任务的不同能力，不同关键链资源在关键链中的作用也是不一样的。具体体现在多项目关键链资源属性，不同属性在不同的多项目关键链资源配置中执行能力不同。多项目关键链资源可用以上多项目关键链资源—属性能力矩阵（multi-project critical chain resource-attribute capability matrix，MCCRCM）表示。多项目关键链资源配置中资源—属性能力矩阵描述如下：

$$MCCRCM = \left[MCCRC_{RC} \right]_{|R|*|C|}$$

$$= \begin{bmatrix} R_{1,1}(M_1, M_2, \cdots M_m) & R_{1,2}(M_1, M_2, \cdots M_m) & \cdots & R_{1,n}(M_1, M_2, \cdots M_m) \\ R_{2,1}(M_1, M_2, \cdots M_m) & R_{2,2}(M_1, M_2, \cdots M_m) & \cdots & R_{2,n}(M_1, M_2, \cdots M_m) \\ \cdots & \cdots & \cdots & \cdots \\ R_{n-1,1}(M_1, M_2, \cdots M_m) & R_{n-1,2}(M_1, M_2, \cdots M_m) & \cdots & R_{n-1,n}(M_1, M_2, \cdots M_m) \\ R_{n,1}(M_1, M_2, \cdots M_m) & R_{n,2}(M_1, M_2, \cdots M_m) & \cdots & R_{n,n}(M_1, M_2, \cdots M_m) \end{bmatrix}$$

$$(3.41)$$

多项目关键链资源配置中资源的柔性程度 $\rho_{i,j} = \dfrac{\sum\limits_{i=1}^{n} \sum\limits_{j=1}^{m} R_{i,j}}{n+m} * 100\%$ 。

其中 $MCCRC_{RC} \in [0,1]$。当 $MCCRC_{RC}=1$ 时，表示此类多项目关键链资源完全具有标准水平执行能力；当 $MCCRC_{RC}=0$ 时，表示这类多项目关键链资源能力完全不具有标准水平的执行能力；当 $MCCRC_{RC} \in (0,1)$ 时，说明这类多项目关键链资源的能力具有部分标准水平执行能力；当 $MCCRC_{RC}>1$ 时，说明这类多项目关键链资源的能力具有超过标准水平的执行能力，所以多项目关键链资源配置中，要重点关注资源从而达到提高多项目关键链资源有效配置的目的。

3.5 本章小结

随着企业项目化进程的不断深入，已有高达90%的企业项目是在多项目环境下执行的，同时，关键链作为一种新型的多项目管理方法与技术，能有效地解决多项目资源管理中不确定因素干扰和项目间资源冲突频发等多种问题。因此，多项目管理在企业的运营管理中显得非常重要，其中多项目关键链资源的优化配置尤为重要。GWBS是一种通用的项目工作分解结构，独立于具体的项目，提供了一种用有限的数据表示同属一个项目族的大量项目的方式，避免结构冗余同时也保持了 WBS 的结构信息。GWBS 由一个 WBS 主结构和很多类似 WBS 结构构成，其中，WBS 结构是 WBS 元素组成的项目层次结构，其表示同一个项目族的通用工作分解结构。GWBS 是一个由变量、变量值和配置规则构成的层次结构，GWBS 可以利用很多类似或者通用的 WBS 来管理具体多项目，通过展开 WBS，并逐层确定其变量值来确定具体多项目中的 WBS。而同一个项目族中不同项目的差异可以通过该 GWBS 结构中 WBS 元素的差异来体现，GWBS 理论为提高多项目管理中关键链资源的有效配置提供了理论基础和技术准备。由于现代工程项目的日益复杂，人工智能、大数据的出现，WBS 将是一种极其有效的方法与技术，通过将计算机的数据库管理、大数据与多项目结合起来，大力提高多项目的资源配置效率，将 WBS 和计算机软件结合，形成集成化多项目管理，使项目的成本、质量、进度、合同管理和责任体系形成一个有机整体。因此，可以借鉴 WBS 方法与思路，提出一种新的思维模式进行多项目资源配置管理。

GWBS 是一个重要的规划工具，在逻辑框架中将项目目标与项目资源联系起来。多项目在实际实施过程中，随着项目子任务的完成情况根据项目计划进行衡量，GWBS 将成为多项目研究一个重要的状态监视器。因此，本章在多项目研究基础上借鉴敏捷管理原理和制造业 GBOM 思想，应用多项目管理理论以及不确定性粒计算方法从多项目管理首要环节入手，提出了项目族工作分解结构 GWBS 模型，应用不确定性粒计算深入分析多项目关键链资源配置；在 GWBS 模型基础上构建了快速动态响应客户项目需求规范变化的多项目 GBOR 模型、基于不确定性粒计算的多项目关键链资源配置，其包含基于模糊粗糙集的多项目关键链资源配置、基于信息熵粗糙集的多项目关键链资源配置、基于可调变精度粗糙集的多项目关键链资源配置。最后通过多项目关键链资源属性及其变量测定方法研究来实现多项目关键链资源的有效配置。本章研究多项目关键链资源 GBOR 测定方法以及多项目关键链资源 GBOR 定量测定，为多项目关键链资源有效配置提供了良好的基础条件。

第 4 章

数据驱动下多项目关键链
资源熵及其识别

随着大数据时代的来临，大数据所蕴含的潜在价值也突显出来。人工智能、区块链、互联网＋、云技术、智能制造等概念的广泛延伸，给数据驱动下的多项目资源管理带来了更多的复杂性和挑战，因而在此背景下对多项目关键链资源展开具体的研究具有重要的理论意义和实践价值。

第 3 章对多项目关键链资源 GBOR 及其测定进行研究，通过构建多项目关键链资源属性测定模型，从而解决多项目关键链资源配置过程中的定量分析，其成果为资源有效配置提供了计算依据。同时，通过多项目 GWBS 模型构建为多项目关键链资源配置提供了应用工作分解结构的方法来应对复杂的多项目管理，从而提高多项目控制以及多项目管理水平。通过多项目关键链及其网络特征参数以及多项目关键链资源配置的研究，在基于项目族的多项目类工作分解结构基础上构建了多项目关键链资源 GBOR，其研究成果为实现多项目关键链资源有效配置提供可靠条件。下面在多项目关键链资源参数及其缓冲设计、基于连续变量的多项目关键链资源熵测定、基于离散变量的多项目关键链资源熵测定、基于云模型的多项目关键链识别及其分析研究的基础上，从多项目特征属性及其测定方法来解决多项目关键链资源的有效配置。

4.1 多项目关键链资源参数及缓冲设计

4.1.1 多项目关键链资源参数

多项目关键链资源有效配置应该考虑项目资源关键程度及多项目关键链上关键项目资源的有效配置。因此，在多项目关键链资源配置过程中应该注意到项目本身的复杂度以及项目本身的资源总量，如考虑资源柔性特征应该从资源紧张度和柔性程度等指标来共同反映。从多项目关键链资源配置过程中研究多项目资源总体数量的配置位置和大小，得出多项目关键链工序项目关键程度如下：

$$\gamma_i = \frac{MCR_i}{MR} \tag{4.1}$$

其中 MCR_i 为多项目关键链工序 i 的资源数量，MR 为多项目关键链全部项目资源总量。在多项目关键链资源有效配置中需要考虑影响多项目关键链工序不确定性综合因素，如多项目关键链资源属性、多项目关键链项目属性等。如果多项目关键链工序所需资源量接近当期总体资源可用量上限，则多项目关键链工序可能会发生资源无效配置。多项目关键链资源柔性越低，说明多项目关键链因资源无效配置将发生延误时已有其他替代资源来补充，因此在多项目关键链资源有效配置中需考虑以下几个方面。

（1）多项目关键链资源紧张度。

借鉴伊梅利与艾诺古克（Icmeli and Erenguc，1996）资源紧张度理论，本书针对多项目关键链资源特征提出多项目关键链资源紧张度 MRF 计算：

$$MRF_i = \frac{\sum_{j=1}^{n}(r_{iq} \times d_i)}{R_{qt}},\ t \in [SS_i,\ SS_i + d_i] \tag{4.2}$$

其中 MRF_i 表示多项目关键链工序资源紧张度；R_{qt} 表示 t 时段内多项目关键链资源 q 总体可用量；$r_{iq} \times d_i$ 表示 t 时段内用多项目关键链工序 i 资源 q 所需多项目关键链资源量；n 表示 t 时段执行多项目关键链工序总数，d_i 表示多项目关键链工序 i 工期，SS_i 表示多项目关键链工序 i 的初始工序时间；如果多项目关键链工序 i 需要多种资源，则多项目关键链工序 i 资源紧张度可以用其多项目关键链资源的使用量与项目资源总体用量比值的最大值计算如下：

$$\max MRF_i = \max \frac{\sum_{j=1}^{n}(r_{iq} \times d_i)}{R_{qt}} \tag{4.3}$$

（2）多项目关键链资源紧密度。

考虑多项目关键链工序 i 只需要一种资源，如果多项目关键链资源 q 具有柔性，则其可通过多项目关键链资源执行能力以及执行模式来实现；多项目关键链工序 i 所需资源替代资源种类越多，资源的柔性越低，因资源短缺发生多项目关键链资源缓冲越小，所以多项目关键链资源配置效率越低。多项目关键链资源紧密度可用替代资源种类与替代资源紧张度比值 MRR_i 来表示，若多项目关键链工序 i 需要多种多项目关键链资源紧密度如下：

$$MRR_i = \max_q \frac{N}{\max\{MRF'_i\}} \quad q \in [1, N] \tag{4.4}$$

其中 N 为多项目关键链资源替代资源种类。根据以上资源属性分析可得出多项目关键链资源缓冲计算公式如下：

$$MBS = (1 + MRF) * (\sum_{i=1}^{n} MRR_i)^{\frac{1}{2}} \tag{4.5}$$

其中 MBS 为多项目关键链资源缓冲；MRR_i 为多项目关键链资源紧密度。因此，可通过计算多项目关键链资源紧密度来计算多项目关键链资源缓冲区。

（3）多项目关键链资源关联度。

根据以上基于资源属性的多项目关键链分析研究可得出多项目关键链资源关联度指数：

$$MCRI_{i,j} = \frac{Cov(MCR_i, MCR_j)}{Var(MCR_i) * Var(MCR_j)} \tag{4.6}$$

其中 MCR_i 为多项目关键链资源 i 的属性数值；MCR_j 为多项目关键链资源 j 的属性数值；$Cov(MCR_i, MCR_j)$ 为多项目关键链资源 i 与资源 j 的相关性；$Var(MCR_i)$ 为多项目关键链资源 i 的标准偏差；$Var(MCR_j)$ 为多项目关键链资源 j 的标准偏差。在多项目关键链资源配置过程中，集中考虑多项目关键链资源属性是有效配置以及提高配置水平的关键。综上所述，多项目关键链资源配置研究过程应该注意基于资源属性的多项目关键链资源分析研究，只有这样才能有效提高多项目关键链资源配置效率。

4.1.2 多项目关键链资源缓冲

关键链项目管理方法（critical chain project management，CCPM）是伊利雅胡·高德拉特博士（Dr. Eliyahu Goldratt，1997）提出的一种新理论和新方法，关键链项目管理方法可有效缩短项目工期并提高项目资源配置能力。在多项目关键链资源能力约束缓冲设置问题中，资源紧张度、网络复杂度、活动间隙度等项目属性均会影响多项目关键链资源能力缓冲区大小的设置。为了解决多项目管理中面临的诸多不确定性问题，应在多项目关键缓冲管理（multi-project critical buffer management，MCBM）中设置多项目关键链资源能力约束缓冲，对多项目多资源的项目环境所带来的约束提供解决方案。多项目关键链资源配置能力约束缓冲的本质是使得前后项目之间有一定的时间间隔，其目的就是要平衡多项目资源的过载负荷，避免后一项目受前一项目的影响。因此，能力约束缓冲的设置问题是关键链多项目管理方法的核心问题，对成功执行关键链多项目资源配置非常重要。然而，针对关键链资源能力约束缓冲的设置问题，仍有问题尚未被很好地解决。一是如何将资源在项目之间配置才能获得最佳的保护效果并维持最短的项目排程。二是将资源配置缓冲区设置多大才足以产生保护作用而不会拉长项目的计划完工期。三是当某种多项目资源投入关键链工序，而多项目前面关键链工序却使用另外一种资源时，如何调整需要插入的多项目资源缓冲 MRB。在多项目实施过程中关键链方法是通过对缓冲区管理的实现从而控制项目，最后根据多项目缓冲区设计来制定不同的管理对策。因此，对多项目关键链不同类型缓冲区的研究在多项目管理实际应用以及研究中尤为重要。本书在研究多项目、关键链缓冲区理论基础上提出多项目关键链资源缓冲（multi-project critical chain resource buffer，MCCRB）。对在多项目运作环境下多项目关键链项目缓冲基本理论进行具体研究，可计算出各种多项目关键链缓冲区：多项目关键链项目缓冲、多项目关键链输入缓冲以及多项目关键链资源缓冲增量，相关计算公式如下：

$$多项目关键链项目缓冲区计算 \quad \Delta MPB_i = \rho_i \beta_i \left(\theta_i + \sqrt{\sum_{i=1}^{n} \sigma_i^2} \right) \quad (4.7)$$

$$多项目关键链输入缓冲区计算 \quad \Delta MFB_j = \rho_j \beta_j \left(\theta_j + \sqrt{\sum_{j=1}^{m} \sigma_j^2} \right) \quad (4.8)$$

$$多项目关键链资源缓冲区计算 \quad \Delta MRB_k = \rho_k \beta_k \left(\theta_k + \sqrt{\sum_{k=1}^{m} \sigma_k^2} \right) \quad (4.9)$$

其中 ρ_j 为多项目任务活动执行时间不确定性程度修正因子；β_i，β_j，β_k 为多项目任务活动资源程度相应修正因子；θ_i，θ_j，θ_k 为在根方差法计算基础上加入一固定值，使多项目任务活动完工保证率稳定在较高水平，同时与剪贴法相比可以缩短多项目任务活动时间。本书借鉴项目族理论以及多项目缓冲影响因素，考虑多项目资源属性、项目属性以及多项目其他特征要素下设定缓冲估计，多项目关键链项目缓冲区与多项目关键链输入缓冲区表达式分别为：

$$MCPB = \left\{ \sum_{i \in CC} \left[\left(1 + \frac{PB_i}{RR_i} \right) \times (1 + \alpha_i \times \beta_i) \times \delta \times \sigma_i \right]^2 \right\}^{\frac{1}{2}} \quad (4.10)$$

$$MCFB = \left\{ \sum_{i \in CC} \left[\left(1 + \frac{RF_i}{RR_i} \right) \times (1 + \alpha_i \times \beta_i) \times \delta \times \sigma_i \right]^2 \right\}^{\frac{1}{2}} \quad (4.11)$$

其中 σ_i 为多项目关键链项目工期标准差。本书针对资源理论研究多项目关键链缓冲区，根据资源需求情况划分为多项目关键链资源中断、多项目关键链资源短缺以及多项目关键链资源盈余三种情况。多项目属性也应该考虑多项目关键链中项目规模、项目时间、项目不确定程度以及项目本身资源总量等相关属性，可以通过项目属性来分析多项目关键链缓冲大小。本书针对多项目关键链以及多项目关键链资源特征，提出多项目关键链资源缓冲计算公式：

$$\begin{cases} MCRB = \left\{ \sum_{i \in CC} \left[\left(1 + \frac{RF_i}{RR_i}\right) \times (1 + \alpha_i \times \beta_i) \times \delta \times \sigma_i \right]^2 \right\}^{\frac{1}{2}} \\ \rho = \frac{RF_i}{RR_i} \end{cases} \quad (4.12)$$

其中 σ_i 为多项目关键链项目资源标准差；ρ 为多项目关键链资源不确定程度修正因子，其值随不确定程度增大而减小，随多项目关键链项目柔性程度降低而增大；多项目关键链资源可以服从参数为 (μ, σ) 对数正态分布。因此，针对多项目关键链资源分布特征，多项目关键链项目缓冲以及输入缓冲效应较弱，基于项目族视角的多项目关键链资源配置效率低下主要表现在多项目关键链资源缓冲。所以在多项目关键链资源配置过程中应该重点考虑多项目关键链资源有效配置以及资源实际情况，通过多项目关键链资源参数以及资源缓冲为多项目关键链资源有效配置提供有力保证。

4.2　多项目关键链资源熵测定

本书通过应用信息熵理论简化多项目关键链状态，定义多项目关键链脆弱性的临界状态，基于单元脆弱性和信息熵原理对多项目关键链结构脆弱性进行有效量化评估。对多项目关键链中存在多种资源熵的现象进行分析，建立多项目均衡过程中不同资源的重要度评价指标体系，确定不同多项目关键链资源综合评价计算公式，在此基础上基于多项目关键链方法和资源熵理论建立多项目资源均衡配置模型。传统的两种多项目关键链资源均衡优化方法中，多资源转化为单资源的方法将多个不同类型资源的同一化处理是有必要的，但将多种不同的资源转化为一种资源熵进行均衡优化的研究，得到的均衡优化曲线看似均衡却很有可能是多种多项目关键链资源需求不均衡曲线啮合而形成的，无法保证多种多项目关键链资源均达到较为均衡的效果。而多目标转化为单目标方法是在各种多项目关键链资源均衡指标的基础上加权求和得到综合评价指标，并不能保证重要多项目资源优先达到均衡。通过以上深入的分析发现传统项目资源均衡方法均存在一定程度的局限性。

选用多项目关键链资源熵进行多资源均衡的目标函数设定，与多项目资源转化为单资源的方法相比，可以有效保证多项目关键链资源分布达到均衡的效果，而不是多种多项目关键链资源同一化总量在整个项目工期内分布的均衡。由多项目资源熵的概念可以得到采用该方法更加符合实际多项目管理过程中对关键链资源均衡目标的要求。同时选用多项目关键链资源熵方法与多目标转化为单目标的均衡方法相比，通过加入项目资源重要度指标因素分析，不同项目资源的资源熵乘以其重要度指标，保障多项目关键链重要资源优先达到平衡的良好效果。基于多项目关键链资源熵均衡方法的优势，我们采用项目关键链资源熵为其目标函数进行分析。

4.2.1　基于连续变量的多项目关键链资源熵测定

如果多项目关键链资源数据是连续变化的，设随机变量 X 为多项目关键链资源，样本容量为 n，样本观察值为 $(x_1, x_2, \cdots, x_i, \cdots, x_n)$。当 $x_i \geq 0$ 时多项目关键链资源样本一一对应于一个离散概率分布 $p_1, p_2, \cdots, p_n$，则其连续分布对应的信息熵等值性 EV 为：

$$EV = -\sum_{i=1}^{n} p_i * Inp_i = -\sum_{i=1}^{n} \left(\frac{x_i}{\sum\limits_{i=1}^{n} x_i} \right) In \left(\frac{x_i}{\sum\limits_{i=1}^{n} x_i} \right) \tag{4.13}$$

其中 $p_i = \dfrac{x_i}{\sum\limits_{i=1}^{n} x_i}$，等值性反映多项目关键链资源数据集中在均值附近的程度，等值性越高，表明多项目关键链资源该组数据越是集中于均值附近。多项目关键链资源容量相同，样本在均值相同时等值性越高，其方差应越小；如果等值性越低，方差则会越大。多项目关键链资源熵是指在多项目关键链资源配置中资源消耗量占资源总耗量的百分比，其多项目关键链资源构成 $p_1, p_2, \cdots, p_n$ 的比重分布。多项目关键链资源配置过程要分析其分布的资源熵，因为信息熵是指某种特定信息的出现概率，其变量的不确定性越大，熵值也就越大，所需要的信息量也就越大。为高效、稳定地求解项目管理过程中的项目资源配置过程中多资源均衡问题，解决资源需求不平衡所造成的资源冲突和资源闲置等问题，从而最终有利于达到多项目资源均衡的有效配置。因此，本书根据以上分析并应用熵理论可得出多项目关键链资源熵计算公式：

$$EV_k = -\sum_{i=1}^{\delta_n} \left(\frac{u_{kt}}{\sum\limits_{t=1}^{\delta_n} u_{kt}} \right) In \left(\frac{u_{kt}}{\sum\limits_{t=1}^{\delta_n} u_{kt}} \right) \tag{4.14}$$

在多项目关键链资源配置中，当 $p_i = 0$ 时，$p_i * Inp_i = 0$；其 EV_k 为多项目关键链资源熵；u_{kt} 为在多项目关键链资源配置中 t 时刻资源可耗量；δ_n 是多项目关键链资源配置中所规定的项目工期。

数据驱动下多项目关键链法是近些年来研究较多的一种新的项目管理技术，

并已在国内外许多企业项目管理实践中得到有效运用，对解决多项目资源的有效配置等目标实现具有重要意义。因为从理论上分析可以运用信息熵的概念量化诸多不确定因素，因此，本书将从多项目关键链的整体资源均衡出发，结合项目资源均衡的新方法，即资源熵改进多项目关键链资源配置的均衡问题，基于资源熵理论建立多项目关键链资源均衡配置的目标函数，为优化多项目关键链资源配置提供一种新的思路。

根据最大熵理论以及等值性理论可以得出以下结论：当 EV_k 越大，多项目关键链资源分布就越趋向均衡。多项目关键链资源趋向均衡可以分两类：方法一是测定多项目关键链资源中心位置以及偏离均值程度，以多项目关键链资源日耗量平方和 $\min u_{kt}^2$ 为测定参数。方法二是测定多项目关键链资源变化量最小程度，以多项目关键链资源和阶段间变化最小量 $\min|u_{k,t}-u_{k,t-1}|$ 为测定参数。所以从最均衡视角来衡量，必须结合多项目关键链资源实际分布情况将多项目关键链资源熵分别比较其结果，在实际应用过程中应用 $\min u_{kt}^2$ 测定参数比应用 $\min|u_{k,t}-u_{k,t-1}|$ 为测定参数要好，但是在实际多项目关键链资源配置中必须考虑不同资源量纲影响以及资源在多项目中的实际分布情况。

传统的多项目资源均衡优化因大多不考虑资源间的关联性，特别是在单项目管理与单资源管理项目中。当多项目关键链资源是多资源的情况下，就出现多项目多资源的相关性以及多项目活动都是多种模式的复杂情况。因此，必须要在前人研究的基础上，引入多项目多资源的多活动模式，建立基于多项目关键链资源熵的关联资源测度函数以及测度模型来进行资源有效配置的研究。仅仅以单项目视角进行多项目资源优化配置的研究不足以解决现实中所面临的项目资源的优化配置，因此必须要借鉴项目资源管理中关键链技术与理论。多项目资源配置过程中资源复杂且发生冲突频繁的特征，影响多项目资源配置中进展顺利的制约资源以及关键资源的合理配置。在资源优化配置方法的基础上，构建以多项目资源均衡为研究对象，依托多项目关键链技术与理论来分析均衡项目资源，并建立多项目关键链资源均衡重要程度的测定方法，基于项目各资源的资源熵理论建立多项目资源均衡优化配置的重要参数。结合已有的资源均衡配置方法流程的梳理解析，深入分析项目关键链资源均衡问题。通过上述数据驱动下多项目关键链资源配置中的资源熵分析，多项目关键链资源熵可以有效度量每一种资源分布均衡程度，并因此应用资源熵测定多项目关键链资源均衡程度，可以更好地消除不同资源量纲影响，通过以上分析可以得到多项目关键链资源熵均衡模型：

$$\begin{cases} \max EV = \sum_{i=1}^{n} w_i * EV_i \\ EV_i = - \sum_{t \in \delta_i} \left[\left(\frac{u_{it}}{\sum_{t \in \delta_i} u_{it}} \right) In \left(\frac{u_{it}}{\sum_{t \in \delta_i} u_{it}} \right) \right] \\ \max\{s_i + T_i\} \le s_j (i, j = 1, 2, \cdots, N) \\ Es_i \le s_i \le Lf_i (i = 1, 2, \cdots, N) \\ \sum r_{ilt} = u_{ilt} \le R_{ilt} \end{cases} \quad (4.15)$$

其中 s_i 是多项目关键链工序 $i(i = 1, 2, \cdots, N)$ 开始时间; T_i 是多项目关键链工序 i 工期; $s_i = 0$; $s_n \le \delta_n$; Es_i 是多项目关键链工序 i 的最早开始时间; Lf_i 是多项目关键链工序 i 最迟结束时间; R_{ilt} 是多项目关键链资源配置过程中 t 时刻总的资源可耗量; r_{ilt} 是多项目关键链资源配置过程中 t 时刻工序总资源可耗量, 其中 $r_{ilt} = \begin{cases} r_{it}, & s_i \le t \le s_i + T_i \\ 0, & t \le s_i \ \text{或} \ t \ge s_i + T_i \end{cases}$; N 是多项目关键链工序总数量。衡量多项目关键链资源熵的目标函数是资源均衡过程中各类多项目关键链资源熵的加权和, 多项目关键链资源熵越高, 说明其资源越集中于均值附近, 即多项目关键链资源趋向均衡越好。

4.2.2 基于离散变量的多项目关键链资源熵测定

如果多项目关键链资源是离散变化的, 那么从极大熵理论分析可得出资源均匀分布时各分量应该是相等的, 所以多项目关键链资源熵可反映资源各分量相等性的程度。通过以上多项目关键链资源熵分析, 本书将在多项目关键链资源配置中的资源分成 N 个区间来计算, 则多项目关键链资源熵可计算为:

$$\Delta EV_n = \int_{-\infty}^{+\infty} p(x) \left(In\sigma \sqrt{2\pi} + \frac{x^2}{2\sigma^2} \right) dx \quad (4.16)$$

其中 σ 为多项目关键链资源属性方差; $p(x) = \frac{1}{\sqrt{2\pi}\sigma} e^{-\frac{x^2}{2\sigma^2}}$。在多项目关键链资源配置过程中要考虑熵的动态传递性。

基于主观设置的多项目关键链资源标准差, 没有考虑到多项目关键链资源的实际情况和不确定性, 因此难以有效反映多项目关键链资源配置的实际情况。应用关键链方法可以减少资源多属性影响下的多项目关键链管理中的不确定性。因此, 基于多项目关键链资源自身属性和所处环境的差异性, 考虑在多项目关键链资源的标准差尺度上体现资源利用状况与多项目关键链资源网络复杂关系的不确定性，进而提高多项目关键链资源配置的效率。本书在以上多项目关键链资源熵分析基础上经过泰勒级数计算为：

$$
\begin{cases}
\Delta EV_n = \Delta EV[f(x_1, x_2\cdots, x_{n-1}, x_n) - f(X_1, X_2\cdots, X_{n-1}, X_n)] \\
\Delta EV_n = \left(\dfrac{\partial f}{\partial x_1}\right)_0 \Delta EV_1 + \left(\dfrac{\partial f}{\partial x_2}\right)_0 \Delta EV_2 + \cdots + \left(\dfrac{\partial f}{\partial x_n}\right)_0 \Delta EV_n
\end{cases}
\tag{4.17}
$$

因此，多项目关键链资源熵测定结果为：

$$
\begin{cases}
\Delta EV_{n1} = \left(\dfrac{\partial f}{\partial x_1}\right)\Delta EV_{11} + \left(\dfrac{\partial f}{\partial x_2}\right)\Delta EV_{21} + \cdots + \left(\dfrac{\partial f}{\partial x_n}\right)\Delta EV_{n1} \\[2mm]
\Delta EV_{n2} = \left(\dfrac{\partial f}{\partial x_1}\right)\Delta EV_{21} + \left(\dfrac{\partial f}{\partial x_2}\right)\Delta EV_{22} + \cdots + \left(\dfrac{\partial f}{\partial x_n}\right)\Delta EV_{n2} \\[2mm]
\cdots \\[2mm]
\Delta EV_{nm} = \left(\dfrac{\partial f}{\partial x_1}\right)\Delta EV_{1m} + \left(\dfrac{\partial f}{\partial x_2}\right)\Delta EV_{2m} + \cdots + \left(\dfrac{\partial f}{\partial x_n}\right)\Delta EV_{nm}
\end{cases}
\tag{4.18}
$$

$$
\begin{cases}
\Delta EV_{n1} = \left(\dfrac{\partial f}{\partial x_1}\right)^2\Delta EV_{11} + \left(\dfrac{\partial f}{\partial x_2}\right)^2\Delta EV_{21} + \cdots + \left(\dfrac{\partial f}{\partial x_n}\right)^2\Delta EV_{n1} \\[2mm]
\Delta EV_{n2} = \left(\dfrac{\partial f}{\partial x_1}\right)^2\Delta EV_{21} + \left(\dfrac{\partial f}{\partial x_2}\right)^2\Delta EV_{22} + \cdots + \left(\dfrac{\partial f}{\partial x_n}\right)^2\Delta EV_{n2} \\[2mm]
\cdots \\[2mm]
\Delta EV_{nm} = \left(\dfrac{\partial f}{\partial x_1}\right)^2\Delta EV_{1m} + \left(\dfrac{\partial f}{\partial x_2}\right)^2\Delta EV_{2m} + \cdots + \left(\dfrac{\partial f}{\partial x_n}\right)^2\Delta EV_{nm}
\end{cases}
\tag{4.19}
$$

针对关键链资源配置多项目管理这一难点问题进行研究，以期在多项目综合进度优化、缓冲区位置和尺寸设定、资源属性等因素对项目进度安排等理论与方法方面有所突破和创新。通过以上多项目关键链资源以及熵理论研究，可以得出基于不同分布下测定方法以及其他结果情况如表4.1所示。

表4.1　　　　　　　　　　基于不同分布的资源熵测定方法

分布情况	概率密度	分布区间	资源熵
正态分布	$p(x) = \dfrac{1}{\sqrt{2\pi}\sigma}e^{-\frac{x^2}{2\sigma^2}}$	$\sqrt{2\pi e}\sigma$	$In\ \sqrt{2\pi e}\sigma$
高斯分布	$p(x) = \dfrac{1}{\sqrt{2\pi}\sigma}e^{-\frac{x^2}{2\sigma^2}}$	$\sqrt{2\pi e}\sigma$	$In\ \sqrt{2\pi e}\sigma$
均匀分布	$p(x) = \dfrac{1}{b-a}*100\%$	$2(b-a)$	$In2(b-a)$

续表

分布情况	概率密度	分布区间	资源熵
柯西分布	$p(x) = \dfrac{g_e}{\pi\left[g_e^2 + (x-m_e)^2\right]}$	$4\pi g_e$	$In4\pi g_e$
梯形分布	$p(x) = \dfrac{\delta_e - \lvert x \rvert}{\delta_e^2} * 100\%$	$\delta_e\sqrt{e}$	$In\delta_e\sqrt{e}$
0 – 1 分布	$p(x) = p^x q^{1-x}$	P	Inp
二项分布	$p(x) = C_n^x p^x q^{n-x}$	np	$Innp$
反正弦	$p(x) = \dfrac{1}{(\delta_e\pi)\cos\left[\arcsin\left(\dfrac{x}{\delta_e}\right)\right]}$	$\dfrac{\delta_e\pi}{2}$	$In\left(\dfrac{\delta_e\pi}{2}\right)$

通过以上基于连续变量的多项目关键链资源熵测定以及基于离散变量的多项目关键链资源熵测定研究可得出以下结论：从熵值偏度反映多项目关键链资源属性数据相等性及偏离均值程度相等性，为多项目关键链资源数据分析提供了一种新思路和新方法。因为多项目资源配置要求组织对各种项目机会及其资源配置的效率与均衡性都要做出比较与决策，将有限的多项目资源以最低的代价投入到收益最高的项目中去，以确保多项目可持续性发展，因此，有必要提高多项目关键链资源的配置效率及其配置的均衡性。只考虑多项目关键链资源属性影响，或对关键链资源属性影响缺乏考量都是不科学的。本书借鉴熵理论及其应用提出多项目关键链资源分配均衡程度资源熵定量测定，多项目关键链资源熵为基于云模型的多项目关键链识别提供了一条很好的研究思路和很好的理论研究基础。

根据多项目资源配置中的多资源均衡问题，本书将根据多项目及其资源属性的实际情况提出基于资源的多项目资源配置的有效方法，提高资源配置的效率和能力，在多项目资源配置方法上结合资源的平衡问题设计新的混合方法处理复杂的优化问题。结合多项目结构特征、资源特征、参数优化探讨基于多属性视角的多项目资源的有效配置；通过基于资源的依赖学习探讨怎样提高多项目资源学习因子，从而提高多项目资源配置的能力。以后将从多项目资源属性样本的分布情况以及资源属性的信息质量上分析提高多项目资源配置的效率与配置的均衡性。

4.3　基于高斯分布的云模型构建

4.3.1　云模型及数字特征分析

云模型最早是由李德毅教授等（1995）提出的一种从定性到定量转化的不确

定性人工智能理论与方法。云模型具有模糊理论以及隶属函数的特征，云模型把事物认知概念模糊性和不确定性完全统一起来，处理定性与定量问题的转换并应用于数据挖掘及智能控制等领域。考虑在实际应用中事件都服从或者近似服从正态分布，所以通常采用正态云模型来分析问题。云模型数字特征描述如下所示：

（1）云模型 E_x：表示云模型的期望，最能代表云模型中所有样本点的平均程度和水平。

（2）云模型 E_n：用来描述云模型的熵，其度量由云模型样本点的随机性以及模糊性来确定数值，可以描述云模型中云滴的离散程度；同时，云模型 E_n 反映云滴空间取值范围并可以测定样本随机特性。

（3）云模型 H_e：表示云模型的超熵，其可以测定云模型不确定度量熵的熵；云模型 H_e 越大表示样本点的云滴离散度就越大，云模型云滴隶属度取值范围也越大，从而生成样本云的厚度也越厚。

一维云模型正态云发生器的三个数字特征，即期望 E_x、熵 E_n、超熵 H_e，通过 $CG \sim N^3(E_x, E_n, H_e)$ 产生合适云滴，n 个云滴构成云，通过云模型不确定性转化为定量表示；逆向云发生器通过已知一定数量云滴描述定性知识云数字特征 (E_x, E_n, H_e) 过程。本书采用确定度信息逆向云发生器进行计算，云模型输入云滴 x_i 及确定度 μ_i，$i = 1, 2, \cdots, N$，云模型输出定性云模型数字特征 (E_x, E_n, H_e)。云模型具体算法步骤如下：

（1）将 m 个云滴平均值作为期望 E_x；

（2）将 $\mu_i > 0.9999$ 点剔除，剩下 m 个云模型云滴；

（3）计算云模型 $w_i = \dfrac{|x_i - E_x|}{\sqrt{-2\ln\mu_i}}$；

（4）计算综合云模型特征 $E_n = \dfrac{\sum\limits_{i=1}^{m} w_i}{m}$；

（5）同理可以计算云模型 $He = \sqrt{\dfrac{\sum\limits_{i=1}^{m}(w_i - E_n)^2}{m-1}}$；

（6）云模型通过数字特征 (E_x, E_n, H_e) 反映云模型模糊性和随机性特征，云模型的 (E_x, E_n, H_e) 关联性定量转换模型可表示为：

$$He = \sqrt{S^2 - En^2} = \sqrt{\frac{1}{n-1}\sum_{i=1}^{k}(x_i - \bar{x}) - En^2} \tag{4.20}$$

为提高云模型在多项目关键链资源配置中的准确性，本书应用设计云模型偏度（skewness，SK）以及云模型峰度（kurtosis ku，KK）两个变量；在云模型中 SK 代表实际分布中心相对于理想分布中心不对称度，通过以上云模型理论分析可得出云模型 SK 数值计算为：

$$SK = \sqrt{\frac{1}{6n}\sum_{i=1}^{n}\left(\frac{x_i - Ex}{En}\right)^3} \tag{4.21}$$

当云模型 $SK \geq 0$ 时，意味着实际分布向相对理想分布移动；当 $SK \leq 0$ 时，意味着实际分布向远离理想分布方向移动。云模型的峰度 $Ku(KK)$ 代表样本密度函数凸平度。通过以上云模型及其特征变量分析可得出云模型 KK 计算为：

$$KK = \frac{1}{n}\sum_{i=1}^{n}\left(\frac{x_i - Ex}{En}\right)^4 \tag{4.22}$$

综上所示云模型数字特征具有五个变量 Ex，En，He，SK，KK。所以为云模型应用提供可靠数据描述功能，云模型相关逻辑运算法则可总结为：

$$f_{En}(x) = \frac{1}{\sqrt{2\pi}He}e^{\frac{(x-En)^2}{2He^2}} \tag{4.23}$$

$$f_x(x \mid En) = \frac{1}{\sqrt{2\pi}En'}e^{\frac{(x-Ex)^2}{2En'^2}} \tag{4.24}$$

$$f_x(x) = f_{En'}(x) \times f_x(x \mid En) = \int_{-\infty}^{+\infty}\frac{1}{2\pi He|y|}e^{\frac{(x-Ex)^2}{2y^2}-\frac{(y-En)^2}{2He^2}}dy \tag{4.25}$$

$$f_{X,\mu}(x) = f_\mu(y)f_X(x \mid \mu = y) = \begin{cases} \frac{1}{2\pi Helny}e^{\frac{(x-Ex-\sqrt{-2lnyEn})^2}{4He^2lny}} & (0 < y \leq 1,\ Ex \leq x < +\infty) \\ \frac{1}{2\pi Helny}e^{\frac{(x-Ex+\sqrt{-2lnyEn})^2}{4He^2lny}} & (0 < y \leq 1,\ -\infty < x \leq Ex) \end{cases} \tag{4.26}$$

当其中一个云模型的熵和超熵均为 0 时，其代数运算则成为云模型与精确数值运算，同理根据云模型以及有关云模型偏差运算可推理为公式：

$$\begin{cases} Var(x_i) = \sum_{i=1}^{n-1}u_i^2 + \sigma^2 = \sigma^2 \\ \dfrac{E(x_i - E(x_i))^4}{Var(x_i)} = \dfrac{3n\sigma^4}{\sigma^4} \end{cases} \tag{4.27}$$

其中 $r = \dfrac{\sigma}{u}$；通过以上分析以及云模型 $E(X_i) = u_i = u$ 可以推出以下公式成立：

$$\begin{cases} Var(x_i) = \sum_{i=1}^{n-1} u_i^2 + \sigma^2 = \sigma^2 + (n-1)\frac{\sigma^2}{r^2} \\ \frac{E(x_i - E(x_i))^4}{Var(x_i)} = \frac{3^p r^4 + 6r^2 \sum_{i=1}^{n-1} 3^{n-i} + \sum_{i=1}^{n-1}(6i-5)3^{n-i}}{r^4 + (n-1)^2 + 2(n-1)r^2} \end{cases} \tag{4.28}$$

其中 $u_i = r^i \sigma (i=1, 2, \cdots, n)$，通过以上分析以及云模型 $E(X_i) = u_i = r^i \sigma$ 可推出公式：

$$\begin{cases} Var(x_i) = \sum_{i=1}^{n-1} u_i^2 + \sigma^2 = (\sum_{i=1}^{n-1} r^{2i} + 1)\sigma^2 = \sigma^2 \left(\frac{r^{2n}-1}{r^2-1}\right) \\ \frac{E(x_i - E(x_i))^4}{Var(x_i)} = \frac{3^p + 6\sum_{i=1}^{n-1} 3^{n-i} r^{2i} + 6\sum_{i=1}^{n-1}\sum_{j=1}^{n-1} 3^{n-i} r^{2(i+j)} + \sum_{i=1}^{n-1} 3^{n-i} r^{4i}}{1 + 2\sum_{i=1}^{n-1} r^{2i} + \sum_{i=1}^{n-1}\sum_{j=1}^{n-1} r^{2(i+j)}} \end{cases}$$

$$\tag{4.29}$$

通过以上分析研究可以得出不同分布函数会具有不同云模型特征函数，在处理模糊性不定性问题时所表现的数字特征是不一样的。云模型 Ex，En，He，SK，KK 变量描述都会有不同。这给云模型理论及其方法研究进一步指明了新思路和新方向。

4.3.2 基于正态分布的云模型

具体云模型应用可通过云推理、云运算以及云聚类等方法来实现，云模型通过云发生器由云数字特征产生云滴过程来进行从抽象到具体的转化。当遇到复杂问题时，云模型可以通过组合云模型以及多维云模型来解决。云模型 U 表示定量论域的一个精确数值，C 是 U 上定义的定性概念，若定量值 $x \in U$ 且 x 是云模型定性概念 C 的一次随机实现，则 x 对 C 确定度满足公式：

$$\mu(x) = e^{\frac{(x-Ex)^2}{2En'^2}} \tag{4.30}$$

其中云模型 $x \sim N(Ex, En'^2)$；云模型 $En' \sim N(En, He^2)$，云滴 x 在论域 U 上的分布为正态分布云模型，其在正态云模型中云滴群对定性概念的贡献不同。本书以一维正态云说明云滴群对概念贡献程度。在一维论域云模型 U 中 X 中任一小区间云滴群 Δx 对定性概念 A 贡献 ΔC 公式为：

$$\Delta C \approx \mu_A(x) * \Delta x / (\sqrt{2\pi} En) \tag{4.31}$$

而正态云模型所有元素对定性概念 A 的总贡献 C 在云模型 $(-\infty, +\infty)$ 论域上可以表示为：

$$C = \frac{\int_{-\infty}^{+\infty}\mu_A(x)\,dx}{\sqrt{2\pi}En} = \frac{\int_{-\infty}^{+\infty}e^{-(x-Ex)^2/(2Ex^2)}\,dx}{\sqrt{2\pi}En} = 1 \qquad (4.32)$$

同理可得论域 $[Ex-3En,\ Ex+3En]$ 上所有元素对概念 A 总贡献 $C_{Ex\pm3En}$ 为：

$$C_{Ex\pm3En} = \frac{1}{\sqrt{2\pi}En}\int_{Ex-3En}^{Ex+3En}\mu_A(x)\,dx = 99.74\% \qquad (4.33)$$

因此，论域 U 中对定性概念 A 有所贡献的云滴主要落在 $[Ex-3En,\ Ex+3En]$ 区间中，区间 $[Ex-3En,\ Ex+3En]$ 外云滴对定性概念所做的贡献通常可以忽略，这就是正态云"3En 规则"。其中，区间 $[Ex-2En,\ Ex+2En]$ 与 $[Ex-2En,\ Ex+2En]$ 内的云滴占所有定量云滴总量的 33.34% 左右，外围元素对云模型样本点定性概念的贡献占总贡献的 27.20% 左右，区间 $[Ex-3En,\ Ex+3En]$ 外围元素云模型样本点对定性概念贡献为 4.40% 左右，不同云模型样本区域云滴群对定性概念贡献情况如图 4.1 所示。

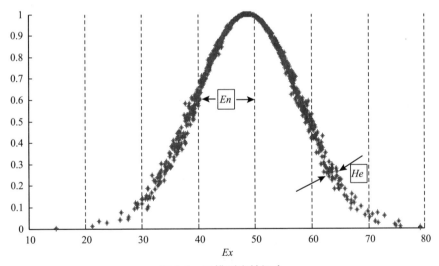

图 4.1　云模型定性概念

根据正态云发生器及其算法的研究可以看出其所有云滴由随机变量 x 组成 X 集合，云模型中以 En 为期望、En'、He^2 为方差正态分布的 En' 概率密度函数为：

$$f_{En'}(x) = \frac{1}{\sqrt{2\pi}He}e^{\frac{(x-En)^2}{2He^2}} \qquad (4.34)$$

如果 En' 为定值时 X 服从以 Ex 为期望、En' 为方差的正态分布，此时 X 的概率密

度函数为:

$$f_x(x \mid En') = \frac{1}{\sqrt{2\pi}En'}e^{\frac{(x-Ex)^2}{2En'^2}} \tag{4.35}$$

由于 En' 是随机变量,由条件概率密度公式可知 X 概率密度函数为:

$$f_x(x) = f_{En'}(x) \times f_x(x \mid En') = \int_{-\infty}^{+\infty} \frac{1}{2\pi He|y|}e^{\frac{(x-Ex)^2}{2y^2} - \frac{(y-En)^2}{2He^2}}dy \tag{4.36}$$

对于任意变量 x 通过数值积分可以得到与之对应的函数值,当云滴个数为 n 个时可采用 Parzen 方法估算 X 的概率密度函数。当 $He = 0$ 时,云模型 X 的概率密度函数可以表示为:

$$f(x) = \frac{1}{\sqrt{2\pi}En}e^{\frac{(x-Ex)^2}{2En^2}} \tag{4.37}$$

因为所有云滴 x 都来自期望为 Ex 的正态随机变量,所以期望 $EX = Ex$,方差 $DX = En^2 + He^2$,由此可得正态云模型发生器及其算法可以产生期望为 Ex、方差为 $En^2 + He^2$ 的随机云模型的云滴。

根据正态云发生器算法随机变量 Y 由所有云滴确定度构成随机变量为:

$$Y_i = e^{\frac{(x-Ex)^2}{2(En_i')^2}} \tag{4.38}$$

产生样本可以作为一个云滴的确定度。经过以上云滴确定度计算可知:无论云模型的 En' 取何值,其样本点的随机变量 Y_i 概率密度函数均可以不变,云滴确定度可以由随机变量密度来测定:

$$f(y) = \begin{cases} \dfrac{1}{\sqrt{-\pi\ln y}}, & 0 < y < 1 \\ 0, & \text{其他} \end{cases} \tag{4.39}$$

所以其样本点的随机变量 Y 的概率密度函数可确定概率密度函数,其样本点的随机变量 Y 的概率密度函数与正态云模型的数字特征无关。对于论域空间 U 中 x_i 联合分布 $C(x_i, \mu_i)$ 的概率密度函数可以计算联合概率密度函数,当论域空间 U 是二维随机变量 $C(x_i, \mu_i)$ 可测定联合概率密度及其联合概率密度函数。对任意样本变量 $\mu = y$,$X = Ex \pm \sqrt{-2\ln y}En'$,其中 $En' \sim N(En, He^2)$ 结合公式可知 X 也服从正态分布。经计算得到 $C(x_i, \mu_i)$ 联合概率密度函数为:

$$f_{X,\mu}(x) = f_\mu(y)f_X(x \mid \mu = y) = \begin{cases} \dfrac{1}{2\pi He\ln y}e^{\frac{(x-Ex-\sqrt{-2\ln y}En)^2}{4He^2\ln y}} & (0 < y \leqslant 1, \ Ex \leqslant x < +\infty) \\ \dfrac{1}{2\pi He\ln y}e^{\frac{(x-Ex+\sqrt{-2\ln y}En)^2}{4He^2\ln y}} & (0 < y \leqslant 1, \ -\infty < x \leqslant Ex) \end{cases}$$

$$\tag{4.40}$$

当论域空间高维时其联合概率密度函数会更加复杂，但是也要考虑云模型具体分布函数以及在实际应用过程中应该注意重要环节，如可能在实际应用中比较精确，但是在转换过程中会受到相应样本以及运算实际时间影响，导致新云模型理论与方法不适应。

4.3.3　基于高斯分布的云模型

云模型实现了定性概念与其定量表示间的转换，目前云模型的理论与应用研究主要集中在高斯云模型，其中高斯分布与高斯隶属度函数的普适性奠定了高斯云模型的普适性。高斯云模型将均匀分布引入云模型中扩展了高斯云模型。因此，分别得到了均匀分布云模型和均匀高斯云模型。由于高斯云模型演化过程中具有偏好特性导致数据尖峰肥尾特性，同时云模型通过二阶高斯分布产生云滴分布具有尖峰肥尾特性呈现幂率衰减。通过以上基于正态云分布的云模型可以得出，高斯分布实际就是二维正态分布，N 维空间正态分布方程可以表示为：

$$f(x,\ y) = \frac{1}{2\pi\sigma_1\sigma_2\ \sqrt{1-\rho^2}}e^{\left\{\frac{-1}{2(1-\rho^2)}\left[\frac{(x-\mu_1)^2}{\sigma_1^2} - 2\rho\frac{(x-\mu_1)(x-\mu_2)}{\sigma_1*\sigma_2} + \frac{(x-\mu_2)^2}{\sigma_2^2}\right]\right\}} \qquad (4.41)$$

其中 $\sigma_1 \geq 0$；$\sigma_2 \geq 0$；$-1 \leq \rho \leq 1$。本书研究高阶高斯分布迭代产生高阶高斯云模型，并分析出高阶高斯云模型的数学特征和性质。高斯云的概率密度函数可以根据高斯云分布规律以及概率密度分布推断出公式：

$$\begin{aligned}
f(x) &= \int_{-\infty}^{+\infty} f(x|s = \sigma)f(\sigma)d_\sigma \\
&= \int_{-\infty}^{+\infty} \frac{1}{\sqrt{2\pi\sigma^2}}\exp\left[-\frac{(x-Ex)^2}{2\sigma^2}\right]\frac{1}{\sqrt{2\pi He^2}}\exp\left[-\frac{(\sigma-En)^2}{2He^2}\right]d_\sigma
\end{aligned}$$

$$(4.42)$$

同理可以推断出 P 阶高斯云的概率密度函数：

$$\begin{aligned}
f(x_p) &= \int_{-\infty}^{+\infty}\cdots\int_{-\infty}^{+\infty} \frac{1}{\sqrt{2\pi x_{p-1}^2}}\exp\left[-\frac{(x_p-u_p)^2}{2x_{p-1}^2}\right]\cdots\frac{1}{\sqrt{2\pi x_1^2}}\exp\left[-\frac{(x_2-u_2)^2}{2x_1^2}\right] \\
&\quad \frac{1}{\sqrt{2\pi\sigma^2}}\exp-\frac{(x_1-u_1)}{2\sigma^2}d_{x_1}d_{x2}\cdots d_{x_{p-1}}
\end{aligned} \qquad (4.43)$$

高斯云的云滴集合是一个和正态云有点相似的随机变量，但是在中心矩方面具有很强的期望曲线特征，如高斯云四阶中心矩期望曲线特征可以表示为：

$$\begin{cases} E(X-Ex)^4 = \int_{-\infty}^{+\infty}(x-Ex)^4 f(x)d_x \\ \qquad = \int_{-\infty}^{+\infty}(x-Ex)^4 \frac{1}{\sqrt{2\pi\sigma^2}}e^{-\frac{(x-Ex)^2}{2\sigma^2}}d_x \int_{-\infty}^{+\infty}\frac{1}{\sqrt{2\pi He^2}}e^{-\frac{(\sigma-En)^2}{2He^2}}d_\sigma \\ E(X-Ex)^4 = \int_{-\infty}^{+\infty}(x-Ex)^4 f(x)d_x = \int_{-\infty}^{+\infty}3\sigma^4 \frac{1}{\sqrt{2\pi He^2}}e^{-\frac{(\sigma-En)^2}{2He^2}}d_\sigma \\ \qquad = 9He^4 + 3En^4 + 18En^2 * He^2 \end{cases}$$
(4.44)

可以计算出 P 阶高斯云的峰度相关参数：

$$\begin{aligned} Kur(X_p) &= \frac{E\{[X_p-E(X_p)]^4\}}{[Var(X_p)]^2} - 3 \\ &= \frac{3^p\sigma^4 + 6\sigma^2\sum_{i=1}^{p-1}3^{p-1}u_i^2 + 6\sum_{i=1}^{p-1}\sum_{j=1}^{i-1}3^{p-1}u_i^2 u_j^2 + \sum_{i=1}^{p-1}3^{p-1}u_i^4}{[\sum_{i=1}^{p-1}u_i^2 + \sigma^2]^2} - 3 \end{aligned}$$
(4.45)

因此，可以推断出结论：

$$\begin{cases} Kur(X_p) = \frac{E\{[X_p-E(X_p)]^4\}}{[Var(X_p)]^2} - 3 = \frac{3^p\sigma^4}{\sigma^4} - 3 = 3^p - 3 \\ E\{[X_p-E(X_p)]^4\} = 3^p\sigma^4 \end{cases}$$
(4.46)

通过以上基于高斯分布的云模型研究，可以进一步对高斯混合模型进行深入探讨，高斯混合模型（Gaussian mixture model，GMM）指的是多个高斯分布函数的线性组合，通常用于解决同一集合下的数据包含多个不同的分布的情况，或者是同一类分布但参数不一样，或者是不同类型的分布，如正态分布和伯努利分布。整个高斯混合模型由各均值矢量、协方差矩阵以及混合分量权值来描述，因此高斯混合模型参数根据观察样本对混合分布参数 Θ 估计，设 X 为发生事件且 x_i，$i=1$，2，$\cdots$，N 为相互独立事件，则有：

$$p(X|\Theta) = \prod_{i=1}^{N}\sum_{j=1}^{M}a_j p_j(x_i|\theta_j)$$
(4.47)

其中，高斯混合模型变量 x 是 d 维样本观测矢量；a_j 为混合权值且 $\sum_{i=1}^{M}a_i = 1$；$p_j(x_i|\theta_j)$ 是 d 维高斯密度函数，θ_j 为相应的参数；$\Theta = (a_1, a_2, \cdots, a_M, \theta_1, \theta_2, \cdots, \theta_M)$ 是高斯混合模型参数。找出参数 Θ 使得 $p(X|\Theta)$ 极大化并对函数两边取对数将乘积转化为求和可得：

$$\log p(X|\Theta) = \sum_{i=1}^{N}\log\sum_{j=1}^{M}a_j p_j(x_i|\theta_j)$$
(4.48)

为求式（4.48）取值最大化，引入 Jensen 不等式：对于任何一个给定凸函数 $f(x)$，在一组数字 a_1，a_2，$\cdots$，a_k 任意离散概率分布 π_1，π_2，$\cdots$，π_k，都有 $f(\sum\limits_{k=1}^{K}\pi_k a_k) \geqslant \sum\limits_{k=1}^{K}\pi_k f(a_k)$ 成立。对于任何一个给定凸函数 $f(x)$，π_1，π_2，$\cdots$，π_k 为任意一个离散概率分布则有：

$$f(\sum_{k=1}^{K}a_k) = f(\sum_{k=1}^{K}a_k\frac{\pi_k}{\pi_k}) \geqslant \sum_{k=1}^{K}\pi_k f(\frac{a_k}{\pi_k}) \tag{4.49}$$

根据 Jensen 不等式高斯混合模型则有：

$$\log p(X|\Theta) = \sum_{i=1}^{N}\log\sum_{j=1}^{M}a_j p_j(x_i|\theta_j) \geqslant \sum_{i=1}^{N}\sum_{j=1}^{M}\beta_j(x_i)\log\frac{a_j p_j(x_i|\theta_j)}{\beta_j(x_i)} = b(\Theta)$$
$$= \sum_{i=1}^{N}\sum_{j=1}^{M}\beta_j(x_i)[\log a_j p_j(x_i|\theta_j) - \log\beta_j(x_i)] \tag{4.50}$$

对 μ_j 和 σ_j 进行微分求解并通过拉格朗日法求解可以得出结论：

$$\begin{cases} \mu_j = \dfrac{\sum\limits_{i=1}^{N}\beta_j(x_i)x_i}{\sum\limits_{i=1}^{N}\beta_j(x_i)} \\ \sigma_j^2 = \dfrac{1}{d}\dfrac{\sum\limits_{i=1}^{N}\beta_j(x_i)(x_i-\mu_j)^T(x_i-\mu_j)}{\sum\limits_{i=1}^{N}\beta_j(x_i)} \\ a_j = \dfrac{1}{N}\sum\limits_{i=1}^{N}\beta_j(x_i) \end{cases} \tag{4.51}$$

根据给定数据设定一组起始参数值 θ，再计算新参数 $\hat\theta$ 值，并迭代执行直至结束。在实际中当参数更新 $|\theta-\hat\theta|$ 小于一定阈值或者迭代次数达到设定步数时，高斯混合模型迭代结束。

通过云模型有关定义及其特征分析可知，高阶高斯分布迭代及其期望、方差、四阶中心矩等是对云模型高斯分布的扩展，基于高斯分布迭代构造具有尖峰肥尾特性的概率分布，根据不同情况考虑实际不确定性问题时，本书结合以上研究采用高阶高斯云模型应用到新算法中，并通过有关云模型算法得出新的研究结论。

4.3.4　高斯云模型特征及算例

本书在对以上云模型及其数字特征进行研究的基础上，构建两类云模型并进行相关分析，针对云模型及其相关特征进行算例仿真分析如下：

（1）$C = \dfrac{\displaystyle\int_{-\infty}^{+\infty} \mu_A(x)\,dx}{\sqrt{2\pi}En} = \dfrac{\displaystyle\int_{-\infty}^{+\infty} e^{-(x-Ex)^2/(2Ex^2)}\,dx}{\sqrt{2\pi}En} = 1$；

（2）$\Delta C \approx \mu_A(x) * \Delta x/(\sqrt{2\pi}En)$ 并且 $(Ex-3En, Ex+3En)$；

（3）$C_{Ex\pm3En} = \dfrac{1}{\sqrt{2\pi}En}\displaystyle\int_{Ex-3En}^{Ex+3En} \mu_A(x)\,dx = 99.74\%$。

其中 X，En 都服从正态分布。高斯云模型是通过运用高斯分布以及其高斯隶属函数的普适性共同表达一个定性概念的数字特征，高斯云模型能客观反映随机性和模糊性，随着云模型的超熵不断增大，其高斯云呈现出雾化状态。高斯扩展云模型为不确定性形式的转化提供了新的方法。多维均匀高斯云模型模拟实验结果表明云模型能有效模拟自然界中不确定的分形现象，云通过二阶高斯分布研究不确定性产生的云滴分布具有尖峰肥尾特性。

根据高阶高斯分布迭代产生的高阶云模型的数学性质，可以探寻高斯分布与尖峰肥尾分布之间的联系。同时，可以通过基于高阶高斯分布迭代的云模型分析高阶高斯分布迭代的典型参数，与云模型参数进行对比分析，为雾化后的逆向云发生器求解提供了新的手段，同时也为高阶云模型的逆向求解过程提供了方法。下面通过具体的实例来分析基于正态分布的云模型特征，可以得出基于正态分布的云模型特征如图4.2所示。

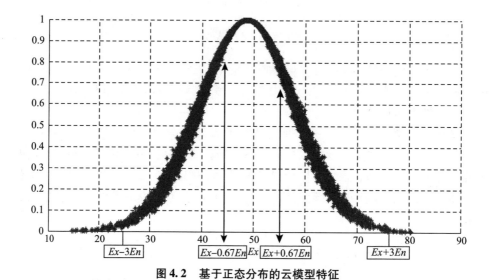

图4.2　基于正态分布的云模型特征

不确定性的基本形式包括随机性、模糊性、不完全性、不稳定性和不一致性。云模型是定性概念与定量描述的不确定转换模型。通过云模型数字特征超熵 He 可以衡量云滴偏离正态分布的程度。因此，针对云模型在不同 He 情况下进行模拟仿真分析，不同云模型特征表现出来的云模型图像是不一样的，当 $He = 0.39$ 与 $He = 1.89$ 时云模型图像分别如图 4.3 和图 4.4 所示。

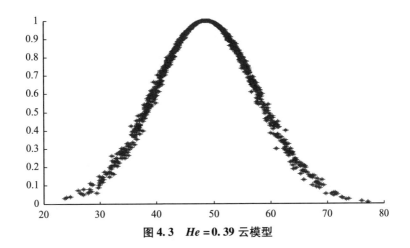

图 4.3　$He = 0.39$ 云模型

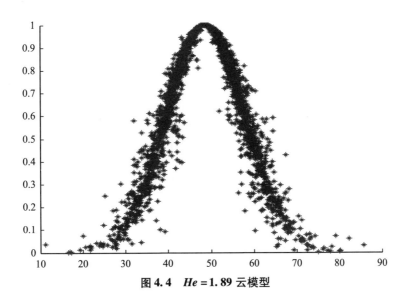

图 4.4　$He = 1.89$ 云模型

云模型随着超熵增大其分布趋势呈现直线特征，多阶云模型随超熵增大云滴群分布情况如图 4.5 所示。

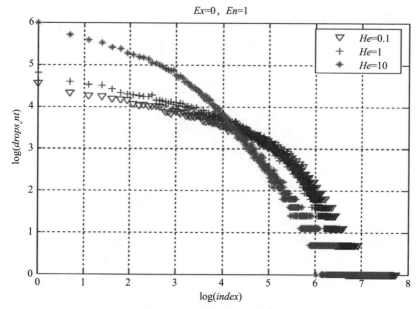

图 4.5 多阶云模型超熵变化

通过以上研究可以推出云模型的维度由一维正态云推广至二维以上。二维正态分布的云模型可以是高斯云模型；云模型可用来表达具有二维以及多维特征定性概念；如果给定二维正态云模型（高斯云模型）数字特征：期望值和超熵，就可以通过二维正向正态云发生器生成云滴二维正态云模型被绘成三维图形，这样云模型可以反映出定性概念在多维空间云模型隶属度分布情况。通过多维空间云模型仿真如图 4.6 所示。

由于高斯云模型很容易对高阶高斯分布数学性质进行推导，所以高斯云模型是一种从高斯分布向尖峰肥尾分布过渡的不确定性理论与方法。本书针对高阶高斯云模型特征参数进行拟合实验，通过分析 He 数值变化并通过 KS 校验分析拟合精度，所得高阶正态云模型实验结果如表 4.2 所示。

通过实验发现，随着高阶高斯模型阶数 P 增加，云滴群分布体现出较好的幂律分布，多阶高斯云模型随着阶数 P 变化趋势实验结果如图 4.7～图 4.9 所示。

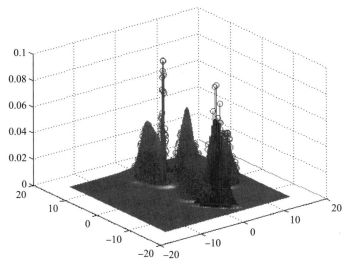

图 4.6　多维空间高斯云模型

表 4.2　　　　　　　　　高阶高斯云模型 *He* 拟合精度情况

云模型迭代次数 $P = 1$			云模型迭代次数 $P = 10$		
P 阶	$\hat{\alpha}$	P 值	P 阶	$\hat{\alpha}$	P 值
$P = 2$	1.8500	0.0000	$P = 2$	1.8500	0.0000
$P = 5$	1.7500	0.2500	$P = 5$	1.7200	0.2500
$P = 8$	1.7000	0.9900	$P = 8$	1.7500	0.9500
$P = 10$	1.7500	0.9900	$P = 10$	1.7000	0.9500
$P = 15$	1.6500	0.9500	$P = 15$	1.7200	0.9800
云模型迭代次数 $k = 100$			云模型迭代次数 $k = 1000$		
P 阶	$\hat{\alpha}$	P 值	P 阶	$\hat{\alpha}$	P 值
$P = 2$	1.8500	0.0000	$P = 2$	1.8000	0.0000
$P = 5$	1.7500	0.2000	$P = 5$	1.7000	0.4000
$P = 8$	1.7800	0.9500	$P = 8$	1.7500	0.8500
$P = 10$	1.7500	0.9800	$P = 10$	1.7400	0.9900
$P = 15$	1.7500	0.9800	$P = 15$	1.7400	0.9500

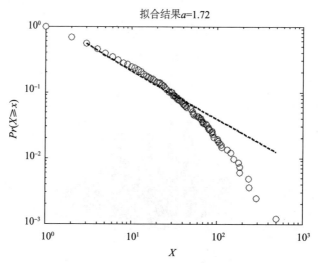

图 4.7 *P* = 3 阶高斯云模型云滴群分布

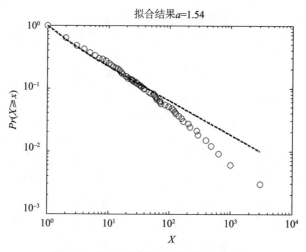

图 4.8 *P* = 5 阶高斯云模型云滴群分布

通过以上有关云模型、高斯云模型及其数字特征的分析和实验可以看出，高阶正态云模型 *He* 拟合随着其阶数 *P* 增大而呈现出具有很好拟合效果的变化规律，所以在进行拟合实验时尽量取高阶云模型进行实验，但是在应用与实际当中要考虑云模型阶数与其特征的结合。所以，本书通过以上多阶云模型超熵以及多阶高斯云模型的拟合实验研究发现，取其阶数 *P* = 4 时比较适宜。

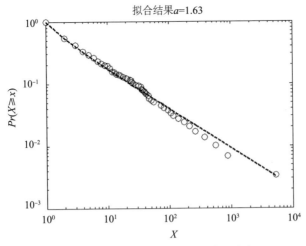

图 4.9　$P = 7$ 阶高斯云模型云滴群分布

4.4　基于云模型的多项目关键链识别及其分析研究

4.4.1　基于云模型的多项目关键链资源属性研究

本书在多项目关键链以及资源理论研究基础上，针对多项目关键链资源具有的典型属性特征以及同一资源在不同项目中具有的不同属性特征进行了深入分析研究。多项目项目族不是任意 GWBS 属性的实例组合，多项目项目族能被允许具有一定约束条件限制不同多项目 GWBS 属性，所以研究项目 GWBS 理论与方法必须考虑多项目关键链资源特征属性，同时资源约束条件也是多项目关键链资源配置基础之一。多项目关键链中 GWBS 属性约束如图 4.10 所示。

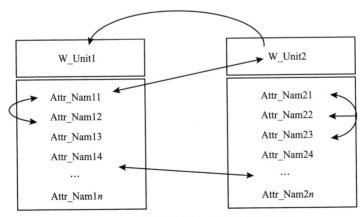

图 4.10　多项目关键链中 GWBS 属性约束

通过图 4.10 可知，多项目关键链中项目 GWBS 属性与另一项目 GWBS 存在属性间约束，而这种约束既可能是逻辑约束也可能是算术约束。多项目 GWBS 属性逻辑约束是指 GWBS 属性的分层逻辑关系，多项目 GWBS 属性间约束中算术约束是指两个属性取值的特定关系等式。项目 GWBS 内部属性为二元约束，项目 GWBS 属性与值域间约束是对单元内属性取值进行约束，主要是指单元内部属性只能从给定值域中选择一个或多个域值为属性赋值。在基于项目族的多项目类工作分解结构基础上构建多项目关键链资源 GBOR 模型，所以项目 GWBS 属性一一对应资源属性。因此，通过以上多项目关键链中 GWBS 模型、多项目关键链资源 GBOR 模型以及多项目关键链资源属性分析研究可以发现，属性是可以进行定量测定的。多项目关键链资源具有三维以及三维以上属性，在多项目关键链资源研究中要注意资源特征。只有对多项目关键链资源特征的分析才能对多项目关键链资源进行有效配置。可以通过测定多项目关键链资源云滴特征信息与不确定度的关系来分析云模型特征，所以通过多项目关键链资源特征对应多项目关键链资源三维云模型如图 4.11 所示。

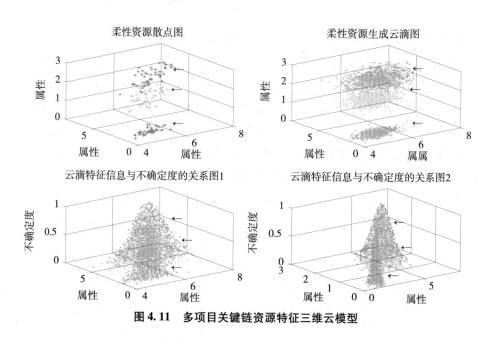

图 4.11　多项目关键链资源特征三维云模型

因此，不同多项目关键链资源具有不同资源属性，不同资源属性可以进行不同分类研究，可以通过多项目关键链资源云模型分析其属性关系，这样为多项目关键链资源配置前多项目关键链识别提供了很好的研究基础，从而为多项目关键链的深入研究提供了理论基础。

4.4.2　基于高斯云模型的多项目关键链识别算法研究

通过基于高斯云模型的多项目关键链资源属性研究可以看出，多项目关键链资源属性不是一个确定值。资源属性的复杂性以及不确定性因素会影响多项目关键链与非关键链的精确识别和区分。本书在传统项目关键链理论研究基础上提出基于项目族的多项目关键链理论与方法，然后在基于项目族的多项目关键链理论研究基础上提出基于云模型的多项目关键链识别算法，从而为多项目关键链资源的有效配置提供前提条件和基础。本书在基于高斯云模型的多项目关键链识别中考虑到多项目关键链资源不确定性因素，特别是多项目关键链资源因素。

云模型主要反映客观世界事物的模糊性与随机性，可以实现自然语言值表示的定性概念与数据值表示的定量概念之间的不确定性转换。因此，通过云模型的三个数字特征能定量表示不确定工序时间特征，把云模型理论引入多项目关键工序中能够直观地表示其受到外界因素影响的大小。本书通过高斯云模型针对多项目关键链资源多属性对多项目关键链工序进行仿真识别，其仿真综合云模型为工序云模型，多项目关键工序云图像为工序云，对多项目关键链工序云实例分析找出工序云模型数字特征。例如，工序云：$C_{1,1} = (Ex_1 = 20.0, En_1 = 3.0, He_1 = 0.20)$；$C_{1,2} = (Ex_2 = 30.0, En_2 = 4.0, He_2 = 0.30)$；$C_{1,3} = (Ex_3 = 50.0, En_3 = 5.0, He_3 = 0.34)$）的多项目关键链工序云 C_1 图像如图 4.12 所示。

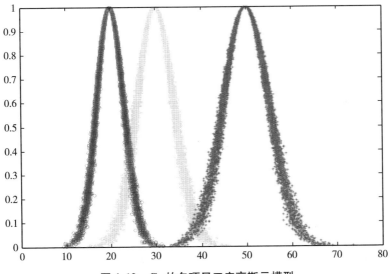

图 4.12　C_1 的多项目工序高斯云模型

$C_{2,1} = (Ex_1 = 2.0, En_1 = 3.0, He_1 = 0.2)$；$C_{2,2} = (Ex_2 = 3.0, En_2 = 4.0,$ $He_2 = 0.3)$；$C_{2,3} = (Ex_3 = 2.75, En_3 = 3.75, He_3 = 0.30)$ 的多项目关键工序云 C_2 如图 4.13 所示。

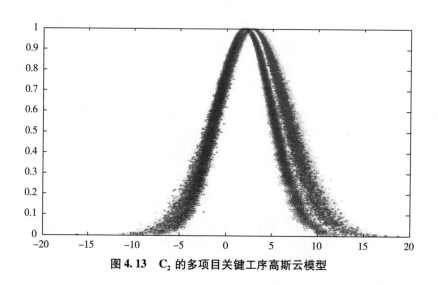

图 4.13　C_2 的多项目关键工序高斯云模型

根据以上分析可以得出，多项目关键工序云与多项目关键链的资源属性有很大关联，因此在多项目关键链识别中要重点注意多项目关键链资源属性，根据多项目关键链资源属性来进行多项目关键链资源有效配置。

4.4.3　基于项目反应理论的关键链识别及其分析研究

项目反应理论按照实际情况用贝叶斯方法估计，给出条件概率得到参数后验分布，后验分布是贝叶斯推断，根据已知项目参数利用贝叶斯方法迭代，所有可能的项目反应模式都是收敛的。项目反应理论后验分布由似然函数与先验分布构成，通过添加随机效应因子，构建新的联合反应分布函数。一般项目反应理论方法与基于云模型的混合项目反应理论方法的仿真实验结果如图 4.14 和图 4.15 所示。

通过贝叶斯分析，将离散的随机变量转化成连续的随机变量，对相依反应数据建模，可以对残差相依问题做一个细致的处理，从而提高模型参数估计的精度。利用 MCMC 估计方法进行项目反应理论 IRT 参数估计。一般常用的 IRT 参数估计有：边际似然估计、EM 算法 MMLE/EM 和 MCMC 估计法。MCMC 方法具有

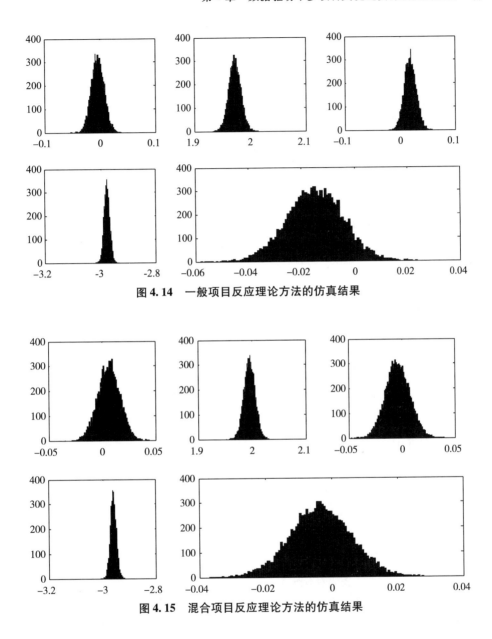

图 4.14　一般项目反应理论方法的仿真结果

图 4.15　混合项目反应理论方法的仿真结果

降低参数估计复杂度、精确度良好的优势，并且很少被应用在项目反应模型的参数估计中。因此，本书在项目反应理论研究基础上，对多项目关键链资源典型不同属性特征进行深入分析，应用 Multi-project scheduling problems-mp_j120 数据集进行项目反应的 MCMC 实验，结果如图 4.16 所示。

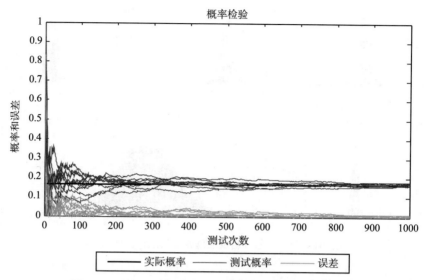

图 4.16　基于 Mp_j120 的项目反应的 MCMC 仿真结果

　　由以上仿真实验结果分析得出：如何解决参数估计的复杂性成为项目反应理论在实际问题应用中的最大难点。由于云模型能在处理不确定性环境下进行转换，在考虑全部信息的情况下进行基于混合项目反应理论方法的仿真实验，能给项目管理中关键链的识别提供很好的条件，在实际的项目管理过程中能提高资源的配置效率，能应用基于混合项目反应理论的关键链管理提高项目的整体绩效。

4.4.4　算例

　　通过以上多项目关键链及其资源分布特征的分析研究，本书就基于云模型的多项目关键链的识别算法的算例进行分析，本书根据多项目关键链资源属性的云模型变量：取 $(Ex_i - 3En_i) \leqslant E_x \leqslant (Ex_i + 3En_i)$，然后以资源属性为视角针对多项目关键链来模拟某一项目工序云，其仿真结果如图 4.17 所示。

　　同样对多项目关键链进行模拟仿真实验并得出了多项目关键链工序云的仿真结果如图 4.18 所示。

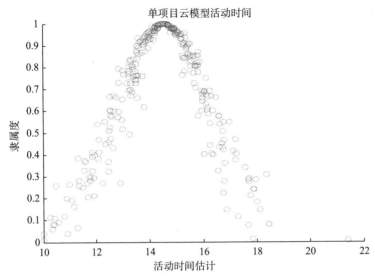

图 4.17　单项目关键链工序云模型

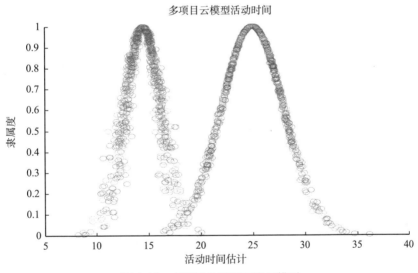

图 4.18　多项目关键链工序云模型

　　从以上分析可以看出，单项目关键链工序云模型与多项目关键链工序云模型区别在于单项目的关键链工序云是唯一的，本书在以上多项目关键链理论及其分析基础上通过 PSPLIB 中 J301_1.sm 进行统计分析，结果如表 4.3 所示。

表 4. 3   **J301_1. sm 数据统计情况**

序号	MEST	MEFT	MLST	MLFT	MFLOAT	MCR
1	0. 0000	0. 0000	0. 0000	0. 0000	0. 0000	Y
2	8. 0000	16. 0000	17. 0000	25. 0000	9. 0000	N
3	0. 0000	4. 0000	0. 0000	4. 0000	0. 0000	Y
4	0. 0000	6. 0000	7. 0000	13. 0000	7. 0000	N
5	10. 0000	13. 0000	31. 0000	34. 0000	21. 0000	N
6	39. 0000	47. 0000	39. 0000	47. 0000	0. 0000	Y
7	8. 0000	13. 0000	24. 0000	29. 0000	16. 0000	N
8	4. 0000	13. 0000	4. 0000	13. 0000	0. 0000	Y
9	6. 0000	8. 0000	13. 0000	15. 0000	7. 0000	N
10	6. 0000	13. 0000	18. 0000	25. 0000	12. 0000	N
11	16. 0000	25. 0000	25. 0000	34. 0000	9. 0000	N
12	13. 0000	15. 0000	13. 0000	15. 0000	0. 0000	Y
13	4. 0000	10. 0000	12. 0000	18. 0000	8. 0000	N
14	15. 0000	18. 0000	15. 0000	18. 0000	0. 0000	Y
15	16. 0000	25. 0000	35. 0000	44. 0000	19. 0000	N
16	24. 0000	34. 0000	25. 0000	35. 0000	1. 0000	N
17	18. 0000	24. 0000	18. 0000	24. 0000	0. 0000	Y
18	24. 0000	29. 0000	24. 0000	29. 0000	0. 0000	Y
19	13. 0000	16. 0000	24. 0000	27. 0000	11. 0000	N
20	29. 0000	36. 0000	34. 0000	41. 0000	5. 0000	N
21	37. 0000	39. 0000	37. 0000	39. 0000	0. 0000	Y
22	34. 0000	41. 0000	35. 0000	42. 0000	1. 0000	N
23	41. 0000	43. 0000	42. 0000	44. 0000	1. 0000	N
24	43. 0000	46. 0000	44. 0000	47. 0000	1. 0000	N
25	43. 0000	46. 0000	44. 0000	47. 0000	1. 0000	N
26	25. 0000	32. 0000	40. 0000	47. 0000	15. 0000	N
27	29. 0000	37. 0000	29. 0000	37. 0000	0. 0000	Y
28	39. 0000	42. 0000	41. 0000	44. 0000	2. 0000	N
29	18. 0000	25. 0000	27. 0000	34. 0000	9. 0000	N

续表

序号	MEST	MEFT	MLST	MLFT	MFLOAT	MCR
30	47.0000	49.0000	47.0000	49.0000	0.0000	N
31	42.0000	44.0000	47.0000	49.0000	5.0000	N
32	49.0000	49.0000	49.0000	49.0000	0.0000	Y

通过对以上数据的模拟仿真实验可得出以下项目 J301_1 关键链工序云模型如图 4.19 所示。

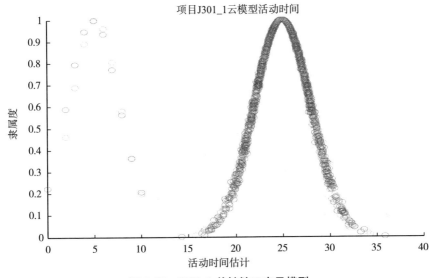

图 4.19　J301_1 关键链工序云模型

本书通过以上实验发现该项目关键链为 $1 - 3 - 8 - 12 - 14 - 17 - 18 - 27 - 21 - 6 - 30 - 32$，并且其关键链长为 49.00。下面就多项目 J301_1.sm 进行相关参数（项目特性偏差）分析如表 4.4 所示。

表 4.4　　　　　　　　　　　J301_1.sm 项目特性偏差情况

项目	MLB	MRCPSP	PMRCPSP	dev. M（%）	dev. PM（%）	Impr.（%）
1	—	—	—	—	—	—
2	36.0000	37.0000	36.0000	2.7800	0.0000	2.7800
3	27.0000	41.0000	40.0000	51.8500	48.1500	2.5000

续表

项目	MLB	MRCPSP	PMRCPSP	dev. M（%）	dev. PM（%）	Impr.（%）
4	30.0000	42.0000	41.0000	40.0000	36.6700	2.4400
5	25.0000	43.0000	42.0000	72.0000	68.0000	2.3800
6	27.0000	39.0000	39.0000	44.4400	44.4400	0.0000
7	31.0000	38.0000	37.0000	22.5800	19.3500	2.7000
8	33.0000	42.0000	41.0000	27.2700	24.2400	2.4400
9	26.0000	28.0000	28.0000	7.6900	7.6900	0.0000
10	19.0000	31.0000	31.0000	63.1600	63.1600	0.0000
11	29.0000	43.0000	43.0000	48.2800	48.2800	0.0000
12	37.0000	37.0000	37.0000	0.0000	0.0000	0.0000
13	31.0000	32.0000	31.0000	3.2300	0.0000	3.2300
14	29.0000	30.0000	31.0000	3.4500	6.9000	−3.2300
15	29.0000	34.0000	34.0000	17.2400	17.2400	0.0000
16	26.0000	26.0000	26.0000	0.0000	0.0000	0.0000
17	29.0000	29.0000	29.0000	0.0000	0.0000	0.0000
18	34.0000	34.0000	34.0000	0.0000	0.0000	0.0000
19	41.0000	41.0000	41.0000	0.0000	0.0000	0.0000
20	31.0000	31.0000	31.0000	0.00	0.00	0.0000
21	28.0000	29.0000	29.0000	3.57	3.57	0.0000
22	40.0000	40.0000	40.0000	0.00	0.00	0.0000
23	34.0000	34.0000	34.0000	0.00	0.00	0.0000
24	33.0000	33.0000	33.0000	0.00	0.00	0.0000
25	30.0000	30.0000	30.0000	0.00	0.00	0.0000
26	23.0000	24.0000	24.0000	4.35	4.35	0.0000
27	22.0000	22.0000	22.0000	0.00	0.00	0.0000
28	27.0000	27.0000	27.0000	0.00	0.00	0.0000
29	23.0000	23.0000	23.0000	0.00	0.00	0.0000
30	28.0000	28.0000	28.0000	0.00	0.00	0.0000
31	38.0000	38.0000	38.0000	0.00	0.00	0.0000
32	36.0000	37.0000	36.0000	2.78	0.00	2.7800

从项目族视角，通过对资源属性进行分析并应用云模型对多项目关键链项目特性偏差进行识别研究，实验结果发现：运用云模型方法可以解决资源不确定性条件下复杂多项目关键链的区分与识别，相比传统项目关键链识别方法的局限性，新方法从系统的角度出发，在考虑资源竞争的条件下，关键链项目管理同时将单个工序的不确定因素统一放在缓冲区考虑，吸收项目中的不确定因素。因此，从项目族视角应用基于云模型的多项目关键链识别方法能有效解决多项目关键链资源配置，为多项目管理提供有效手段。

4.5　本章小结

关键链技术是一项全新的多项目管理方法，但是以往对关键链的影响因素考虑较少，有待考虑更多的多项目的不确定性与资源的约束问题。采用启发式算法进行多项目关键链识别的核心就是针对瓶颈因素的识别和优先规则的制定。虽然用启发式算法确定多项目关键链取得了很多研究成果，但是该方法获得的关键链没有普适性，不同的规则对多项目会产生不同的关键链，因此要不断挖掘和完善关键链算法对多项目资源配置实际问题进行分析与决策。本章节从项目族视角对多项目关键链资源熵及其云模型识别进行研究；项目资源的有效配置是多项目资源管理的重要手段与目标，通过关键链资源熵可以有效平衡资源分配，降低项目资源的浪费率，提高多项目管理的质量水平。此外，对多项目关键链资源参数及缓冲设计进行分析，研究了基于连续变量与离散变量的多项目关键链资源熵测定；构建并应用高斯云模型对多项目关键链进行识别与测定；设计基于项目反应理论的关键链识别算法应用于相应算例进行求解，研究成果为多项目关键链资源有效定量配置提供了参考方法。

在以后的研究过程中，针对多项目关键链资源配置，需进一步综合考虑资源溢价性、资源紧张度、网络复杂度、项目活动间隙度、项目经理风险偏好等不确定性因素对资源有效配置程度的影响，以及对多项目中突发事件应对风险能力的影响等。多项目关键链资源配置的效率也受到多项目规模、项目类型、项目任务的数量及关系复杂度、项目资源数量及种类等诸多因素的影响，而影响的程度如何将有待进一步探讨和分析。本书在关键链理论研究的基础上提出了基于云模型的项目反应理论与混合项目反应理论方法；同时，从资源属性视角应用该混合方法进行多项目关键链识别；算例应用相关项目数据集进行多项目关键链的识别，实验结果验证了数据驱动下基于云模型的混合项目反应理论的关键链识别方法具有很好的理论参考和应用价值。

第5章

数据驱动下多项目资源配置
模型及其应用研究

多项目资源配置（multi-project resource allocation problem，MRAP）是目前学术界与企业界研究的热点问题，本书以多项目关键链资源配置问题（multi-project critical chain resource allocation problem，MCCRAP）为研究课题，通过前面章节的研究为多项目关键链资源有效配置提供了理论基础和理论依据。本章为了实现多项目关键链资源有效配置，从多项目关键链资源配置问题及其特征参数、基于云模型的粒计算分类向量机模型构建、基于多属性的多项目关键链资源配置模型构建以及基于学习效应的多项目关键链资源配置模型构建等几个方面进行深入研究和探讨。

5.1 多项目关键链资源配置问题及其特征参数

5.1.1 多项目关键链资源配置问题描述

数据驱动是一种问题求解方法，从初始的数据或观测值出发，运用启发式规则寻找和建立内部特征间关系从而发现一些规律。多项目关键链资源配置过程中资源的不确定性导致增加配置复杂度以及减低资源的配置效率，因此如何提高多项目关键链资源利用效率从而提高配置效率和配置水平是本章研究的重点。研究不确定资源情况下通过合理应用多项目资源配置以实现既定目标最优化，项目资源是多项目执行中不可缺少的重要组成部分，由于多项目关键链资源有效配置往往受到局限，如何以最佳方式合理科学地配置关键链资源以使多项目顺利完成是构成 MCCRAP 的基本研究内容。多项目关键链资源客观地存在于多项目关键链运作环节，在分配资源时必须充分考虑项目资源的柔性，在多项目运作过程中如何处理好多项目关键链资源配置更是重中之重，因此，对多项目关键链资源配置问题的解决具有重要的理论意义及实践价值。

通过对基于资源约束的项目资源配置研究现状梳理发现：多项目关键链资源配置问题，特别是资源受限的多项目关键链资源配置问题相关研究相对较少。在项目动态管理过程中必须充分考虑资源柔性是现代企业进行项目资源分配的重要环节。多项目关键链资源的执行能力与资源柔性是等价理论，基于资源属性的多项目关键链缓冲区设置是多项目关键链管理的核心技术。在缓冲设置时需要综合考虑项目资源属性、项目属性。现有研究证明多项目关键链资源柔性程度越高，所需多项目关键链缓冲区域越小。同时，多项目关键链资源属性、多项目属性等因素也会对缓冲区尺寸设置产生影响。对多项目关键链资源特征、多项目关键链缓冲区理论的研究能够较为全面地理解多项目关键链资源配置模型以及多项目关键链资源的有效配置。

综上研究可以得出：要构建多项目关键链资源配置模型以及有效提高多项目关键链资源的配置水平，必须对多项目关键链资源属性以及相应特征参数进行深入分析研究。然而对多项目关键链资源配置问题研究时需要考虑多项目关键链网络规模、多项目关键链结构、多项目关键链资源属性等特征参数。因此，本书通过多项目关键链资源配置特征参数、基于多属性以及学习效应的多项目关键链资源配置模型构建以及算例进行分析研究；在此基础上探讨基于多属性视角的多项目关键链资源有效配置，从而提高资源的配置效率和配置水平。

5.1.2　多项目关键链资源配置特征参数

多项目关键链资源配置问题的特征参数分为五大类：项目规模特征参数、多项目关键路线法的参数、多项目关键链资源特征参数、多项目关键链网络结构特征参数、多项目关键链资源属性特征参数。但是其中所列多数参数对项目资源配置算法效率并无直接影响。目前对多项目关键链资源配置问题特征参数的研究相对较少，本书主要从计算复杂性（computational complexity）角度出发，对相关特征参数进行研究。

多项目关键链网络复杂度（multi-project critical chain network complexity，MCCNC）被定义为 AON 网络 $G = (V, E)$ 中每个关键节点平均箭线数量，计算公式为：

$$MCCNC = \frac{|E|}{|V|} \tag{5.1}$$

在估算多项目关键链网络复杂度时应事先剔除冗余箭线，因此需对 MCCNC 进行规范化处理：

$$MCCNC = \frac{|E| - E_{min}}{E_{max} - E_{min}} \tag{5.2}$$

其中 $E_{max}(E_{min})$ 表示多项目关键链具有 J 个节点网络理论最大（最小）箭线数量。因此，多项目关键链网络复杂度 MCCNC 可以采用式（5.3）进行计算：

$$MCCNC = \frac{|E| - (J-1)}{\frac{J^2}{4} - (J-1)} = \frac{4|E| - 4J + 4}{(J-2)^2} \tag{5.3}$$

由于 MCCNC 测度指标忽略了网络结构的差异性，使具有相同 MCCNC 值的项目网络拓扑结构可能存在巨大差异，因而对应项目资源配置问题计算复杂性也会有明显差别。

多项目关键链资源系数（multi-project critical chain resource factor，MCCRF）反映多项目关键任务对各类资源的需求以及其他特征状况。多项目关键链资源系数计算公式可以表示为：

$$MCCRF = \frac{1}{J}\frac{1}{K}\sum_{j=1}^{J}\sum_{k=1}^{K}\text{sgn}(r_{jk}) \tag{5.4}$$

$sgn(x)$ 为符号函数，满足：

$$sgn(r_{jk}) = \begin{cases} 1, & if\, r_{jk} > 0 \\ 0, & otherwise \end{cases} \tag{5.5}$$

多项目关键链资源系数反映了任务资源需求矩阵 r_{jk} 密度，如果多项目关键链资源系数 $MCCRF = 1$，则说明多项目关键链每一项目任务都必须配置一种特定资源；如果多项目关键链资源系数 $MCCRF = 0$，则表示多项目关键链资源配置过程中不需要这种资源；如果多项目关键链资源配置过程中资源不受限，则表示多项目关键链资源配置问题完全不合实际并已经退化，因此可采用传统单项目关键路线法（critical path method，CPM）求解。

多项目关键链资源强度（multi-project critical chain resource strength，MC-CRS）用于描述任务资源需求与资源供给间的关系以及资源柔性。多项目关键链资源强度计算公式为：

$$MCCRS_k = \frac{R_k}{\frac{1}{J}\sum_{j=1}^{J}r_{jk}} \tag{5.6}$$

但是式（5.6）给出的多项目关键链资源强度没有标准化到 [0, 1] 区间；资源强度较低时可能导致无法获得可行进度计划；且该公式忽略了多项目关键链网络结构对资源需求的影响。因此需要对式（5.6）进行修正。

在给定多项目网络结构（紧前关系）和各任务资源需求的条件下，可以计算各多项目关键链资源的最低供应量 R_k^{min} 和最高供应量 R_k^{max}。最低供应量 R_k^{min} 仅能满足项目执行时最低资源的相关要求，计算公式为：

$$R_k^{min} = \max_j \{ r_{jk} \} \tag{5.7}$$

而最高供应量 R_k^{max} 则提供了充分资源，以至于额外资源供应量并不能加速项目进度，即在增加边际供应量后该资源已不是约束条件。因此多项目关键链资源强度可采用式（5.8）计算以反映当前资源供应量的相对稀缺程度：

$$MCCRS_k = \frac{R_k - R_k^{min}}{R_k^{max} - R_k^{min}} \tag{5.8}$$

多项目关键链资源网络复杂度 MCCNC、多项目关键链资源系数 MCCRF 及多项目关键链资源强度 MCCRS 三个参数对其计算复杂性有影响。通过以上的计算特征可以发现多项目关键链网络复杂度 MCCNC 影响最小，而多项目关键链资源系数 MCCRF 以及多项目关键链资源强度 MCCRS 对计算复杂性影响非常显著。在多项目关键链资源系数 MCCRF 上升时计算时间明显增加，而在资源强度 RS 增加时计算时间明显下降。不过，有学者通过统计分析指出网络复杂性对计算网络复杂性不具有显著影响，是因为传统网络复杂性指标 NC 不足以全面反映网络拓扑结构（Gustavo Alves Fernandes et al.，2021）。

多项目关键链资源受限程度（multi-project critical chain resource constrainedness，MCCRC）用于描述资源稀缺程度，其计算公式为：

$$MCCRC_k = \frac{\bar{r}_k}{R_k} \tag{5.9}$$

其中 $\bar{r}_k$ 为资源 k 的平均需求量，可计算为：

$$\bar{r}_k = \frac{\sum\limits_{j=1}^{J} r_{jk}}{\sum\limits_{j=1}^{J} \operatorname{sgn}(r_{jk})} \tag{5.10}$$

通过以上多项目关键链资源强度 MCCRS 以及多项目关键链资源受限程度 MCCRC 分析可知，多项目关键链资源配置问题必须涉及多个独立的项目，但是这些项目间又存在资源相互竞争。

多项目关键链资源平均负载系数（multi-project critical chain resource average load ractor，MCCRALF）用于测度多项目关键链资源每类资源高峰需求对多项目关键链资源配置的影响。在不考虑多项目关键链资源约束的情况下，在时段 t 对多项目关键链资源 k 的总需求可以表示为：

$$D_{kt} = \sum_{(i,j) \in A_t} r_{ijk} \tag{5.11}$$

因此，对于多项目关键链资源 k 而言，其最大需求为：

$$D_k^{max} = \max_t \{ D_{kt} \} \tag{5.12}$$

用 t_ξ^* 表示发生多项目关键链资源最大资源需求时段的相对位置；用 ω_ξ 表示赋予该时段多项目关键链资源的权重，权重设定如下：

$$\omega_\xi = \begin{cases} -2, & if\ 0.00 \leqslant t_\xi^* < 0.25; \\ -1, & if\ 0.25 \leqslant t_\xi^* < 0.50; \\ 1, & if\ 0.50 \leqslant t_\xi^* < 0.75; \\ 2, & if\ 0.75 \leqslant t_\xi^* \leqslant 1.00. \end{cases} \tag{5.13}$$

假设多项目关键链资源最大资源需求 D_k^{max} 在整个多项目执行期间共发生 Q 次，则利用加权平均对多项目关键链资源 k 进行定义最大负载系数（multi-project critical chain resource maximum load factor, MCCRMLF）为：

$$MCCRMLF_k = \frac{1}{Q} \sum_{\xi=1}^{Q} \omega_\xi D_k^{max} \tag{5.14}$$

MCCRMLF 对于多项目关键链资源配置问题中的任务数较敏感。例如，考虑两项目关键链资源配置问题。如果问题 I 包含一个项目，问题 II 包含两个相同的项目，则问题 I 的 MLF 值是问题 II MLF 值的一半。因此，将 MLF 除以多项目关键链资源配置问题中包含的任务数量，可得到多项目关键链资源平均负载系数（multi-project critical chain resource average load factor, MCCRALF），其计算公式为：

$$MCCRALF_k = \frac{MLF_K}{\sum_i^N J_i} \tag{5.15}$$

对于涉及多项目关键链资源多种资源配置问题及其平均负载系数，可以表示为向量：

$$MCCRALF = (ALF_1, ALF_2, \cdots, ALF_K) \tag{5.16}$$

MCCRALF 取决于多项目网络、任务工期以及多项目关键链资源需求。如果多项目关键链资源配置问题所包含的项目均类似于网络结构，则 ALF 值接近于 +3。不同多项目关键链网络组合可以产生中间状态的 MCCRALF 值。

全面刻画多项目关键链资源配置问题的资源分布状况，采用多项目关键链资源平均资源负载系数（multi-project critical chain resource normalized average resource load factor, MCCRNARLF），可计算为：

$$MCCRNARLF_k = \frac{1}{N \cdot \max_i \{ CP_i \}} \sum_{t=0}^{CPL_i} \sum_{k=1}^{K} \sum_{(i,j) \in A_t} \omega_{ijt} \left(\frac{r_{ijk}}{\sum_{k=1}^{K} \text{sgn}(r_{ijk})} \right) \tag{5.17}$$

其中 ω_{ijt} 表示相当位置权重，可以按照以下条件取值：

$$\omega_{ijt} = \begin{cases} -1, & if\ t \leqslant CPL_i/2; \\ 1, & if\ t > CPL_i/2. \end{cases} \qquad (5.18)$$

多项目关键链资源平均利用系数（multi-project critical chain resource average utilization factor，MCCRAUF），即某特定资源在某特定时段多项目关键链资源稀缺程度，可用总的资源需求量与可获得多项目关键链资源量的比值加以衡量。如在任何时段任何资源稀缺程度都没有超过 1，则说明项目资源并未构成实际约束，那么该多项目问题可以利用 CPM 产生项目进度计划，在执行过程中也不会因为多项目关键链资源约束造成项目延迟。并且也无法针对整个项目（或多项目）给出整体测度。因此，需要用某种平均量来表征多项目关键链资源稀缺程度。根据多项目关键链来划分整个多项目关键链资源并使得以下条件成立：

$$CPL_i \leqslant CPL_l, \ \forall\ i < l \qquad (5.19)$$

其中 CPL_i 是项目 i 在不考虑多项目关键链资源约束时按照 CPM 计算所得，关键链 CPL_0 定义为 0，对于多项目关键链资源 k 其平均利用系数 $MCCRAUF_k$ 为：

$$MCCRAUF_k = \frac{1}{R_k} \sum_{i=1}^{N} \frac{W_{ik}}{CPL_i - CPL_{i-1}} \qquad (5.20)$$

其中 W_{ik} 是所有多项目在区间 $[CPL_{i-1}, CPL_i)$ 内对多项目关键链资源 k 的总需求量，计算公式为：

$$W_{ik} = \sum_{i=CPL_{i-1}}^{CPL_i-1} D_{kt} \qquad (5.21)$$

$MCCRAUF = (AUF_1, AUF_2, \cdots, AUF_k)$，上述多项目关键链资源平均利用系数 MCCRAUF 指标也存在不足，当多项目关键链长度比较接近时，MCCRAUF 不足以很好地刻画多项目关键链资源状况。

由多项目关键链长度划分时间区段并计算所得的系数称为多项目关键链修正平均利用系数（multi-project critical chain modified average utilization factor，MCC-MAUF）。另一个常用项目特征参数是项目规模（Project Size），即全部项目所包含的任务数量。一般而言随着项目规模上升，多项目关键链资源配置问题复杂度也相应增加，多项目关键链资源配置算法所需计算量也就越高。多项目关键链资源数量和类型（the number and resource types of multi-project critical chain resource）是另一个项目特征参数。多项目关键链资源种类多少和资源系数 RF 有关，所以也会影响多项目资源配置问题复杂度，因此资源数量和质量对多项目关键链资源有效配置尤为重要。

5.2 基于云模型的粒计算分类向量机模型研究

5.2.1 基于云模型的粒计算层次模型构建

针对传统模糊集隶属函数没有考虑隶属度不确定性缺陷，通过云模型求解方式，同时应用粒计算从不同层次、不同结构分析所要解决的问题，所以结合云模型以及粒计算方法可以将复杂问题分解成若干子问题分别求解，从而降低计算复杂度；云模型具有的正态分布随机变量既考虑粒化过程模糊性，又考虑随机性过程。基于云模型的模糊粒计算方法中信息粒是一种计算粒度技术，这种粒计算技术考虑了认知过程中的不确定性和随机性粒化变化，粒化方法是将信息或数据分解成若干簇过程，通常有自顶向下通过分解和自底向上通过合并方法得到粒，然后通过云模型的云变换来实现样本数据的粒化，通过正态云模型参数表示粒。粒的粒度可应用云模型熵来度量，粒化过程中熵越大其粒度也就越大，云模型提取出的样本定性概念也就越抽象。应用云模型超熵衡量粒偏离正态分布大小，其超熵越大，粒偏离正态分布的程度也就越大。

基于云模型的粒计算研究，具体问题粒化过程采用相关算法以及工具实现粒计算过程中的粒构造，同时，粒化通过聚类及分类算法来实现，其中云重心应用云模型理论以及结构熵 SEW 计算和处理定性定量间的转换。本书应用云模型区间算法计算 $C_i = (Ex_i, En_i, He_i)$，满足 $C_i = (Ex_i, En_i, He_i) \in [C_i, C_k]$ 是区间数值，其云模型数字特征 $C = (Ex, En, He)$ 可通过式（5.22）计算：

$$
\begin{cases}
He = \sqrt{S^2 - En^2} = \sqrt{\dfrac{1}{n-1} \sum_{i=1}^{k} (x_i - \bar{x}) - En^2} \\[2mm]
C_i * C_j : En = |Ex_i * Ex_j| * \sqrt{\left(\dfrac{En_i}{Ex_i}\right)^2 + \left(\dfrac{En_i}{Ex_i}\right)^2} \\[2mm]
C_i * C_j : He = |Ex_i * Ex_j| * \sqrt{\left(\dfrac{He_i}{Ex_i}\right)^2 + \left(\dfrac{He_i}{Ex_i}\right)^2}
\end{cases}
\tag{5.22}
$$

设 $MEC_{c1}(x)$ 和 $MEC_{c2}(x)$ 分别是 C_1 和 C_2 的期望曲线方程，如果存在以下关系：

$$
\begin{cases}
MEC_{c1}(x) = \begin{cases} MEC_{c1}(x) & MEC_{c1}(x) \geqslant MEC_{c2}(x) \\ 0 & \text{其他} \end{cases} \\[4mm]
MEC_{c2}(x) = \begin{cases} MEC_{c2}(x) & MEC_{c2}(x) > MEC_{c1}(x) \\ 0 & \text{其他} \end{cases}
\end{cases}
\tag{5.23}
$$

则有以下结果：

$$
\begin{cases}
En'_1 = \dfrac{1}{\sqrt{2\pi}}\displaystyle\int_U MEC'_{c1}(x)\,dx \\[3mm]
En'_2 = \dfrac{1}{\sqrt{2\pi}}\displaystyle\int_U MEC'_{c2}(x)\,dx
\end{cases}
\tag{5.24}
$$

其中 En'_1 和 En'_2 分别是 $MEC'_{c1}(x)$ 和 $MEC'_{c2}(x)$ 所覆盖面积乘以系数 $\dfrac{1}{\sqrt{2\pi}}$ 得到的结果，$MEC'_{c1}(x)$ 和 $MEC'_{c2}(x)$ 分别对应 $MEC_{c1}(x)$ 和 $MEC_{c2}(x)$ 不重叠的部分，即由 $MEC_{c1}(x)$ 与 $MEC_{c2}(x)$ 交点部分截断得到。如果综合两个正态云模型 $C_1(10,3,0.1)$ 以及云模型 $C_2(25,7,0.1)$，得到综合后正态云模型 $C(20.46,9.45,0.1)$。

如果数据集 $(Ex_1, En_1, He_1, Ex_2, En_2, He_2, \cdots, Ex_{n-1}, En_{n-1}, He_{n-1}, Ex_n, En_n, He_n)$ 可通过以下公式进行计算且其描述表达式为：

$$
\begin{aligned}
Ex(Ex_1, Ex_2, \cdots, Ex_{n-1}, Ex_n) &= Ex[\overline{X}_1, \overline{X}_2, \cdots, \overline{X}_{n-1}, \overline{X}_n] \\
&= Ex\Big[\frac{1}{m}\sum_{j=1}^m x_{j1}, \frac{1}{m}\sum_{j=1}^m x_{j2}, \cdots, \frac{1}{m}\sum_{j=1}^m x_{jn}\Big]
\end{aligned}
\tag{5.25}
$$

$$
En(En_1, En_2, \cdots, En_n) = \Big[\sqrt{\frac{\pi}{2}}\times\frac{1}{m}\sum_{j=1}^m|x_{j1}-Ex_1|, \sqrt{\frac{\pi}{2}}\times\frac{1}{m}\sum_{j=1}^m|x_{j2}-Ex_2|, \cdots,
$$
$$
\sqrt{\frac{\pi}{2}}\times\frac{1}{m}\sum_{j=1}^m|x_{jn}-Ex_n|\Big]
\tag{5.26}
$$

$$
He(He_1, He_2, \cdots, He_n) = \Big[\sqrt{S_1^2-En_1^2}, \sqrt{S_2^2-En_2^2}, \cdots, \sqrt{S_n^2-En_n^2}\Big]
\tag{5.27}
$$

通过样本分析 $\hat{x}_1^2, \hat{x}_2^2, \cdots, \hat{x}_n^2$ 可得出关系式（5.28）成立：

$$
\begin{cases}
\dfrac{1}{n}\displaystyle\sum_{i=1}^n \hat{x}_i = E(x_i^2) = En^2 + He^2 \\[3mm]
\dfrac{1}{n-1}\displaystyle\sum_{i=1}^n\Big(\hat{x}_i^2-\dfrac{1}{n}\sum_{i=1}^n\hat{x}_i^2\Big)^2 = D(x^2) = 2He^4 + 4En^2He^4
\end{cases}
\tag{5.28}
$$

云模型 En^2 和 He^2 可通过式（5.29）进行计算：

$$
\begin{cases}
\hat{E}n^2 = \dfrac{1}{2}\sqrt{4(E(x^2))^2-2D(x^2)} \\[3mm]
\hat{H}e^2 = E(x^2) - \hat{E}n^2
\end{cases}
\tag{5.29}
$$

若云模型满足 $C_1(Ex_1, En_1, He_1)$ 和 $C_2(Ex_2, En_2, He_2)$，则基于最大和最小的

云模型间密切程度 MMCM 数值的测量可以通过式（5.30）计算：

$$MMCM(C_{i,n}, C_{j,n}) = \frac{\sum\limits_{k=1}^{n}(C_{i,k} \wedge C_{j,k})}{\sum\limits_{k=1}^{n}(C_{i,k} \vee C_{j,k})} \tag{5.30}$$

将已经粒化的基本粒通过分层迭代进行合并来实现粒的层次结构模型构建，若粒化后得到粒层次结构的云模型集合为 $C_i(Ex_i, En_i, He_i)$，$i = 1, 2, \cdots, n$，粒化过程中的层次结构用正态云模型表达，通过基于云模型的粒计算层次模型构建表达样本中粒层次结构，随着粒化层次由高到低，则基于云模型的粒计算粒化过程中粒数体现为由少到多，从而实现由抽象到具体的粒表达；然后根据云模型识别原理以及相关云模型数值特征划分为不同类别。以上研究说明：基于云模型的粒计算层次模型可应用到多项目关键链资源 BBOR 模型以及基于粒计算的多项目关键链资源配置中，为多项目关键链资源配置研究提供清晰的思路和可行的方法。

5.2.2 基于云模型的分类向量机模型构建

支持向量机最先是由科琳娜·科尔特斯和弗拉基米尔·瓦普尼克（Corinna Cortes and Vladimir Vapnik，1995）提出的，用于解决非线性、不确定性以及高维模式识别等问题，并将其应用到其他机器学习领域中。支持向量机学习方法是建立在统计学习理论 VC 维理论研究基础之上，并根据样本学习能力获得最好学习效果而提出的一种分类 SVM 统计学习理论模式识别方法，该方法主要应用于模式识别等领域，解决神经网络在预测性能等方面存在的不足。本书在以上云模型、基于云模型的粒层次模型以及支持向量机理论与方法研究基础上，提出基于云模型的分类向量机模型。应用层次树来表达粒不确定性，从结构层次可以得出同一层次中粒间界限具有不确定性，有一定相互交叠，相同样本也可能属于不同粒范围，这样就反映粒的不确定性；然后应用云模型的模糊化推理以及解模糊过程得出相应求解过程及其求解结果。因此，本书针对传统支持向量机在增量学习理论研究基础上提出基于云模型的不确定性模糊支持向量机增量学习算法：

$$\begin{cases} \min\limits_{\beta,\alpha} & \dfrac{1}{2}(A_\Phi + 2B_\Phi + D_\Phi) - \left(\sum\limits_{t=1}^{p}\beta_t + \sum\limits_{i=p+1}^{l}\alpha_i\right) \\ \\ s.t. & \sum\limits_{t=1}^{p}\beta_t((1-\gamma)r_{t3} + \gamma r_{t2}) + \sum\limits_{i=p+1}^{l}\alpha_i((1-\gamma)r_{i1} + \gamma r_{i2}) = 0 \\ \\ & 0 \leqslant \beta_t \leqslant C, t = 1, 2, \cdots, p; 0 \leqslant \alpha_i \leqslant C, i = p+1, \cdots, l \end{cases}$$

$$\tag{5.31}$$

其中，

$$
\left\{
\begin{array}{l}
A_\Phi = \sum_{t=1}^{p} \sum_{s=1}^{p} \beta_t \beta_s ((1-\gamma)r_{t3}+\gamma r_{t2})((1-\gamma)r_{s3}+\gamma r_{s2})(\Phi(En_t)\cdot\Phi(En_s)) \\[2mm]
B_\Phi = \sum_{t=1}^{p} \sum_{i=p+1}^{l} \beta_t \alpha_i ((1-\gamma)r_{t3}+\gamma r_{t2})((1-\gamma)r_{i1}+\gamma r_{i2})(\Phi(En_t)\cdot\Phi(En_i)) \\[2mm]
D_\Phi = \sum_{i=p+1}^{l} \sum_{q=p+1}^{l} \alpha_i \alpha_q ((1-\gamma)r_{i1}+\gamma r_{i2})((1-\gamma)r_{q1}+\gamma r_{i2})(\Phi(En_i)\cdot\Phi(En_q)) \\[2mm]
\qquad \beta=(\beta_1,\beta_2,\cdots,\beta_p)^T,\ \alpha=(\alpha_{p+1},\alpha_{p+2},\cdots,\alpha_l)^T
\end{array}
\right.
$$

$$(5.32)$$

其中，基于云模型的分类向量机模型中参数变量为引入正定核 $K(En_j,En_k)=\Phi(En_j)\cdot\Phi(En_k)$，$j=t,s,i,q$；$k=t,s,i,q$，则高维空间基于云模型的分类向量机凸二次规划为：

$$
\left\{
\begin{array}{ll}
\min_{\beta,\alpha} & \frac{1}{2}(A_K+2B_K+D_K)-\left(\sum_{t=1}^{p}\beta_t+\sum_{i=p+1}^{l}\alpha_i\right) \\[3mm]
s.t. & \sum_{t=1}^{p}\beta_t((1-\gamma)r_{t3}+\gamma r_{t2})+\sum_{i=p+1}^{l}\alpha_i((1-\gamma)r_{i1}+\gamma r_{i2})=0 \\[3mm]
& 0\le\beta_t\le C,\ t=1,2,\cdots,p;\ 0\le\alpha_i\le C,\ i=p+1,p+2,\cdots,l
\end{array}
\right.
$$

$$(5.33)$$

其中参数计算为：

$$
\left\{
\begin{array}{l}
A_K = \sum_{t=1}^{p} \sum_{s=1}^{p} \beta_t \beta_s ((1-\gamma)r_{t3}+\gamma r_{t2})((1-\gamma)r_{s3}+\gamma r_{s2})K(En_t\cdot En_s) \\[2mm]
B_K = \sum_{t=1}^{p} \sum_{i=p+1}^{l} \beta_t \alpha_i ((1-\gamma)r_{t3}+\gamma r_{t2})((1-\gamma)r_{i1}+\gamma r_{i2})K(En_t\cdot En_i) \\[2mm]
D_K = \sum_{i=p+1}^{l} \sum_{q=p+1}^{l} \alpha_i \alpha_q ((1-\gamma)r_{i1}+\gamma r_{i2})((1-\gamma)r_{q1}+\gamma r_{i2})K(En_i\cdot En_q)
\end{array}
\right.
$$

$$(5.34)$$

基于云模型的分类向量机模型核函数选择有多项式核 $K(x,y)=(x\cdot y+1)^d$；高斯核 $K(x,y)=exp\left(\frac{-\|x-y\|^2}{\sigma^2}\right)$；多层感知器核 $K(x,y)=tanh(ky\cdot x+\theta)$。只要满足 Mercer 条件函数，在理论上可以选择不同的核函数。但由于不同的核函数得到的回归估计结果不同，因此，对于核函数及其核函数参数的选择是至关重要的。在以上分析研究基础上，引入拉格朗日乘子构建基于拉格朗日函数

的支持向量机模型：

$$
\begin{cases}
L_p = \dfrac{1}{2}\omega^T\omega - \sum_{i=1}^{N}\alpha_i\{[\omega^T\varphi(En_i)+b]y_i - 1\} \\
\dfrac{\partial L_p}{\partial\omega} = 0 \Rightarrow \omega = \sum_{i=1}^{N}\alpha_i y_i \varphi(En_i) \\
\dfrac{\partial L_p}{\partial b} = 0 \Rightarrow \sum_{i=1}^{N}\alpha_i y_i = 0 \\
\dfrac{\partial L_p}{\partial\alpha_i} = 0 \Rightarrow \alpha_i[y_i(\omega^T\varphi(En)+b)-1]=0,\ i=1,2,\cdots,N \\
y_i[(\omega^T\cdot\varphi(En_i))+b]-1 \geqslant 0
\end{cases}
\tag{5.35}
$$

对以上基于拉格朗日函数的支持向量机具有 KKT 条件点，其解是充要且唯一的；将所设 β_i 带入 KKT 条件等式约束中求出 β_+，β_-，其具体计算公式为：

$$
\begin{cases}
\sum_{i=1}^{N}\beta_i y_i = 0 \Rightarrow N_+\beta_+ = N_-\beta_- \\
\beta_i[y_i(\omega^T\varphi(En_i)+b)-1]=0 \Rightarrow y_i(\omega^T\varphi(En_i)+b)=1 \\
\beta_i[y_i(\omega^T\varphi(En_i)+b)-1]=0 \Rightarrow y_i(\omega^T\varphi(En_i)+b)=1 \\
\beta_i[y_i(\omega^T\varphi(En_i)+b)-1]=0 \Rightarrow \sum_{i=1}^{N}\beta_i y_i k(En_i,En_j)+b=y_i
\end{cases}
\tag{5.36}
$$

其中，β_i 满足 KKT 并且对应支持向量机上的点，同时，由于 KKT 条件的充分必要性，不等式解具有唯一性且 $\alpha_i = \beta_i > 0$。判别函数为一超平面，在分类问题中，它把所有检验样本点看作一类，即推广能力为零。当 $\sigma \to 0$ 时，无论训练样本个数有多少，支持向量机均能将其正确分开，高斯支持向量机 VC 维为无穷大，但是对样本分类能力不好；当 $\sigma \to +\infty$ 时，数值试验表明对给定数据样本 σ 从小到大过程中，支持向量机对样本正确分类率从小变大又变小。综上可知，基于云模型的模糊支持向量机增量学习算法结合了支持向量机聚类理论、模糊支持向量机快速学习，因此该方法能对全部训练集进行提前分类与判断，从而提高属性聚类能力和效果；同时，基于云模型的模糊支持向量机增量学习算法能够保持分类精度及运算速度。本书通过对支持向量机数据进行云模型处理来提高样本精确分类能力，从而提高支持向量机的分类精度。

本书针对多项目关键链资源属性特征，定义多项目资源属性的聚类集合为 $x = \{x_1, x_2, \cdots, x_{n-2}, x_{n-1}, x_n\}$，其中多项目关键链资源属性 x 为混合数据集，并且每个属性聚类对象有 n 个不同的属性特征：$N = \{N_1, N_2, \cdots, N_n\}$，其中，多项目关键链资源属性集合中 N_1，N_2，$\cdots$，N_p 为数值属性，N_{p+1}，N_{p+2}，$\cdots$，N_n 为分类属性，且多项目关键链资源分类属性为 $Dom(A_i) = \{a_i^1,\ a_i^2,\ a_i^3,\ \cdots,\ a_i^{n-2},\ a_i^{n-1},\ a_i^n\}$。假设多项目关键链资源数值属性相异度和分类属性相异度在总相异度中所占比重不同，因此，结合给定多项目关键链资源权重系数得到相异度计算公式：$d = \alpha * d_1 + \beta * d_2$，其中 d_1 为多项目关键链资源数值属性的相异度；d_2 为多项目关键链资源分类属性的相异度；α 为多项目关键链资源数值属性相异度所占权重；β 为多项目关键链资源分类属性相异度所占权重。在实际应用过程中，α，β 按照实际情况进行归一化处理取值，从而避免人为因素影响。在处理多项目关键链资源聚类过程中，主要以分类属性相异度为聚类标准。本书在以上多项目关键链和多项目关键链资源理论基础上提出了基于云模型分类机制的多项目关键链资源属性算法。

首先，计算多项目关键链资源属性相似度（multi-project critical chain resource attribute similarity，MCCRAS）：

$$
\begin{cases}
MCCRAS = 1 - min \left| \dfrac{Ex_i - Ex_j}{3(\sigma_i + \sigma_j)} \right| \\[2mm]
\sigma_i = \dfrac{(x_{imax} - x_{imin})}{6}
\end{cases}
\tag{5.37}
$$

其次，计算多项目关键链资源属性的属性权重大小：

$$
MCCRAw_i = \frac{1 - MCCRAS_i}{\sum\limits_{i=1}^{n} (1 - MCCRAS_i)}
\tag{5.38}
$$

最后，计算多项目关键链资源属性的各个类别的隶属度：

$$
MCCRAp_i = \sum_{i=1}^{m} MCCRAw_i * exp\left(-\frac{(x - Ex_i)^2}{2\sigma_i^2} \right)
\tag{5.39}
$$

通过以上基于云模型的分类向量机模型构建以及算法的设计，为多项目关键链资源有效配置提供了可行性条件，同时研究成果为基于多属性的多项目关键链资源配置以及模型构建提供了前提基础。

5.2.3　算例

在以上对基于云模型的粒计算、基于云模型的分类向量机模型以及多项目关键链资源属性进行深入研究基础上，对基于云模型的分类向量机模型的多项目关键链资源多属性进行聚类研究分析，通过对多项目关键链资源多属性进行仿真实验，其结果如图 5.1～图 5.3 所示。

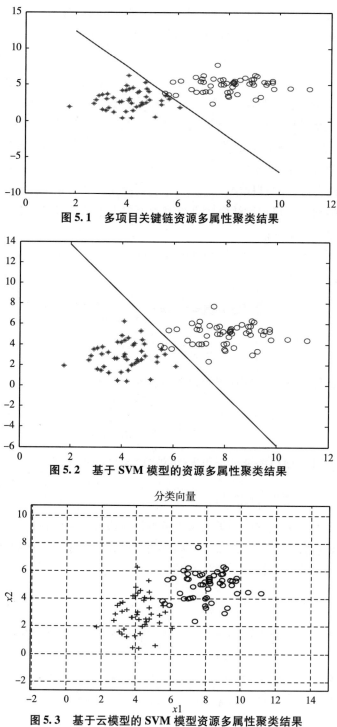

图 5.1 多项目关键链资源多属性聚类结果

图 5.2 基于 SVM 模型的资源多属性聚类结果

图 5.3 基于云模型的 SVM 模型资源多属性聚类结果

同时，对基于云模型的 SVM 多项目关键链资源多属性聚类准确性进行具体分析，通过一系列仿真实验得到的结果如图 5.4～图 5.6 所示。

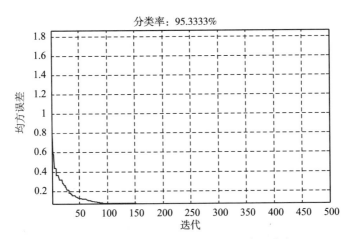

图 5.4　多项目关键链资源多属性聚类准确率

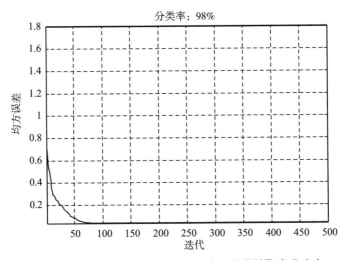

图 5.5　基于 SVM 的多项目关键链资源多属性聚类准确率

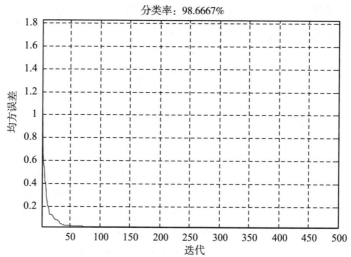

图 5.6　基于云模型的 SVM 多项目关键链资源多属性聚类准确率

　　根据多项目关键链资源多属性群体不同的阈值，得到了相应的 200 个动态组合聚类结果如图 5.7 所示。

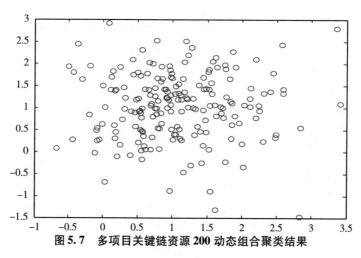

图 5.7　多项目关键链资源 200 动态组合聚类结果

　　根据多项目关键链资源多属性群体不同阈值得到相应的动态组合聚类的结果，200 的量子粒子群优化算法和云模型的聚类算法如图 5.8 所示。

　　根据多项目多属性群体得到相应的 1000 个动态组合聚类的结果，不同的阈值其聚类仿真结果如图 5.9 所示。

　　根据多项目多属性群体不同的阈值得到相应的动态聚类的结果，1000 的量子粒子群优化算法和云模型的组合聚类算法如图 5.10 所示。

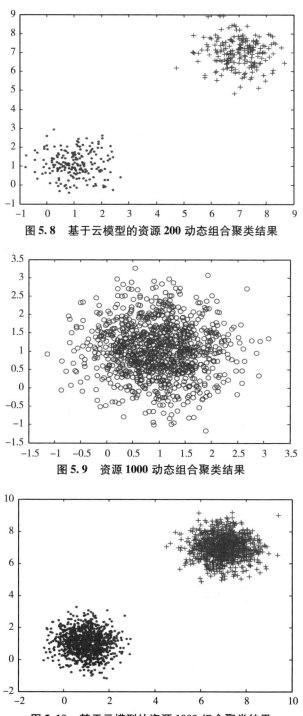

图 5.8　基于云模型的资源 200 动态组合聚类结果

图 5.9　资源 1000 动态组合聚类结果

图 5.10　基于云模型的资源 1000 组合聚类结果

　　根据多项目多属性群体不同阈值得到了相应的 10000 个动态组合聚类结果的量子粒子群优化算法的聚类算法，其仿真结果如图 5.11 所示。

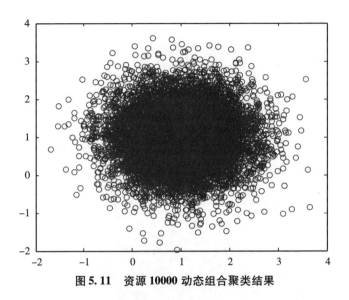

图 5.11　资源 10000 动态组合聚类结果

　　根据多项目多属性群体不同的阈值得到相应动态聚类的结果，10000 的量子粒子群优化算法和云模型的组合聚类算法如图 5.12 所示。

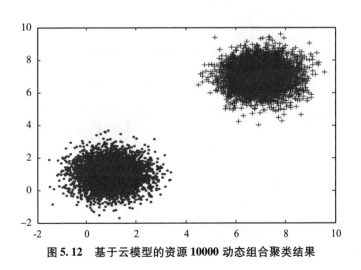

图 5.12　基于云模型的资源 10000 动态组合聚类结果

　　通过对基于云模型的粒计算层次模型构建、不确定性模糊支持向量机模型构建、基于云模型的分类向量机模型以及算例分析研究得出，研究资源属性能为多项目关键链资源有效配置提供一个很好的属性聚类分析基础，为多项目关键链资源配置水平及控制提供科学合理的配置基础和配置平台。

5.3 　基于多属性的多项目关键链资源配置模型构建

5.3.1 　基于规则的资源配置及其研究

在多项目关键链资源配置过程中，应该考虑资源的配置规则。本书在多项目关键链资源配置问题及其特征参数研究基础上，对多项目关键链资源配置进行具体分析，总结多项目关键链资源配置规则如表 5.1 所示。

表 5.1　　　　　　　　　　　多项目关键链资源配置规则

配置规则	解释	最值	公式	最早提出者
SOF	最短任务优先	Min	p_{ij}	Kurtuus and Davis
MOF	最长任务优先	Max	p_{ij}	Kurtuus and Davis
SASP	最短项目优先	Min	$CPL_i + p_{ij}$	Kurtuus and Davis
LALP	最长项目优先	Max	$CPL_i + p_{ij}$	Kurtuus and Davis
MTS	最多后继任务优先	Max	S_{ij}	Browning and Yassine
MCS	最多紧后任务优先	Max	S_{ij}	Browning and Yassine
MINSLK	最小时差优先	Min	$LS_{ij} - ES_{ij}$	Kurtuus and Davis
MAXSLK	最大时差优先	Max	$LS_{ij} - ES_{ij}$	Kurtuus and Davis
PRS	最小比例时差优先	Min	$\dfrac{(d_{ij} - t - p_{ij})}{p_{ij}}$	Allam
MINLFT	最小最晚开始时间优先	Min	LF_{ij}	Browning and Yassine
MAXLFT	最大最晚开始时间优先	Max	LF_{ij}	Browning and Yassine
MINLST	最小最早开始时间优先	Min	$LS_{ij} - ES_{ij}$	Browning and Yassine
MAXLST	最大最早开始时间优先	Max	$LS_{ij} - ES_{ij}$	Browning and Yassine

本书针对不同的配置规则对多项目关键链资源配置 Rep20 进行实验，其Rep20 中 Test Problems 1 实验结果如表 5.2 所示。由实验结果可知，不同的资源

配置规则会产生不同的配置结果，其中，MOF 配置规则采用最长任务方式对多项目关键链资源进行配置，配置效果比较理想；而 MINLST 规则的各项差值偏大，配置效果不佳。因此，本书以项目族为视角，应用云模型对多项目关键链资源属性进行分析研究，针对不确定性复杂环境下多项目管理特征，为构建科学合理的多项目关键链资源配置模型，必须考虑资源的配置规则，为后续研究铺垫基础。

表 5.2   基于规则的 Rep20 配置实验结果

配置规则	规则公式	最小偏差	最大偏差	平均偏差	标准差
MOF	p_{ij}	0.5280	5.7920	2.3567	0.7500
LALP	$CPL_i + p_{ij}$	1.3820	3.1910	2.591	3.2000
MTS	S_{ij}	2.2500	3.4030	2.6447	2.2810
MAXLFT	$LS_{ij} - ES_{ij}$	2.2500	6.1840	3.8920	3.2420
MAXSLK	$LS_{ij} - ES_{ij}$	0.5280	5.7920	2.3567	0.7500
MAXLST	$LS_{ij} - ES_{ij}$	7.3440	8.1390	6.0263	2.5960
MCS	S_{ij}	2.4170	2.8190	2.9537	3.6250
SASP	$CPL_i + p_{ij}$	4.0000	10.7640	5.9380	3.0500
PRS	$\dfrac{(d_{ij} - t - p_{ij})}{p_{ij}}$	0.7310	1.8820	2.5980	5.1810
SOF	p_{ij}	2.2500	3.4030	2.6447	2.2810
MINSLK	$LS_{ij} - ES_{ij}$	2.2500	6.1840	3.8920	3.2420
MINLFT	LF_{ij}	0.5280	5.7920	6.0263	0.7500
MINLST	$LS_{ij} - ES_{ij}$	7.3440	8.1390	2.9537	2.5960

5.3.2 基于云模型的灰色关联度模型构建

关联度量化模型主要有以下类型：速率关联度、斜率关联度、绝对关联度、灰色欧几里得关联度、算子关联度、符号关联度、点关联度、面积关联度、A 型关联度、B 型关联度、ABO 型关联度、C 型关联度、T 型关联度、滞后型关联度、负相关型关联度、幂函数形式的关联度、指数函数形式的关联度和线性函数形式的关联度。

B 型关联度：设参考序列为 $X_0 = (x_0(1), x_0(2), \cdots, x_0(n))$，其比较序列

为 $X_i = (x_i(1)$，$x_i(2)$，$\cdots$，$x_i(n))$。B 型关联度以描述相似性的物理特征位移差 $d_{ij}^{(0)}(t)$、速度差 $d_{ij}^{(1)}(t)$ 以及加速度 $d_{ij}^{(2)}(t)$ 来共同反映其关联程度，表达式为：

$$
\begin{cases}
d_{ij}^{(0)}(t) = \sum_{k=1}^{n} \left| x_i(k) - x_0(k) \right| \\[2mm]
d_{ij}^{(1)}(t) = \sum_{k=1}^{n} \left| x_i(k+1) - x_0(k+1) - x_i(k) + x_0(k) \right| \\[2mm]
d_{ij}^{(2)}(t) = \sum_{k=1}^{n} \left| \left[x_i(k+1) - x_0(k+1) \right] - 2\left[x_i(k) + x_0(k) \right] \right. \\[2mm]
\qquad\qquad \left. + \left[x_i(k-1) - x_0(k-1) \right] \right|
\end{cases}
\tag{5.40}
$$

则 B 型关联度的计算公式为：

$$
\gamma(X_0, X_i) = \frac{1}{1 + \dfrac{1}{n} d_{ij}^{(0)}(t) + \dfrac{1}{n-1} d_{ij}^{(1)}(t) \dfrac{1}{n-2} d_{ij}^{(2)}(t)}
\tag{5.41}
$$

C 型关联度：设参考序列 $x_0 = \{ x_0(k) \mid k = 1, 2, \cdots, N \}$，比较序列 $x_j = \{ x_j(k) \mid k = 1, 2, \cdots, N \}$，$I$ 为比较序列的个数，所以以 C 型关联度表达式为：

$$
\begin{cases}
r_{0j} = \dfrac{1}{N} \sum_{k=1}^{N} D_{0j}(k) \\[3mm]
D_{0j}(k) = \dfrac{d_{0j}^{(0)}(k) + d_{0j}^{(1)}(k) + d_{0j}^{(2)}(k)}{3}; \quad d_{0j}^{(0)}(k) = \dfrac{x_0(k)}{x_j(k)} \\[3mm]
d_{0j}^{(1)}(k) = \dfrac{x_0(k+1) - x_0(k)}{x_j(k+1) - x_j(k)}; \quad d_{0j}^{(2)}(k) = \dfrac{x_0(k+1) - 2x_0(k) + x_0(k-1)}{x_j(k+1) - 2x_j(k) + x_j(k-1)}
\end{cases}
$$

$$
\tag{5.42}
$$

其中 r_{0j} 为 x_0 与 x_j 的总体综合关联度；$D_{0j}(k)$ 为 $x_0(k)$ 与 $x_j(k)$ 在 k 时刻综合关联度；$d_{0j}^{(0)}(k)$ 为 $x_0(k)$ 与 $x_j(k)$ 在 k 时刻的位移关联度；$d_{0j}^{(1)}(k)$ 为 $x_0(k)$ 与 $x_j(k)$ 在 k 时刻的速度关联度；$d_{0j}^{(2)}(k)$ 为 $x_0(k)$ 与 $x_j(k)$ 在 k 时刻的加速度关联度。关于 C 型关联度，规定：当 $k = N$ 时，$d_{0j}^{(1)}(k) = 0$，$d_{0j}^{(2)}(k) = 0$；当 $k = 1$ 时，$d_{0j}^{(2)}(k) = 0$。

指数型关联度：设参考序列 $x_0 = \{ x_0(k) \mid k = 1, 2, \cdots, N \}$，比较序列 $x_j = \{ x_j(k) \mid k = 1, 2, \cdots, N \}$，将 x_j 与 x_0 的各项取指数得原序列指数数列，则第 k 时刻指数关联系数，其中分辨系数 ζ 取值在 $[0, 1]$ 间，那么 x_j 和 x_0 间指数型关联度为：

$$\begin{cases} r_{0j} = \dfrac{1}{N}\sum_{k=1}^{N} E\xi_{0j}(k) \\[4mm] E\xi_{0j}(k) = \dfrac{\zeta \max\limits_{j}\max\limits_{k}\left|\exp(x_0(k)) - \exp(x_j(k))\right|}{\left|\exp(x_0(k)) - \exp(x_j(k))\right| + \zeta \max\limits_{j}\max\limits_{k}\left|\exp(x_0(k)) - \exp(x_j(k))\right|} \end{cases}$$

$$(5.43)$$

其中 $\bar{r}_{0j} \approx \dfrac{1}{N}\sum_{k=1}^{N}\xi_{0j}(k)$ ； $\delta_{0j}(k) = \xi_{0j}(k) - \bar{r}_{0j}$ ； $\sum_{k=1}^{N}\delta_{0j}(k) = 0$ ； $\xi_{0j}(k) = $

$\dfrac{\Delta\min + \zeta\Delta\max}{\Delta0j(k) + \zeta\Delta\max}\Delta\min = \min\limits_{j}\min\limits_{k}\left|x_0(k) - x_j(k)\right|$ ； $\Delta\max = \max\limits_{j}\max\limits_{k}\left|x_0(k) - x_j(k)\right|$ ；

$0j(k) = \left|x_0(k) - x_j(k)\right|$ ；这些比较序列与参考序列反映在各点关联系数平均值 $\bar{r}_{0j}$ 对关联度的影响和各点关联系数波动值 $\delta_{0j}(k)$ 对关联度的影响。

本书在云模型以及灰色关联度理论研究基础上，设计基于云模型的改进型灰色关联度模型。基于云模型的改进型灰色关联度模型具体描述为：

$$\begin{cases} (Ex_1, En_1, He_1, Ex_2, En_2, He_2, \cdots, Ex_{n-1}, En_{n-1}, He_{n-1}, Ex_n, En_n, He_n) \\[2mm] Ex(Ex_1, Ex_2, \cdots, Ex_{n-1}, Ex_n) = Ex\left[\overline{X_1}, \overline{X_2}, \cdots, \overline{X_{n-1}}, \overline{X_n}\right] \\[2mm] \qquad\qquad\qquad\qquad\qquad = Ex\left[\dfrac{1}{m}\sum_{j=1}^{m}x_{j1}, \dfrac{1}{m}\sum_{j=1}^{m}x_{j2}, \cdots, \dfrac{1}{m}\sum_{j=1}^{m}x_{jn}\right] \\[4mm] En(En_1, En_2, \cdots, En_n) = \left[\sqrt{\dfrac{\pi}{2}} \times \dfrac{1}{m}\sum_{j=1}^{m}\left|x_{j1} - Ex_1\right|, \right. \\[4mm] \qquad\qquad \left. \sqrt{\dfrac{\pi}{2}} \times \dfrac{1}{m}\sum_{j=1}^{m}\left|x_{j2} - Ex_2\right|, \cdots, \sqrt{\dfrac{\pi}{2}} \times \dfrac{1}{m}\sum_{j=1}^{m}\left|x_{jn} - Ex_n\right|\right] \\[4mm] He(He_1, He_2, \cdots, He_n) = \left[\sqrt{S_1^2 - En_1^2}, \sqrt{S_2^2 - En_2^2}, \cdots, \sqrt{S_n^2 - En_n^2}\right] \end{cases}$$

$$(5.44)$$

其中，基于云模型的改进型灰色关联度模型约束条件为：

$$\begin{cases} S(S_1, S_2, \cdots, S_n) = \left[\dfrac{1}{m-1}\sum_{j=1}^{m}(x_{j1} - \overline{X}_1), \dfrac{1}{m-1}\sum_{j=1}^{m}(x_{j2} - \overline{X}_2), \cdots, \right. \\[4mm] \qquad\qquad\qquad \left. \dfrac{1}{m-1}\sum_{j=1}^{m}(x_{jn} - \overline{X}_n)\right] \\[4mm] X_i = \prod_{j=1}^{n}X_{ij} = e^{-\left[\frac{(u_{i1}-Ex_{i1})^2}{2En_{i1}^2} + \frac{(u_{i2}-Ex_{i2})^2}{2En_{i2}^2} + \cdots + \frac{(u_{in}-Ex_{in})^2}{2En_{in}^2}\right]} \end{cases}$$

$$(5.45)$$

假设结果序列 X_0 和因数序列 X_i 长度相同并建立序列始点零化像：

$$\begin{cases} X_0^0 = (X_0^0(1),\ X_0^0(2),\ X_0^0(3),\ \cdots,\ X_0^0(n)) \\ X_i^0 = (X_i^0(1),\ X_i^0(2),\ X_i^0(3),\ \cdots,\ X_i^0(n)) \end{cases} \quad (5.46)$$

通过以上分析，基于云模型的改进型灰色关联度模型序列 X_0 及其因数序列 X_i 的灰色绝对关联度可计算为：

$$\begin{cases} \varepsilon_{0i} = \dfrac{1 + |s_0| + |s_i|}{1 + |s_0| + |s_i| + |s_i - s_0|} \\ |s_0| = \left| \displaystyle\sum_{k=2}^{n-1} x_0^0(k) + 0.5 x_0^0(n) \right|,\ \ |s_i| = \left| \displaystyle\sum_{k=2}^{n-1} x_i^0(k) + 0.5 x_i^0(n) \right| \\ |s_i - s_0| = \left| \displaystyle\sum_{k=2}^{n-1} (x_i^0(k) - x_0^0(k)) + 0.5(x_i^0(n) - x_0^0(n)) \right| \end{cases}$$

$$(5.47)$$

基于云模型的改进型灰色关联度模型序列曲线与因数序列曲线在二维几何空间中可以围成有向面积反映两序列曲线几何程度相似性。本书通过对绝对关联度和相对关联度加权来导入一种新的改进灰色绝对关联度表示相对初始点变化速率的近似程度，同时在灰色综合关联度中加入灰色斜率关联度，构建改进灰色关联度：

$$\begin{cases} \rho_{0i} = \theta_1 \varepsilon_{0i}^* + \theta_2 r_{0i} + \theta_3 \varepsilon_i \\ \varepsilon_i = \dfrac{1}{n} \displaystyle\sum_{t=1}^{n-1} \xi_i(t) \\ \xi_i(t) = \dfrac{1 + \left| \dfrac{\Delta x(t)}{\bar{x}} \right|}{1 + \left| \dfrac{\Delta x(t)}{\bar{x}} \right| + \left| \dfrac{\Delta x(t)}{\bar{x}} - \dfrac{\Delta y_i(t)}{\bar{y}_i} \right|};\ i = 1,\ 2,\ \cdots,\ m \\ \bar{x} = \dfrac{1}{n} \displaystyle\sum_{t=1}^{n} x(t),\ \bar{y}_i = \dfrac{1}{n} \displaystyle\sum_{t=1}^{n} y_i(t) \end{cases} \quad (5.48)$$

其中 $x(t)$ 为改进灰色关联度的特征函数；$y_i(t)(i = 1,\ 2,\ \cdots,\ m)$ 为改进灰色关联度的因数函数；ε_i 为 $x(t)$ 和 $y_i(t)$ 灰色斜率关联度；ε_{0i}^* 为序列改进型绝对关联度；r_{0i} 为序列相对关联度；ε_i 为序列灰色斜率关联度；θ_1，θ_2，θ_3 分别为不同关联度加权值。本书在改进灰色关联度测定过程中，可以根据其实际情况来对其参数取值。

5.3.3　基于灰云模型的多项目关键链资源配置模型构建

通过对基于灰云模型关联度算法研究以及多项目关键链资源灰色属性分析，

本书提出多项目关键链资源配置灰色斜率关联度计算公式：

$$\rho(x_{f_0},\ x_i) = \begin{cases} \dfrac{1 + |\overline{\Delta x_{f_0}(f)}|}{1 + |\overline{\Delta x_{f_0}(f)}| + |\overline{\Delta x_{f_0}(f)} - \overline{\Delta x_{f_i}(f)}|}, & \left[\dfrac{\overline{\Delta x_{f_0}(f)}}{\overline{\Delta x_{f_i}(f)}}\right] \geq 0 \\[4mm] -\dfrac{1 + |\overline{\Delta x_{f_0}(f)}|}{1 + |\overline{\Delta x_{f_0}(f)}| + |\overline{\Delta x_{f_0}(f)} - \overline{\Delta x_{f_i}(f)}|}, & \left[\dfrac{\overline{\Delta x_{f_0}(f)}}{\overline{\Delta x_{f_i}(f)}}\right] \leq 0 \end{cases}$$

$$(5.49)$$

从式（5.49）中可以分析得出：$\rho(x_{f_0},\ x_i)$ 值越大则关联度越高，因此多项目关键链资源配置中该资源应该优先考虑其配置。

本书在对多项目关键链资源配置问题以及基于云模型的灰色关联度模型研究基础上，结合多项目关键链资源的多属性特征，并通过以上基于灰云模型关联度算法分析，构建了基于多属性的多项目关键链资源配置模型，基于多属性的多项目关键链资源配置模型为：

$$\min \sum_{t=EF_i}^{LF_i} R * x_i + \sqrt{\sum_{k \in C} \sum_{m \in M_i} x_{km} \cdot \sigma_{km}^2},\ k \in C \qquad (5.50)$$

s. t.

$$\sum_{m=1}^{M_i} \sum_{t=EF_j}^{LF_j} x_{imt} = 1,\ 【i = 1, 2, \cdots, I】;\ i \in P_i$$

$$\sum_{m=1}^{M} \sum_{t=EF_j}^{LF_j} x_{imt} = 1,\ 【i = 1, 2, \cdots, I】$$

$$\sum_{m=1}^{M_i} \sum_{t=EF_j}^{LF_j} x_{imt} * R \leq \sum_{m=1}^{M_i} \sum_{t=EF_j}^{LF_j} x_{imt} * R - R_{im},\ 【i = 1, 2, \cdots, I】,\ 【j = 1, 2, \cdots, J】$$

$$\sum_{i=1}^{I} \sum_{m=1}^{M_j} r_{rmk}^{\rho} \sum x_{imk} \leq R_k^{\rho}$$

$$\sum_{i=1}^{I} \sum_{m=1}^{M_j} r_{rmk}^{v} \sum x_{imk} \leq R_k^{v}$$

$$(5.51)$$

基于多属性的多项目关键链资源配置模型构建中存在以下关系：

$$\rho(En_{f_0},\ En_i) = \begin{cases} \dfrac{1 + |\overline{\Delta En_{f_0}(f)}|}{1 + |\overline{\Delta En_{f_0}(f)}| + |\overline{\Delta En_{f_0}(f)} - \overline{\Delta En_{f_i}(f)}|}, & \left[\dfrac{\overline{\Delta En_{f_0}(f)}}{\overline{\Delta En_{f_i}(f)}}\right] \geq 0 \\[4mm] -\dfrac{1 + |\overline{\Delta En_{f_0}(f)}|}{1 + |\overline{\Delta En_{f_0}(f)}| + |\overline{\Delta En_{f_0}(f)} - \overline{\Delta En_{f_i}(f)}|}, & \left[\dfrac{\overline{\Delta En_{f_0}(f)}}{\overline{\Delta En_{f_i}(f)}}\right] \leq 0 \end{cases}$$

$$(5.52)$$

$$\rho(Ex_{f_0}, Ex_i) = \begin{cases} \dfrac{1 + |\overline{\Delta Ex_{f_0}(f)}|}{1 + |\overline{\Delta Ex_{f_0}(f)}| + |\overline{\Delta Ex_{f_0}(f)} - \overline{\Delta Ex_{f_i}(f)}|}, & \left[\dfrac{\overline{\Delta Ex_{f_0}(f)}}{\overline{\Delta Ex_{f_i}(f)}}\right] \geqslant 0 \\[4mm] -\dfrac{1 + |\overline{\Delta Ex_{f_0}(f)}|}{1 + |\overline{\Delta Ex_{f_0}(f)}| + |\overline{\Delta Ex_{f_0}(f)} - \overline{\Delta Ex_{f_i}(f)}|}, & \left[\dfrac{\overline{\Delta Ex_{f_0}(f)}}{\overline{\Delta Ex_{f_i}(f)}}\right] \leqslant 0 \end{cases}$$

$$(5.53)$$

$$\rho(He_{f_0}, He_i) = \begin{cases} \dfrac{1 + |\overline{\Delta He_{f_0}(f)}|}{1 + |\overline{\Delta He_{f_0}(f)}| + |\overline{\Delta He_{f_0}(f)} - \overline{\Delta He_{f_i}(f)}|}, & \left[\dfrac{\overline{\Delta He_{f_0}(f)}}{\overline{\Delta He_{f_i}(f)}}\right] \geqslant 0 \\[4mm] -\dfrac{1 + |\overline{\Delta He_{f_0}(f)}|}{1 + |\overline{\Delta He_{f_0}(f)}| + |\overline{\Delta He_{f_0}(f)} - \overline{\Delta He_{f_i}(f)}|}, & \left[\dfrac{\overline{\Delta He_{f_0}(f)}}{\overline{\Delta He_{f_i}(f)}}\right] \leqslant 0 \end{cases}$$

$$(5.54)$$

在分析多项目关键链资源属性及其关系的基础上，本书针对多项目关键链资源配置规则，按照多项目关键链要求设计基于灰云模型关联度算法的多项目关键链资源配置矩阵：

$$[MCCRC_{\rho(En_{f_0}, En_i)}] \mid \rho(En_{f_0}, En_i) \mid = $$

$$\begin{bmatrix} \rho(En_{f_0}, En_i)_{1,1}(M_1, M_2, \cdots M_m) & \rho(En_{f_0}, En_i)_{1,2}(M_1, M_2, \cdots M_m) & \cdots & \rho(En_{f_0}, En_i)_{1,n}(M_1, M_2, \cdots M_m) \\ \rho(En_{f_0}, En_i)_{2,1}(M_1, M_2, \cdots M_m) & \rho(En_{f_0}, En_i)_{2,2}(M_1, M_2, \cdots M_m) & \cdots & \rho(En_{f_0}, En_i)_{2,n}(M_1, M_2, \cdots M_m) \\ \cdots & \cdots & \cdots & \cdots \\ \rho(En_{f_0}, En_i)_{n-1,1}(M_1, M_2, \cdots M_m) & \rho(En_{f_0}, En_i)_{n-1,2}(M_1, M_2, \cdots M_m) & \cdots & \rho(En_{f_0}, En_i)_{n-1,n}(M_1, M_2, \cdots M_m) \\ \rho(En_{f_0}, En_i)_{n,1}(M_1, M_2, \cdots M_m) & \rho(En_{f_0}, En_i)_{n,2}(M_1, M_2, \cdots M_m) & \cdots & \rho(En_{f_0}, En_i)_{n,n}(M_1, M_2, \cdots M_m) \end{bmatrix}$$

$$[MCCRC_{\rho(Ex_{f_0}, Ex_i)}] \mid \rho(Ex_{f_0}, Ex_i) \mid = $$

$$\begin{bmatrix} \rho(Ex_{f_0}, Ex_i)_{1,1}(M_1, M_2, \cdots M_m) & \rho(Ex_{f_0}, Ex_i)_{1,2}(M_1, M_2, \cdots M_m) & \cdots & \rho(Ex_{f_0}, Ex_i)_{1,n}(M_1, M_2, \cdots M_m) \\ \rho(Ex_{f_0}, Ex_i)_{2,1}(M_1, M_2, \cdots M_m) & \rho(Ex_{f_0}, Ex_i)_{2,2}(M_1, M_2, \cdots M_m) & \cdots & \rho(Ex_{f_0}, Ex_i)_{2,n}(M_1, M_2, \cdots M_m) \\ \cdots & \cdots & \cdots & \cdots \\ \rho(Ex_{f_0}, Ex_i)_{n-1,1}(M_1, M_2, \cdots M_m) & \rho(Ex_{f_0}, Ex_i)_{n-1,2}(M_1, M_2, \cdots M_m) & \cdots & \rho(Ex_{f_0}, Ex_i)_{n-1,n}(M_1, M_2, \cdots M_m) \\ \rho(Ex_{f_0}, Ex_i)_{n,1}(M_1, M_2, \cdots M_m) & \rho(Ex_{f_0}, Ex_i)_{n,2}(M_1, M_2, \cdots M_m) & \cdots & \rho(Ex_{f_0}, Ex_i)_{n,n}(M_1, M_2, \cdots M_m) \end{bmatrix}$$

$$[MCCRC_{\rho(He_{f_0}, He_i)}]_{\rho(He_{f_0}, He_i)} = $$

$$\begin{bmatrix} \rho(He_{f_0}, He_i)_{1,1}(M_1, M_2, \cdots M_m) & \rho(He_{f_0}, He_i)_{1,2}(M_1, M_2, \cdots M_m) & \cdots & \rho(He_{f_0}, He_i)_{1,n}(M_1, M_2, \cdots M_m) \\ \rho(He_{f_0}, He_i)_{2,1}(M_1, M_2, \cdots M_m) & \rho(He_{f_0}, He_i)_{2,2}(M_1, M_2, \cdots M_m) & \cdots & \rho(He_{f_0}, He_i)_{2,n}(M_1, M_2, \cdots M_m) \\ \cdots & \cdots & \cdots & \cdots \\ \rho(He_{f_0}, He_i)_{n-1,1}(M_1, M_2, \cdots M_m) & \rho(He_{f_0}, He_i)_{n-1,2}(M_1, M_2, \cdots M_m) & \cdots & \rho(He_{f_0}, He_i)_{n-1,n}(M_1, M_2, \cdots M_m) \\ \rho(He_{f_0}, He_i)_{n,1}(M_1, M_2, \cdots M_m) & \rho(He_{f_0}, He_i)_{n,2}(M_1, M_2, \cdots M_m) & \cdots & \rho(He_{f_0}, He_i)_{n,n}(M_1, M_2, \cdots M_m) \end{bmatrix}$$

因此，应该根据以上多项目关键链资源矩阵进行多项目关键链资源配置，通过资源的有效配置来提高效率以及管理水平。

随着多项目不确定性、模糊性等特征日益增强，数据驱动下资源供需也变得日益复杂，因此，多项目资源配置问题与配置方法的研究就显得非常重要。通过多项目资源配置的问题及其特征参数研究构建基于云模型的粒计算层次模型、基于云模型的分类向量机模型。通过正态云模型参数可表示信息熵度量，其粒化过程中信息熵越大则其粒度也就越大，同时应用云模型超熵来衡量粒偏离正态分布大小；其云模型的超熵越大，则其粒偏离程度也就越大。本书在多项目管理、云模型理论、数据驱动理论研究的基础上提出了基于云模型的多项目资源配置新方法，为有效提高多项目资源配置效率提供了条件。

5.3.4 算例

本书基于灰云模型关联度算法的多项目关键链资源配置矩阵分析，并在基于资源属性的多项目关键链分析研究基础上，针对 mp_j120_a10_nr5 问题，应用多项目关键链资源配置模型，通过资源配置实验得到结果如表 5.3 所示。

表 5.3   **mp_j120_a10_nr5 资源配置结果**

序号	mp_j120_a10_nr5	INSTANCE	FR1	FR2	FR3	FR4
1	mp_j120_a10_nr5_AgentCopp1	10.0000	4.0000	3.9000	5.4900	3.5900
2	mp_j120_a10_nr5_AgentCopp10	2.0000	4.0000	1.3900	1.3700	1.3300
3	mp_j120_a10_nr5_AgentCopp2	5.0000	4.0000	3.1100	3.1100	2.9900
4	mp_j120_a10_nr5_AgentCopp3	5.0000	4.0000	2.9500	2.8900	2.8800
5	mp_j120_a10_nr5_AgentCopp4	5.0000	4.0000	3.0800	3.0500	3.2100
6	mp_j120_a10_nr5_AgentCopp5	5.0000	4.0000	3.0000	2.9500	2.8800
7	mp_j120_a10_nr5_AgentCopp6	1.0000	4.0000	3.1700	2.9100	3.0200
8	mp_j120_a10_nr5_AgentCopp7	1.0000	4.0000	1.2800	1.2800	1.2300
9	mp_j120_a10_nr5_AgentCopp8	1.0000	4.0000	1.2100	1.1900	1.1800
10	mp_j120_a10_nr5_AgentCopp9	1.0000	4.0000	1.2500	1.2300	1.3000
11	mp_j120_a20_nr5_AgentCopp1	6.0000	4.0000	2.7800	1.5200	2.7700
12	mp_j120_a20_nr5_AgentCopp10	1.0000	4.0000	2.6900	2.7500	2.7000
13	mp_j120_a20_nr5_AgentCopp2	10.0000	4.0000	1.7900	1.8100	1.7800
14	mp_j120_a20_nr5_AgentCopp3	10.0000	4.0000	2.1600	3.9800	5.9800

续表

序号	mp_j120_a10_nr5	INSTANCE	FR1	FR2	FR3	FR4
15	mp_j120_a20_nr5_AgentCopp4	10.0000	4.0000	1.8000	1.7900	1.8800
16	mp_j120_a20_nr5_AgentCopp5	10.0000	4.0000	2.1500	2.2000	2.1600
17	mp_j120_a20_nr5_AgentCopp6	1.0000	4.0000	6.9600	6.8800	6.9400
18	mp_j120_a20_nr5_AgentCopp7	1.0000	4.0000	6.8000	6.8800	6.7600
19	mp_j120_a20_nr5_AgentCopp8	1.0000	4.0000	2.6500	2.6900	2.6100
20	mp_j120_a20_nr5_AgentCopp9	1.0000	4.0000	2.3000	2.2900	2.4000
21	mp_j120_a2_nr5_AgentCopp1	2.0000	4.0000	2.2100	2.2300	2.4900
22	mp_j120_a2_nr5_AgentCopp10	1.0000	4.0000	0.8200	0.8600	0.8200
23	mp_j120_a2_nr5_AgentCopp2	2.0000	4.0000	0.9300	0.7400	0.6100
24	mp_j120_a2_nr5_AgentCopp3	2.0000	4.0000	1.5500	1.5100	1.4200
25	mp_j120_a2_nr5_AgentCopp4	2.0000	4.0000	0.8100	0.6000	0.8200
26	mp_j120_a2_nr5_AgentCopp5	2.0000	4.0000	0.8200	0.8600	0.8200
27	mp_j120_a2_nr5_AgentCopp6	1.0000	4.0000	2.3300	2.3500	2.6300
28	mp_j120_a2_nr5_AgentCopp7	1.0000	4.0000	0.9300	0.7400	0.6100
29	mp_j120_a2_nr5_AgentCopp8	1.0000	4.0000	1.6300	1.6000	1.5000
30	mp_j120_a2_nr5_AgentCopp9	1.0000	4.0000	0.8100	0.6000	0.8200
31	mp_j120_a5_nr5_AgentCopp1	5.0000	4.0000	4.4800	4.0900	4.4400
32	mp_j120_a5_nr5_AgentCopp10	1.0000	4.0000	4.6300	4.5900	4.6800
33	mp_j120_a5_nr5_AgentCopp2	5.0000	4.0000	2.4400	2.3800	2.0400
34	mp_j120_a5_nr5_AgentCopp3	5.0000	4.0000	3.2200	3.3400	3.2000
35	mp_j120_a5_nr5_AgentCopp4	5.0000	4.0000	3.1400	3.0400	3.0900
36	mp_j120_a5_nr5_AgentCopp5	4.0000	4.0000	4.1000	4.0600	4.1400
37	mp_j120_a5_nr5_AgentCopp6	1.0000	4.0000	5.1900	4.7500	5.1500
38	mp_j120_a5_nr5_AgentCopp7	1.0000	4.0000	2.7400	2.6600	2.2800
39	mp_j120_a5_nr5_AgentCopp8	1.0000	4.0000	3.7800	3.9300	3.7600
40	mp_j120_a5_nr5_AgentCopp9	1.0000	4.0000	3.4400	3.3300	3.3900

在多项目关键链资源配置研究基础上，针对 mp_j120_a10_nr5 资源配置结果进行配置误差分析，如图 5.13 ~ 图 5.16 所示。

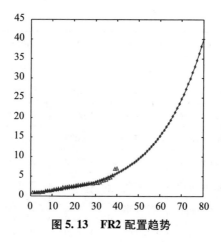

图 5.13　FR2 配置趋势

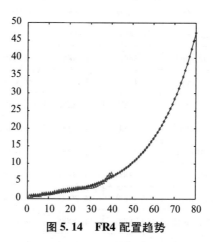

图 5.14　FR4 配置趋势

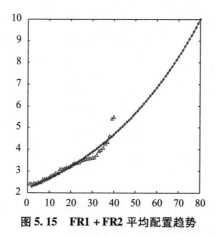

图 5.15　FR1 + FR2 平均配置趋势

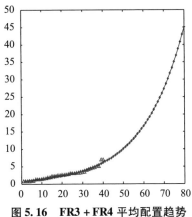

图 5.16　FR3 + FR4 平均配置趋势

通过实验分析可以得出基于灰云模型的多项目关键链资源配置结果的误差如下：FR2 配置百分绝对误差为 0.29878%；FR4 配置百分绝对误差为 0.30118%；FR1 + FR2 平均配置百分绝对误差为 0.14937%；FR3 + FR4 平均配置百分绝对误差为 0.28984%。

5.4　数据驱动下基于学习效应的多项目关键链资源配置模型构建

5.4.1　基于 Wright 学习效应的多项目关键链资源配置模型构建

学习效应理论是在长期生产实践过程中由于经验的积累而出现的一种理论与方法，通常用学习曲线来表示学习效应的数量关系。由项目资源属性分析研究可知，多项目关键链资源具有学习效应。因此，本书在多项目关键链资源以及基于多属性的多项目关键链资源配置模型研究基础上，进一步研究基于学习效应的多项目关键链资源配置模型及其算例，为提高多项目关键链资源有效配置和配置水平提供有力保证。多项目关键链资源的学习效应主要取决于以下几个因素：资源本身分布特征、资源学习能力、资源实施难度和多项目规模大小。资源本身分布特征、资源学习能力是影响资源配置效果最重要的因素 $R_x = R_0 x^{\frac{\log b}{\log a}}$；其中 R_x 为多项目关键链资源 x；R_0 为多项目关键链初始所需的资源；b 为学习率（$0 < b < 1$）。本书在多项目关键链资源配置相关研究以及基于多属性的多项目关键链资源配置模型研究基础上，应用 Wright 学习曲线以及学习效应构建了以下两类学习效应模型：正学习效应模型和负学习效应模型。

基于 Wright 学习曲线的正学习效应模型和基于 Wright 学习曲线的负学习效

应模型为：

$$
\begin{cases}
P_{i[r]}^{A} = P_i Q_r^{\alpha_1} (1 + \sum_{j=1}^{r-1} \beta_{r-j} P_{[j]})^{\alpha_2} \\
P_{i[r]}^{A} = P_i Q_r^{\alpha_1} (1 - \sum_{j=1}^{r-1} \beta_{r-j} P_{[j]})^{\alpha_2}
\end{cases}
\tag{5.55}
$$

如果 $Q_r^{\alpha_1}(1 - \sum_{j=1}^{r-1} \beta_{r-j} P_{[j]})^{\alpha_2}$ 为有效函数，存在以下不等式 KTT 条件：

$$
f(\beta_i) = (\gamma + 1)(\beta_i - 1) + c_i (1 + c_0 \log\beta_i + c_0 x)^{\alpha_i} - c_i \beta_i (1 + c_i x)^{\alpha_i} \geqslant 0;
$$

则可推断出：

$$
\begin{cases}
f'(\beta_i) = (\gamma + 1) + \dfrac{\alpha_i c_0 c_i (1 + c_0 \log\beta + c_i x)^{\alpha_i - 1}}{\theta} - c_i (1 + c_0 x)^{\alpha_i} \\
f''(\beta_i) = \dfrac{\alpha_i (\alpha_i - 1) c_0^2 c_i (1 + c_0 \log\beta_i + c_0 x)^{\alpha_i - 2}}{\theta^2} - \dfrac{\alpha_i c_0 c_i (1 + c_0 \log\beta_i + c_0 x)^{\alpha_i - 1}}{\theta^2}
\end{cases}
\tag{5.56}
$$

因此，可进一步推出基于 Wright 学习效应的多项目关键链资源配置模型：

$$
\begin{cases}
R_i = R_0 + P_j (1 + \sum_{l=1}^{r-1} \log P_i)^{\alpha_1} r^{\alpha_2} + \gamma \sum_{l=1}^{r-1} P_i + P_i (1 + \sum_{l=1}^{r-1} \log P_l + \log P_j)^{\alpha_1} (1 + r)^{\alpha_2} \\
\quad + \gamma (\sum_{l=1}^{r-1} P_l + P_i (1 + \sum_{l=1}^{r-1} \log P_l)^{\alpha_1} (r)^{\alpha_2}) \\
R_j = R_0 + P_i (1 + \sum_{l=1}^{r-1} \log P_l)^{\alpha_1} r^{\alpha_2} + \gamma \sum_{l=1}^{r-1} P_l + P_j (1 + \sum_{l=1}^{r-1} \log P_l + \log P_i)^{\alpha_1} (1 + r)^{\alpha_2} \\
\quad + \gamma (\sum_{l=1}^{r-1} P_l + P_i (1 + \sum_{l=1}^{r-1} \log P_l)^{\alpha_1} (r)^{\alpha_2}) \\
\qquad R_j' = R_0 + P_i (1 + \sum_{l=1}^{r-1} \log P_l)^{\alpha_1} r^{\alpha_2} + \gamma \sum_{l=1}^{r-1} P_l \\
R_i' = R_0 + P_j (1 + \sum_{l=1}^{r-1} \log P_i)^{\alpha_1} r^{\alpha_2} + \gamma \sum_{l=1}^{r-1} P_i + P_i (1 + \sum_{l=1}^{r-1} \log P_l + \log P_j)^{\alpha_1} (1 + r)^{\alpha_2} \\
\quad + \gamma (\sum_{l=1}^{r-1} P_l + P_i (1 + \sum_{l=1}^{r-1} \log P_l)^{\alpha_1} (r)^{\alpha_2})
\end{cases}
\tag{5.57}
$$

由于 $\Delta R = (R_j' + R_i') - (R_j + R_i)$，所以通过以上分析可以得出多项目关键链资源配置通过学习效应可以大量减少在配置过程中的资源损失，从而提高多项目关键链资源配置效率和水平。

5.4.2　基于 Richard 学习效应的多项目关键链资源配置模型构建

在多项目关键链资源的配置过程中，本书在对多项目关键链资源及其属性研究基础上设定多项目关键链资源矩阵：

$$R^{INITAL} = \begin{pmatrix} R_{11}^{INITAL} & R_{12}^{INITAL} & \cdots & R_{1n}^{INITAL} \\ R_{21}^{INITAL} & R_{22}^{INITAL} & \cdots & R_{2n}^{INITAL} \\ \cdots & \cdots & \cdots & \cdots \\ R_{n1}^{INITAL} & R_{n2}^{INITAL} & \cdots & R_{nn}^{INITAL} \end{pmatrix}$$

设定多项目关键链资源学习效率矩阵：

$$B^{INITAL} = \begin{pmatrix} B_{11}^{INITAL} & B_{12}^{INITAL} & \cdots & B_{1n}^{INITAL} \\ B_{21}^{INITAL} & B_{22}^{INITAL} & \cdots & B_{2n}^{INITAL} \\ \cdots & \cdots & \cdots & \cdots \\ B_{n1}^{INITAL} & B_{n2}^{INITAL} & \cdots & B_{nn}^{INITAL} \end{pmatrix}$$

本书在多项目关键链资源配置相关研究以及基于多属性的多项目关键链资源配置模型研究基础上，应用 Richard 学习曲线以及学习效应研究提出了以下学习效应模型。基于 Richard 学习曲线的学习效应模型参照 Richard 学习曲线定律，同时基于多项目关键链资源矩阵的 Richard 学习效应函数为：

$$\begin{cases} R_{i,j,t} = R^{\max} - (R^{\max} - R_{i,j}^{INITIAL}) e^{\beta_{i,j,t}} \\ \beta_{i,j} = \dfrac{Inr_{i,j}}{In2} \end{cases} \tag{5.58}$$

结合多项目关键链资源的属性特征以及多项目关键链资源理论，再根据以上研究以及公式推导，可以构建基于 Richard 学习效应的多项目关键链资源配置模型：

$$R_{i,j,n} = \cfrac{1}{R_j^{\max} - (R_j^{\max} - R_{i,j}^{INITIAL}) * e^{\frac{InR_{i,j}}{In2}} \sum\limits_{i,j=n_0}^{n} R_{i,j,n_0}}$$

$s.\,t$

$$R_{i,j,n} = R_{i,j-1,n} x_{i,j} + R_{i,j,n} x_{i,j}$$

$$R_{i,j,n} = \sum_{i=1}^{m} \sum_{k=1}^{n} R_{i,j,k} x_{i,j}, n \geqslant 1$$

$$R_{i,j,n} = \sum_{i=1}^{m} \sum_{k=1}^{n} \sum_{p=1}^{j} R_{i,p,n} x_{i,p}$$

$$R_{i,j,n} = \max\left(\sum_{i=1}^{m} \sum_{j=1}^{n} R_{i,j,n-1} x_{i,j}, \sum_{i=1}^{m} \sum_{j=1}^{m} R_{i,j-1,n} x_{i,j} \right) + R_{i,j,n}, 2 \leqslant j \leqslant m, 2 \leqslant n \leqslant N$$

$$R_{i,j,n} = \frac{1}{R_{i,j}^{Initial}} x_{i,j}$$

$$R_{i,j,n} = \frac{1}{R_j^{max} - (R_j^{max} - R_{i,j}^{INITIAL}) * e^{\frac{lnR_{i,j}}{ln2} \sum\limits_{i,j=n_0}^{n} R_{i,j,n_0}}}$$

$$\begin{cases} \sum\limits_{i=1}^{m} x_{ij} = 1; j = 1, 2, \cdots, m \\ \sum\limits_{j=1}^{m} x_{ij} = 1; i = 1, 2, \cdots, m \\ x_{ij} = 0; 1; i, j = 1, 2, \cdots, m \end{cases} \tag{5.59}$$

以上基于 Richard 学习效应的多项目关键链资源模型研究可以为多项目关键链资源有效配置提供很好的理论支持,同时为多项目关键链资源配置提供一种实用方法。

5.4.3 基于 Dejong 学习效应的多项目关键链资源配置模型构建

在对 Wright 学习曲线及其学习效应、Richard 学习曲线及其学习效应和 Dejong 学习效应及其学习效应理论分析的基础上,提出以下三种类型的学习效应模型。当考虑多项目关键链资源的连续学习效应时,可以分为三种情况进行分析:

(1) 多项目关键链资源没有连续学习效应,但是资源本身具有学习效应,所以基于 Dejong 学习效应函数可以表示为:

$$P_{i[r]}^A = P_i(M + (1-M)r^\alpha), \quad i, r = 1, 2, 3, \cdots, n \tag{5.60}$$

其中 $\alpha \leqslant 0$ 为学习效应因子;$0 \leqslant M \leqslant 1$ 为学习效应的常数参数时,基于 Dejong 学习效应模型的多项目关键链资源配置模型可以表示为:

$$\begin{cases} R_{max}(\sigma) = R_0 + P_i(M + (1-M)r^\alpha) + P_j(M + (1-M)(1+r)^\alpha) + \sigma \\ R_{max}(\sigma) - R_0 = P_i(M + (1-M)r^\alpha) + P_j(M + (1-M)(1+r)^\alpha) + \sigma \end{cases} \tag{5.61}$$

(2) 多项目关键链资源存在连续部分学习效应,所以基于 Dejong 学习效应函数可以表示为:

$$\begin{cases} P_{i[r]}^A = P_i(M + (1-M)r^{\beta_i}), \quad i, r = 1, 2, 3, \cdots, n \\ R_{max} = \sum\limits_{i=1}^{m} (\sum\limits_{j=1}^{n} P_{ij}(M + (1-M)j^{\alpha_i}))(M + (1-M)i^{\beta_i}) = \sum\limits_{i=1}^{m} P_i(M + (1-M)i^{\beta_i}) \end{cases} \tag{5.62}$$

其中 $i, j = 1, 2, 3, \cdots, n$。多项目关键链资源存在连续部分学习效应时,根据以上分析构建基于 Dejong 学习效应的多项目关键链资源配置模型:

$$R_{\max} = \sum_{i=1}^{m} P_i(M + (1 - M)i^{\beta_i})x_{ij}$$

$s.t$

$$\begin{cases} \sum_{i=1}^{m} x_{ij} = 1; j = 1, 2, 3, \cdots, m \\ \sum_{j=1}^{m} x_{ij} = 1; i = 1, 2, 3, \cdots, m \\ x_{ij} = 0; 1; i, j = 1, 2, 3, \cdots, m \end{cases} \tag{5.63}$$

（3）多项目关键链资源存在连续全部学习效应，根据以上分析研究构建基于 Dejong 学习效应的多项目关键链资源配置模型：

$$P_{ij}^{r} = P_{ij}(M + (1 - M)(r + \sum_{k=1}^{r-1} n_k^{\alpha_i})), i, j, r = 1, 2, 3, \cdots, m$$

$$P_{i,j,r} = \sum_{i=1}^{m} \sum_{j=1}^{m} \sum_{r=1}^{m} P_{ij}(M + (1 - M)((r - 1) * \bar{n} + j)^{\alpha_i})$$

$$R_{\max} = \sum_{i=1}^{m} \sum_{j=1}^{m} \sum_{r=1}^{m} P_{ij}(M + (1 - M)((r - 1) * \bar{n} + j)^{\alpha_i})$$

$$Q_{i,k,r} = \bar{n} * \sum_{k=1}^{r-1} \sum_{l=1}^{\bar{n}} P_{kl}(M + (1 - M)((k - 1) * \bar{n} + l)^{\alpha_k}) * x_{ir} \tag{5.64}$$

$$\sum_{i=1}^{m} x_{ir} = 1; r = 1, 2, 3, \cdots, m$$

$$\sum_{r=1}^{m} x_{ir} = 1; i = 1, 2, 3, \cdots, m$$

$$x_{ir} = 0; 1; i, r = 1, 2, 3, \cdots, m$$

其中 $i, j, r, k, l = 1, 2, 3, \cdots, m$。如果考虑到 M 为函数，基于 Dejong 学习效应的多项目关键链资源学习模型可以推断：

$$\begin{cases} f(m) = (\gamma + 1)(m - 1) + c_i(1 + c_0 \log m + c_0 x)^{\alpha_i} - c_i m(1 + c_i x)^{\alpha_i} \geqslant 0 \\ f'(m) = (\gamma + 1) + \dfrac{\alpha_i c_0 c_i(1 + c_0 \log m + c_i x)^{\alpha_i - 1}}{\theta} - c_i(1 + c_0 x)^{\alpha_i} \\ f''(m) = \dfrac{\alpha_i(\alpha_i - 1)c_0^2 c_i(1 + c_0 \log m + c_0 x)^{\alpha_i - 2}}{\theta^2} - \dfrac{\alpha_i c_0 c_i(1 + c_0 \log m + c_0 x)^{\alpha_i - 1}}{\theta^2} \end{cases} \tag{5.65}$$

同时，也可以推断出式（5.66）：

$$\begin{cases} f'(m) = (\gamma + 1) + \dfrac{\alpha_i c_0 c_i (1 + c_0 \log m + c_i x)^{\alpha_i - 1}}{\theta} - c_i (1 + c_0 x)^{\alpha_i} \geq 0 \\ f''(m) = \dfrac{\alpha_i (\alpha_i - 1) c_0^2 c_i (1 + c_0 \log m + c_0 x)^{\alpha_i - 2}}{\theta^2} - \dfrac{\alpha_i c_0 c_i (1 + c_0 \log m + c_0 x)^{\alpha_i - 1}}{\theta^2} \geq 0 \end{cases}$$

$$(5.66)$$

5.4.4 基于混合学习效应的多项目关键链资源配置模型构建

本章在 Wright 学习效应、Richard 学习效应和 Dejong 学习效应模型研究的基础上,考虑到多项目关键链资源特征,提出了基于混合学习效应的多项目关键链资源配置模型:

$$R_{i,j,k} = R_{i_0} + \sum_{j=1}^{m} r_j^{\alpha_1} * \left(1 - \sum_{k=1}^{m-1} \beta_k r_k\right)^{\alpha_2} + (m-1) \max\left\{ r_1, \cdots, r_i \left(1 - \sum_{k=1}^{m-1} \beta_k r_k\right)^{\alpha} \right\}$$

$$(5.67)$$

如果多项目关键链资源学习效应出现指数相关,则可以通过多项目关键链资源配置相关理论以及学习效应理论研究,结合对指数学习效应理论的研究,提出基于混合学习效应的多项目关键链资源学习模型:

$$\begin{cases} R_i = R_0 \left(\alpha \gamma^{\sum_{k=1}^{m-1} r_k} + \beta \right) r^{\alpha} \\ R_{i,j,k} = R_{i_0} + r_i \left(\alpha \gamma^{\sum_{k=1}^{m-1} r_i} + \beta \right) r^{\alpha} + r_j \left(\alpha \gamma^{\sum_{k=1}^{m-1} r_j + r_i} + \beta \right) (r+1)^{\alpha} + (m-1) * Z \\ Z = \max\left\{ r_{1,\cdots}, r_i \left(\alpha \gamma^{\sum_{k=1}^{m-1} r_i} + \beta \right) r^{\alpha}, r_j \left(\alpha \gamma^{\sum_{k=1}^{m-1} r_j + r_i} + \beta \right) (r+1)^{\alpha} \right\} \end{cases}$$

$$(5.68)$$

结合以上学习效应理论的研究,针对多项目关键链资源特征分析,如果多项目关键链资源出现对数相关,则学习效应模型就可以结合对数表示,因此,具有对数相关的基于混合学习效应的多项目关键链资源学习模型构建为:

$$\begin{cases} R_i = R_0 \left(1 + \sum_{k=1}^{m-1} In r_j\right)^{\alpha_1} r^{\alpha_2} \\ R_{i,j,k} = R_{i_0} + r_i \left(1 + \sum_{k=1}^{m-1} In r_j\right)^{\alpha_1} r^{\alpha_2} + r_j \left(1 + \sum_{k=1}^{m-1} In(r_j + r_i)\right)^{\alpha_1} (r+1)^{\alpha_2} \\ \qquad + (m-1) * W \\ W = \max\left\{ r_1, r_2, \cdots, r_j \left(1 + \sum_{k=1}^{m-1} In(r_j + r_i)\right)^{\alpha_1} (r+1)^{\alpha_2} \right\} \end{cases}$$

$$(5.69)$$

其中 $i, j, r, k, l = 1, 2, 3, \cdots, m$;$\alpha$ 为学习因子;R 为多项目关键链资源。本书针对多项目关键链资源特征构建了 Wright 学习效应、Richard 学习效应和 Dejong 学习效应理论模型,但是在实际应用过程中还要考虑学习因子的取值以及多项目关键链资源的相关性。

如果在多项目关键链资源配置过程中不存在对数相关，则可以在学习效应理论、GBOR 模型、Wright 学习效应、Richard 学习效应、Dejong 学习效应模型以及多项目关键链资源配置相关研究基础上，进一步研究既要考虑正的学习效应也要考虑退化效应的基于混合学习效应的多项目关键链资源配置。并且，多项目关键链资源混合学习效应应该从资源 GBOR 内部和资源 GBOR 间进行区分考虑，其具体研究结果如下。

（1）多项目关键链资源考虑 GBOR 内部学习效应和退化效应配置模型为：

$$
\begin{cases}
R'_{[i][j]} = R^0_{[i][j]} * \left(\dfrac{R'_{[i][j-1]} * q^{-\eta}_{[i][j-1]}}{R_{[i][j-1]}} + \alpha(R^{[i]}_{[j-1][j]}) * \left(\dfrac{R_{[i][j-1]} - R'_{[i][j-1]} * q^{-\eta}_{[i][j-1]}}{R_{[i][j-1]}} \right) \right) \\[4mm]
R'_{[i][j]} = R^0_{[i][j]} * \left(\alpha(R^{[i]}_{[j-1][j]}) + (1 - \alpha(R^{[i]}_{[j-1][j]})) * \dfrac{R'_{[i][j-1]} * q^{-\eta}_{[i][j-1]}}{R_{[i][j-1]}} \right) \\[4mm]
R'_{[i][j]} = R^0_{[i][j]} * \left(\alpha(R^{[i]}_{[j-1][j]}) + (1 - \alpha(R^{[i]}_{[j-1][j]})) * \dfrac{R'_{[i][j-1]} * q_{[i][j-1]}}{R_{[i][j-1]}} \right)
\end{cases}
$$

$$(5.70)$$

其中，$\alpha(R^{[i]}_{[j-1][j]})$ 为资源 GBOR 内部学习效应因子；$(1 - \alpha(R^{[i]}_{[j-1][j]}))$ 为资源 GBOR 内部退化效应因子；q 为多项目关键链资源总的数量。

（2）多项目关键链资源考虑 GBOR 间学习效应和退化效应配置模型构建为：

$$
\begin{cases}
R'_{[i][1]} = R^0_{[i][1]} * \left(\dfrac{R'_{[i][i-1]} * q^{-\eta}_{[i][i-1]}}{R_{[i][i-1]}} + \alpha(R^{[G]}_{[i-1][i]}) * \left(\dfrac{R_{[i][i-1]} - R'_{[i][i-1]} * q^{-\eta}_{[i][i-1]}}{R_{[i][i-1]}} \right) \right) \\[4mm]
R'_{[i][1]} = R^0_{[i][1]} * \left(\alpha(R^{[i]}_{[i-1][i]}) + (1 - \alpha(R^{[G]}_{[i-1][i]})) * \dfrac{R'_{[i][i-1]} * q^{-\eta}_{[i][i-1]}}{R_{[i][i-1]}} \right) \\[4mm]
R'_{[i][1]} = R^0_{[i][1]} * \left(\alpha(R^{[i]}_{[i-1][i]}) + (1 - \alpha(R^{[i]}_{[i-1][i]})) * \dfrac{R'_{[i][i-1]} * q_{[i][i-1]}}{R_{[i][i-1]}} \right)
\end{cases}
$$

$$(5.71)$$

其中，$\alpha(R^{[G]}_{[i-1][i]})$ 为多项目关键链资源 GBOR 间学习效应因子；$(1 - \alpha(R^{[G]}_{[i-1][i]}))$ 为多项目关键链资源 GBOR 间退化效应因子；q 为多项目关键链总的资源数量。当学习效应为负数时，多项目关键链资源表现出来的是一种退化效应。因此，基于混合学习效应的多项目关键链资源配置模型既考虑资源有效的学习效应，同时也要考虑其退化效应。

5.4.5　算例

本书通过对基于 Wright 学习效应的多项目关键链资源配置模型、基于 Richard 学习效应的多项目关键链资源配置模型、基于 Dejong 学习效应的多项目关键链资源配置模型、基于混合学习效应的多项目关键链资源配置模型的研究，对所有 mp_j30 多项目关键链资源进行相应的配置，同时进行其云模型的特征分析，实验结果如表 5.4 所示。

表 5.4   mp_j30 多项目关键链资源配置的云模型特征

mp_j30	Ex	En	He
mp_j30_a10_nr1	$4.1633e-017$	0.9978	0.0661
mp_j30_a2_nr3_02	0.0000	1.0592	1.0592
mp_j30_a10_nr1	$4.1633e-017$	0.9978	0.0661
mp_j30_a10_nr2_05	0.0000	0.9445	0.3284
mp_j30_a20_nr3_14	$4.1633e-017$	0.9978	0.0661
mp_j30_a20_nr4_16	$6.9389e-018$	0.9860	0.1668
mp_j30_a10_nr2_05	0.0000	0.9445	0.3284
mp_j30_a20_nr5_04	$-6.9389e-018$	0.9872	0.1596
mp_j30_a20_nr5_16	$6.9389e-018$	0.9852	0.1716

通过灰云模型关联度算法对 mp_j30 进行系列计算可以得出综合系数实验结果如下：0.6291、0.5457、0.8974、0.5941、0.9487、0.6442、0.6475、0.7700、0.8948、0.6738、0.8972、0.6703、0.8926、0.9035、0.8976、0.6778、0.8373、0.8892、0.8857、0.8779、0.8798、0.8798、0.7309、0.9008、0.8683、0.7652、0.8885、0.8384。多项目关键链资源配置灰色斜率关联度结果与基于资源的多项目关键链识别的实验结果是完全一致的。

基于学习效应的多项目关键链资源配置模型构建的关键是学习因子的确定。具有不同学习效应的学习因子会产生不同的配置结果，所以学习效应影响多项目关键链资源的配置效果，学习效应越好则学习因子越高，多项目关键链资源配置效率就越高。本书针对 MMLIB100 数据库资源配置不同学习因子进行试验，基于学习效应的多项目关键链资源配置 （MMLIB100） 实验结果如图 5.17 ~ 图 5.23所示。

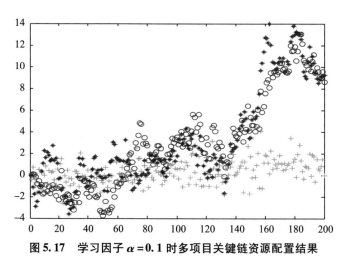

图 5.17 学习因子 α =0.1 时多项目关键链资源配置结果

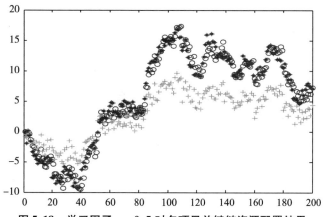

图 5.18 学习因子 α =0.5 时多项目关键链资源配置结果

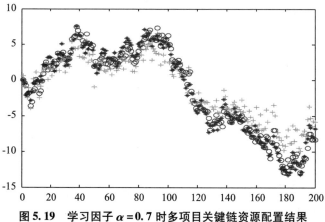

图 5.19 学习因子 α =0.7 时多项目关键链资源配置结果

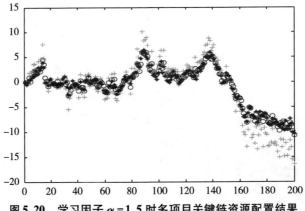

图 5.20　学习因子 $\alpha = 1.5$ 时多项目关键链资源配置结果

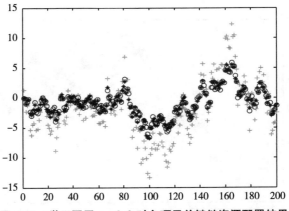

图 5.21　学习因子 $\alpha = 2.0$ 时多项目关键链资源配置结果

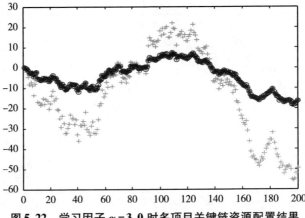

图 5.22　学习因子 $\alpha = 3.0$ 时多项目关键链资源配置结果

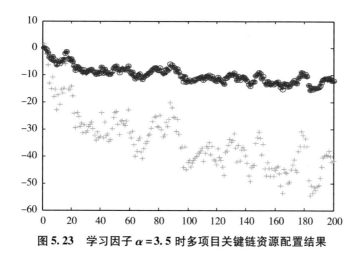

图 5.23　学习因子 $\alpha = 3.5$ 时多项目关键链资源配置结果

通过以上不同学习因子进行仿真分析可以发现，多项目关键链资源的学习因子越高，多项目关键链资源配置的效率和配置的水平就越高，因此，可以通过提高多项目关键链资源的学习效应，从而提高资源的学习因子来有效提高多项目关键链资源配置水平，所以针对同样多项目运作条件和环境应该注重提高资源学习效应。

5.5　数据驱动下多项目资源优化配置理论与方法研究

多项目管理理论及其方法是目前项目管理中的一个热点领域，本书对多项目资源配置问题及其特征参数以及多项目资源配置模型构建等进行了具体的探索。多项目管理近几十年来在世界各国的社会和经济发展中扮演重要的角色，工业的高质量发展也离不开项目资源优化与有效配置。然而，伴随着世界经济全球化快速发展，多项目管理的实施往往以项目组合和项目数据集的方式出现。因此，多项目及其资源配置理论与方法由此而产生，同时减少资源消耗、保护生态环境为核心的多配置理论与方法也应运而生，由此企业必须要开辟新的节约型项目资源和可持续发展项目。经济社会的发展依赖于项目资源的消耗，导致环境问题日益严重，生态日益恶化。因此，随着工业化加速发展，生态失调、资源短缺、环境污染越来越威胁人类社会经济的高质量发展，经济的高速发展与资源紧缺的矛盾日益紧张，在这种情况下需要一种新的资源消耗模式。大量研究强调需要将可持续性纳入可持续项目管理概念，也有实验表明项目的可持续性管理与项目成功与否以及在减少环境影响方面存在显著的相关关系，因此，对实现双碳目标，有效提高项目资源配置的效率具有很好的理论研究价值，也具有很好的实践研究意义。

多项目是产业发展的一部分，是有全球竞争力、有国内竞争力的产业在保存竞争优势情况下形成的产业链条，这其中包括产业和企业间的项目关联、企业与企业间的项目关联。多项目和产业的关系应该是以项目支撑产业，进而形成多项目和产业间的资源的合理互动、大企业与中小企业间的资源科学互联，以及整条产业链间紧密联系和平等互利的资源合作。因此，要坚定不移地实施项目的绿色低碳战略，系统推进多项目资源的优化配置，从而推动绿色低碳产业的高质量发展。以多项目低碳技术为载体，从而优化产业低碳项目资源配置，促进从技术到低碳效益的转化。因此，多项目资源的有效配置对于实现经济的高质量发展与生态环境的绿色发展具有重要作用。实现数据驱动下多项目资源的优化配置，可以从整体把握多项目资源的高级化配置、高效化配置和协同化的资源优化配置理论与方法。多项目资源的有效配置是指项目资源高效利用，为多项目资源的合理结构进一步优化，有助于推动产业结构、能源结构向合理化与低碳化发展，有效解决多项目耗能偏高和项目资源短缺的约束，有助于减少多项目资源配置过程中不必要的环境污染与资源的浪费，进而促进产业与多项目的全面绿色转型和低碳集约发展，从而实现双碳驱动下的绿色发展目标。随着可持续性对项目管理部门的重要性增加，将多项目管理技术及其资源配置技术应用于可持续性目标的必要性也会越来越大，其理论与实践意义也越来越重要。

可持续项目管理（sustainable project management）日益成为多项目管理的一种趋势。目前很多企业针对双碳目标驱动制定多项目资源有效配置的科学路线图，因此，可持续项目管理已经成为多项目管理中的重要课题。通过多项目的资源优化配置增强低碳项目资源综合利用水平，减少项目资源错配带来的效益产出损失和碳排放强度提升。在数据驱动下多项目资源配置过程中，以低碳技术为依托，通过项目的低碳化与产业低碳化实现项目的可持续性发展。企业低碳项目运作过程中，可以通过改善项目的资源结构提高多项目资源配置效率。为减少资源的消耗与环境的污染，通过不断优化项目资源配置，大力提高多项目经济效益与环境效益，同时，可持续项目管理是绿色项目管理，从环境的可持续等方面思考项目管理中的资源应用问题。在以上研究背景下，以"资源减量化-资源再利用-资源效率化"为优化配置的原则，以项目资源低消耗、高效率为基本特征的绿色项目管理及其资源优化配置方法，就更加符合多项目资源的有效配置要求。在企业实践中考虑项目的资源选择是否符合可持续发展，是否在多项目实施过程中考虑资源节约和环境保护的要求，从而有针对性地制定可持续项目管理及其可持续实施方案。以多项目资源优化配置为例，企业可优先考虑以最终可交付的成果是否节能为目标作为应用的标准；而对于多项目资源配置中的绿色项目管理工作，可通过资源利用的效率指标来监控。因此，推进可持续项目管理应该集思广益，并且要应用多项目管理理论与方法寻求突破性的创新，引入新兴的数字技术以及先进的管理模式提高多项目资源的配置效率。

多项目资源配置的研究是在资源约束理论基础上发展起来的一种项目管理的理论与方法，必须要考虑多项目资源内部以及资源间的各种依赖关系。由于随着项目中资源数据变化而对项目资源配置模型求解算法进行的修订是一个反复且连续过程，应用多项目资源优化理论如何对多项目管理进行资源优化配置、合理有效分配各类项目资源，从而实现多项目资源优化配置最大化目标成为多项目管理中的关键问题。多项目资源优化过程应该结合项目自身的资源特征情况，同时积极通过项目资源配置模型与算法实现资源的有效配置。多项目资源优化配置过程中将网络技术与优化算法相结合实现对多项目资源的优化配置，提升多项目资源优化配置效率。结合现实需要对多项目资源进行优化，从资源的属性特征分析多项目资源优化配置机理，从而通过对多项目管理资源配置的相关机制的探索，实现科学优化资源配置的过程。因地制宜地引入科学的多项目管理理论与资源配置理论，通过多项目资源优化配置方法提升多项目资源配置的能力，最终实现多项目资源优化配置效率。在多项目资源优化配置中各项目资源需求复杂，很容易发生资源冲突。资源浪费问题是企业也是我们迫切需要解决的关键问题。针对多项目资源配置问题旨在通过合理优化配置方法，实现多项目资源配置的经济效益最大化与生态效益的最大化，同时从资源属性特征视角对多项目资源的科学配置在解决项目资源冲突与共享等方面具有一定的比较优势。因此，面对多项目管理中普遍存在的资源冲突问题，如何科学有效地进行多项目资源的有效配置与管理将成为多项目管理的重要研究任务。因此，关于多项目资源配置理论与方法及其应用的课题具有重要的研究意义。

数据驱动下多项目资源属性特征的不确定问题的求解更加复杂，因此，有必要考虑项目资源的模糊性、区间性以及关联性。因此，本书在资源属性理论、项目反应理论研究的基础上提出了基于云模型的项目反应理论与混合项目反应的多项目资源配置理论方法；同时考虑项目资源属性还具有信息不完备性及波动性等特征，本书在资源分布的不确定性以及资源属性特征的多样性研究基础上，从资源属性特征视角，应用该混合项目反应理论对多项目数据集进行多项目资源的有效配置，也可以应用数据集验证基于云模型的项目反应理论与混合项目反应理论的有效性；然后，通过项目数据集的比较研究，得出基于混合项目反应理论的多项目资源配置的优越性能；通过相关项目数据集进行多项目资源配置的仿真实验，同时也应用相应算例对多项目资源的有效配置进行具体深入探讨；通过对比实验结果阐述了数据驱动下基于混合项目反应理论的多项目资源配置具有很好的鲁棒性。对其鲁棒性的研究具有很好的理论参考和应用价值。

5.6 数据驱动下基于项目反应理论的多项目资源优化配置方法研究

参数的有效估计可以作为项目反应理论（item response theory，IRT）的研究方法。多项目具有不确定性、复杂性以及渐进性特征，其项目资源配置过程中极易出现不确定情况，所以多项目所有资源和任务间关系对资源的有效配置应该根据项目资源的属性特征实际情况进行动态的调整。因此，如何有效控制多项目资源的有效配置，已经成为多项目管理研究的重要问题。为了更好地反映多项目活动间资源属性关系，提高多项目资源的有效配置的准确性，目前常用的项目属性特征估计方法有极大似然估计方法（maximum likelihood estimate，MLE），采用设计项目资源属性的结构矩阵（design structure matrix，DSM）分析活动间信息流，计算项目信息交互和信息资源紧密性，最后，通过多项目资源属性的特征分布来进行多项目资源的有效配置，可以结合具体多项目案例集的仿真实验分析，并利用相关的估计方法实现对多项目资源的有效配置进行动态监控。通过对项目属性特征参数积分，获取项目属性特征边际分布似然函数（marginal distribution likelihood function，MDLF），再由项目属性特征的分布对相关参数进行估计。将项目反应理论与方法应用到马尔科夫链蒙特卡罗法（Markov chain monte carlo，MCMC）模拟实验中，解决多项目资源配置过程中的复杂运算问题。由于在资源配置过程中要考虑项目的资源冲突与资源的共享，可以通过设置项目资源属性的特征分布函数来规避项目实施过程中不确定性因素的影响。因此，针对现代项目的复杂性因素和其不确定因素，可应用云模型与特征分布函数来提高多项目资源配置的鲁棒性，从而提高项目资源的配置效率与精度，有效提高多项目资源配置的效率。本书在多项目及其资源理论研究基础上，针对多项目资源的依赖关系与分布特征等问题，从项目资源属性特征视角，应用高斯云模型理论结合多项目资源属性特征来进行资源有效配置，同时从资源属性特征视角提出了基于混合项目反应理论的多项目资源配置方法。因此，多项目资源配置方法将会是学术界和企业界广泛关注和高度重视的热点领域，也将会是未来项目管理领域的一个研究的热点。

项目反应理论与方法（item response theory，IRT）是一系列统计学模型，同时，项目反应的参数估计是应用 IRT 的条件与前提。通过应用常用极大似然方法、贝叶斯函数等方法进行项目反应参数估计，从而使得所估计出的参数不受属性特征的分布情况影响。因此，该混合项目反应理论与方法具有项目特征参数不变性的优点。项目反应理论根据不同实际情况同时用贝叶斯方法估计时，结合资源属性特征分布，应用多项目条件概率得到参数后验分布，通过贝叶斯推断，根据已知多项目的项目参数利用贝叶斯方法迭代以及其所有项目反应函数都是收敛的。在项目资源配置过程中将传统参数估计方法初始值估计方法引入参数估计中，再通过项目反应的初始值进行反复迭代，最后在项目资源配置过程中应用项目反应特征分布使多项目资源配置快速平稳。当项目资源配置过程中资源样本量较小时，其资源属性的初始值对于项目反应参数估计精度影响较小；当样本量或项目量适中时，初始值对于资源属性特征的参数估计精度有一定影响；项目资源属性的测验函数要针对资源属性特征分布；当样本量较大时，其资源属性的初始值对于项目反应参数的影响较大。在资源属性的测验函数有较准确的初始值时，其估计精度明显高于随机的初始值的估计精度。因此，在项目资源配置过程中要有效处理资源属性相依问题是项目反应模型得以应用的条件，项目资源属性特征函数亦称项目特征曲线（item characteristic curve，ICC）。通过添加随机效应因子，建立联合的资源属性的分布函数，同时，项目反应理论后验分布可由先验分布函数组成。本书应用云模型、项目反应理论以及基于云模型的混合项目反应理论与方法，对多项目资源属性特征进行仿真实验结果如图 5.24 ~ 图 5.26 所示。

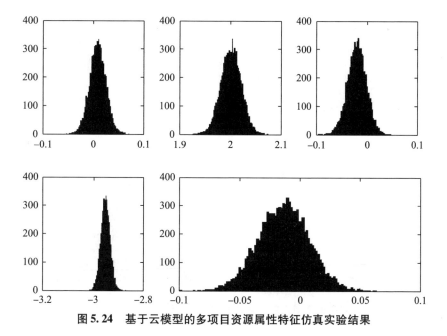

图 5.24　基于云模型的多项目资源属性特征仿真实验结果

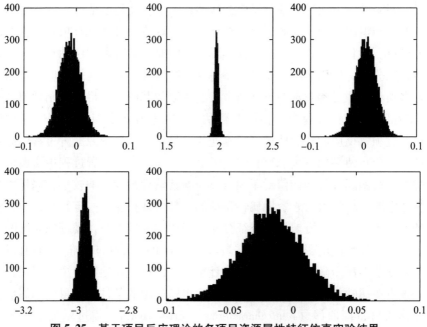

图 5.25   基于项目反应理论的多项目资源属性特征仿真实验结果

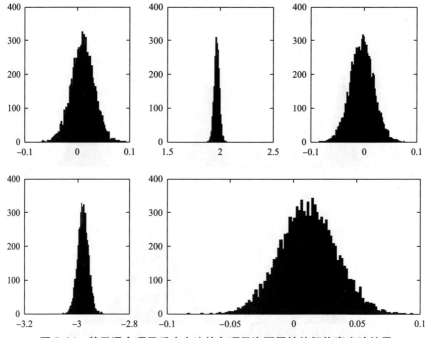

图 5.26   基于混合项目反应方法的多项目资源属性特征仿真实验结果

通过以上多项目资源属性特征仿真实验结果可以分析得出：多项目资源配置过程中，项目资源属性特征具有不同的特征分布，不同多项目资源属性特征其概率分布完全不一样；同一多项目中其资源属性特征可以有不同的计算方法；但是不同的资源配置方法，其配置的结果与配置的误差也会不一样。由于基于混合项目反应理论方法有云模型能在不确定环境下处理属性特征数据的进行转换处理，根据多项目资源属性具体的特征分布，能准确对多项目资源配置的不确定性，针对具体的概率分布采用不同的计算方法。同时，仿真结果得出的研究结果给项目管理中资源配置方法提供了很好的条件，在实际的项目管理过程中能提高资源的配置效率。因此，应用基于混合项目反应理论提高项目资源配置的效率与精度。

下面针对不同资源属性的条件概率分布函数，进一步剖析多项目资源配置的机理。针对项目反应不同的条件概率分布连续概率函数威布尔分布（Weibull distribution）、伽玛分布（gamma distribution）进行仿真实验，其基于条件概率分布特征的项目反应仿真实验结果如图 5.27 所示。

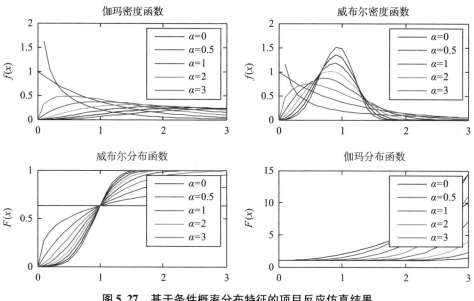

图 5.27　基于条件概率分布特征的项目反应仿真结果

通过以上基于条件概率分布的项目反应仿真结果分析可以得出，威布尔分布的效果明显要好，因此在以后的实验过程中采用基于威布尔分布的项目反应理论方法来分析。针对基于威布尔分布的项目反应理论的 MCMC 实验通过回归分析得出混合项目反应理论的 MCMC 实验结果如图 5.28 所示。

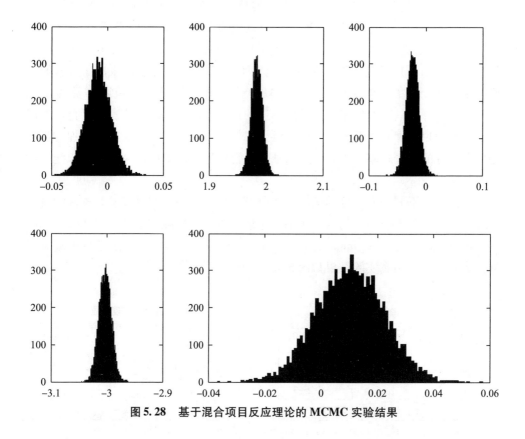

图 5.28　基于混合项目反应理论的 MCMC 实验结果

通过以上仿真实验的结果可以分析得出混合项目反应理论的 MCMC 具有很好的鲁棒性。在项目反应理论分析中要针对相应的项目反应数据集进行分析,基于 MCMC 的项目反应理论方法具有降低参数估计复杂度以及估计的精确度进行分析。当待估多项目资源属性的参数数量较多时,基于 MCMC 的项目反应理论方法算法估计资源配置的精度会差一些,因此在实际的多项目资源配置与管理问题中,不确定情形下非确定性数据呈现多样化,这样必然面临多项目资源配置方法的最终选择。因此,本书将探索以非确定性数据的何种形式解决多项目资源配置效率问题;基于云模型的多项目资源配置计算方法是以概率统计为基础,分析云模型的多项目资源属性特征内涵;利用云模型、贝叶斯函数、集对联系度以及可变模糊方法构建的混合方法来解决多项目资源配置问题,并将其应用于多项目资源配置过程中,能有效提高混合算法的有效性和鲁棒性。因此,本书针对资源属性视角对数据驱动下多项目资源配置,应用多项目理论、资源理论、混合项目反应理论，结合项目资源的属性特征提出了合理、科学、有效的数据驱动下的多项目资源配置理论与方法。

以多项目资源配置中资源的属性特征及其分布特征为切入点，采用有效的多项目资源配置模型与算法对其问题进行数学描述和模型求解。通过剖析项目资源属性特征分布函数，探索项目资源配置过程中各种资源问题的有效控制，开发出一种提高资源配置效率的方法。在资源配置过程中，多项目资源集首先必须要设计项目进度计划，按项目完工率以及项目活动偏差绝对值以及自由时差来设计项目资源的需要量等。基于多项目软件测试实验结果发现其统计指标值都优于以传统资源配置的优化方案；同时，也发现多项目资源配置过程鲁棒性指标在项目整体方案中具有较好的效果。针对多项目资源属性特征及其分布特征来提高资源配置的效率，在项目资源配置执行过程中对贝叶斯与威布尔（Bayes-Weibull）分布参数估计，最后通过项目数据集验证所提方法与控制模型有效性。为提高多项目的资源配置的效率，可以提高项目中关键资源的利用效率，所以本书提出多项目关键链资源配置的理论与方法，并结合多项目关键链的识别与设置，应用云模型与量子粒子群算法，通过仿真实验结果发现该混合算法可以识别多项目关键链，并对多项目关键链的资源配置模型进行了优化求解。本书结合不同的多项目资源具有不同资源属性，不同资源属性的不同分类对资源优化配置进行深入探索。多项目资源属性特征具有分层逻辑关系，因此，在多项目资源配置过程中可以通过分析多项目资源属性的云模型分析资源属性，为多项目资源的有效配置提供很好研究机理与研究条件。

在多项目资源配置过程中可以将离散的资源属性变量通过条件概率转化为连续的随机变量进行相关的建模处理，从而提高模型参数的精度，最终提高多项目资源配置效率。可以通过贝叶斯（Bayes）分析，利用 MCMC 方法，结合混合项目反应理论（IRT）进行参数估计。一般情况下，很少有用 MCMC 与 IRT 方法在项目反应模型中进行参数估计，所以本书尝试应用 EM 算法（MMLE/EM）方法、边际似然估计方法以及蒙特卡洛方法。这些方法可以有效降低参数估计复杂度，从而具有良好的精确度优势。因此，本书在项目反应理论研究基础上，对典型的多项目资源数据集的不同属性特征进行深入的实验仿真分析。应用混合项目反应方法对多项目 Multi-project problems-mp_j120 数据集的 MCMC 实验，其仿真实验结果如图 5.29 所示。

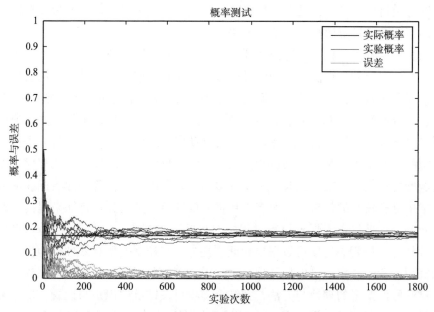

图 5.29　基于 mp_j120 系列的混合项目反应 MCMC 仿真结果

应用混合项目反应方法对多项目 Multi – projectproblems – mp_j90 系列数据集的 MCMC 实验，其仿真实验结果如图 5.30 所示。

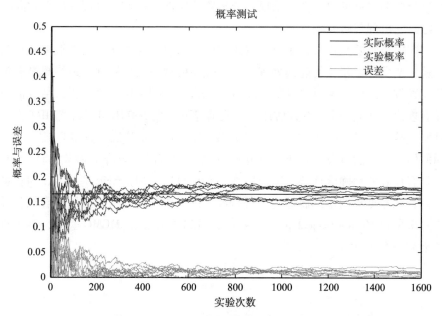

图 5.30　基于 mp_j90 系列的混合项目反应 MCMC 仿真结果

应用混合项目反应方法对 Multi – projectproblems – mp_j30 系列数据集的 MC-MC 实验，其仿真实验结果如图 5.31 所示。

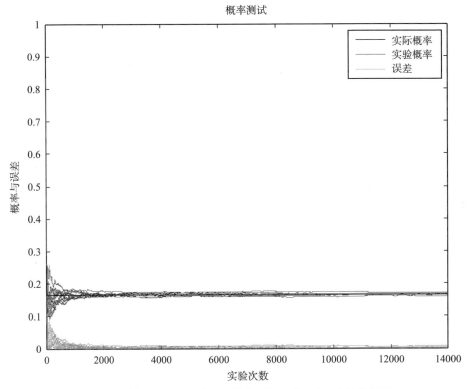

图 5.31　基于 mp_j30 系列的混合项目反应 MCMC 仿真结果

通过以上多项目数据集的仿真实验结果分析可看出多项目资源配置过程多项目资源 mp_j30 数据集的 MCMC 比较平稳，从而可以验证该多项目资源配置过程中资源属性分布的区间弹性不是很大，可以对多项目资源配置进行项目资源的动态调整以适应项目任务关系变化。通过多项目数据集 mp_j120 系列的混合项目反应 MCMC 仿真结果可以发现其配置的误差最大，实验结果与其资源属性特征分布相匹配。通过所有多项目数据集 MCMC 仿真结果分析可以得出混合项目反应方法对于数据驱动下的多项目资源配置是有效的。

5.7　本章小结

随着信息技术与经济的发展，项目管理从单项目管理阶段向多项目管理阶段升级。同时，考虑到项目资源需求量大，资源执行模式多样化且资源分布不均以及项目资源波动幅度大等多种特征，多项目在关键链资源配置过程中，由项目使用的"瓶颈"资源制约着整个多项目管理的有效运行。为了提高多项目关键链资源的配置效率，针对企业项目资源受限条件下的多项目资源配置问题，提出了一种基于多项目关键链资源配置的模型和求解方法。本章主要介绍了多项目关键链资源配置问题及其特征参数；构建了基于云模型的粒计算分类向量机模型，其研究内容包含：首先，基于云模型的粒计算层次模型以及基于云模型的分类向量机模型构建；其次，对基于规则的资源配置、基于云模型的灰色关联度模型构建以及基于灰云模型的多项目关键链资源配置模型构建了基于多属性的多项目关键链资源配置模型等研究内容；再其次，应用学习效应理论构建了基于学习效应的多项目关键链资源配置模型，其研究内容包含：基于 Wright 学习效应的多项目关键链资源配置模型构建、基于 Richard 学习效应的多项目关键链资源配置模型构建、基于 Dejong 学习效应的多项目关键链资源配置模型构建以及基于混合学习效应的多项目关键链资源配置模型构建；最后，应用算例对其进行算例仿真验证。本章的研究建立在资源属性定量测定与多项目关键链资源配置有机结合的基础上，其可操作性更强、更贴近于多项目资源配置实际；其中多项目关键链资源配置模型以及基于学习效应的多项目关键链资源配置模型构建为其有效配置提供了定量测定理论基础。

第 6 章

多项目关键链资源配置
算法及鲁棒性研究

为实现多项目关键链资源有效配置，提高项目资源的配置水平，必须设计一种合适的新算法进行求解。通过前面章节构建了多项目关键链资源配置模型，接下来对多目标区间优化算法、多目标区间粒子群算法、基于云模型的混合量子粒子群算法、基于混合量子粒子群算法的多项目关键链资源配置、多项目关键链资源配置模型及算法鲁棒性等内容进行深入研究，其研究结论能有效、科学地解决多项目关键链资源配置问题，并有效提高多项目关键链资源配置效率以及多项目关键链资源配置模型与算法的鲁棒性。

6.1 多目标粒子群算法

6.1.1 多目标区间优化算法

多目标优化问题由变量、目标函数、约束条件等组成。多目标区间优化算法是一种以区间变量代替点变量的确定性全局优化方法。利用区间优化算法对多目标过程进行优化控制，不仅可以在一定精度范围内避免过程噪声、干扰对系统的影响，同时还为系统运行提供多种可行方案。但传统区间优化算法存在很多缺陷，当搜索空间较大时，往往不能解决高维多峰值优化问题，限制了算法的应用范围。本书针对不确定性复杂问题，在多目标优化研究的基础上构建动态区间多目标模型：

$$\min(\&\max)y = f(x, a) = [f_1(x, a), f_2(x, a), \cdots, f_n(x, a)]$$
$$(n = 1, 2, \cdots, N)$$

$$s.t. \begin{cases} g(x,\ a) = [\,g_1(x,\ a),\ g_2(x,\ a),\ \cdots,\ g_k(x,\ a)\,] \leqslant v_k^I \\ h(x,\ a) = [\,h_1(x,\ a),\ h_2(x,\ a),\ \cdots,\ h_m(x,\ a)\,] = b_m^I \\ a \in a^I = [\,a^L,\ a^R\,] \\ x = [\,x_1,\ x_2,\ \cdots,\ x_d,\ \cdots,\ x_D\,] \\ x_{d\_\min} \leqslant x_d \leqslant x_{d\_\max}(d = 1,\ 2,\ \cdots,\ D) \end{cases} \tag{6.1}$$

其中，x 为多目标优化 D 维决策变量，y 为多目标优化函数，$f_n(x)$ 为多目标优化函数子目标函数；$g(x)$ 为多目标优化函数 K 项不等式约束条件；$h(x)$ 为多目标优化函数 M 项等式约束条件；$x_{d\_\min}$ 和 $x_{d\_\max}$ 为优化过程中变量的上下限取值。通过区间算法可求解不确定复杂多目标问题，同时把很多复杂问题分解为基于区间优化方法的简单问题来解决，具体通过可能度理论把不确定性约束问题转换为确定性约束问题，从而把复杂问题转化为基于区间的可以解决的简单问题来考虑。其中，多目标函数 $F1 = -(100(y-x^2)^2 + (x-1)^2)$ 的图像如图 6.1 所示。

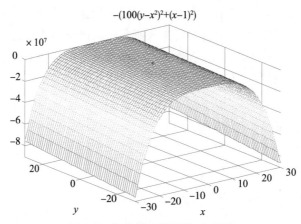

图6.1　多目标区间函数 $F1$ 图像

多目标区间函数 $F2 = 0.5(x_1^2 + x_2^2) + \sin(x_1^2 + x_2^2)$ 图像如图 6.2 所示。

多目标区间函数 $F3 = \dfrac{(3x_1 - 2x_2 + 4)^2}{8} + \dfrac{(x_1 - x_2 + 1)^2}{27} + 15$ 图像如图 6.3 所示。

多目标区间函数 $F4 = \dfrac{1}{x_1^2 + x_2^2 + 1} - exp(-x_1^2 - x_2^2)$ 图像如图 6.4 所示。

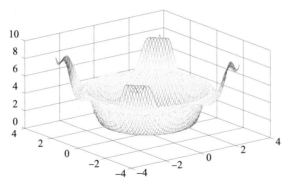

图 6.2　多目标区间函数 *F*2 图像

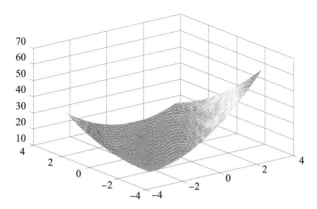

图 6.3　多目标区间函数 *F*3 图像

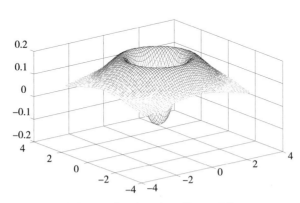

图 6.4　多目标区间函数 *F*4 图像

从以上多目标区间函数的图像可知，多目标区间函数可以通过非线性区间数
优化的区间可能度进行转换，所以多目标区间算法具有很强的算法柔性，非线性

区间数优化算法的应用可以解决很多区间不确定性问题的求解，同时非线性区间数优化算法在很大程度上扩展了不确定性优化研究的很多理论和应用领域。

6.1.2 多目标区间粒子群算法

粒子群算法 PSO 利用计算机模拟鸟群飞行以及捕食行为，通过如何相互配合和协作实现种群优化，达到粒子跟踪自身最优位置以及拓扑领域中粒子最优位置的一种人工智能仿生算法。粒子群算法构建重要原则如下：PSO 算法反应多样性原则，即群体不应将获取资源途径限制在狭窄范围内；PSO 算法邻近原则，即群体必须能执行简单空间以及时间运算；算法质量原则，即群体应能感受环境质量因素的变化；PSO 算法适应性原则，即群体应该改变其行为模式；算法稳定性原则，即群体不随环境改变自己的行为模式。

本书在 PSO 算法及以上区间优化算法研究基础上提出多目标区间粒子群（multi-objective interval particle swarm optimization，MIPSO）算法，设定多目标区间粒子群算法粒子在 D 维空间中的初始位置 $x_i = (x_{i_1}, x_{i_2}, \cdots, x_{i_d}, \cdots, x_{i_D})$ $(i = 1, 2, \cdots, N)$，多目标区间粒子群算法粒子初始速度 $v_i = (v_{i_1}, v_{i_2}, \cdots, v_{i_d}, \cdots, v_{i_D})$ $(i = 1, 2, \cdots, N)$，给每个粒子赋予初始位置以及初始速度作为优化初始状态。根据多目标优化问题目标函数和约束条件构建类似多目标粒子群算法适应度函数，再给定多目标区间粒子群算法初始条件以及适应度函数粒子搜索空间。多目标区间粒子群算法迭代过程中粒子跟踪自身最优位置 pbest 以及群最优位置 gbest，多目标区间粒子群算法追踪方程为：

$$\begin{cases} v_{i_d}^{k+1} = v_{i_d}^k + c_1 r_1 (pbest_{i_d}^k - x_{i_d}^k) + c_2 r_2 (gbest_{i_d}^k - x_{i_d}^k) \\ x_{i_d}^{k+1} = x_{i_d}^k + t_0 * v_{i_d}^{k+1} (t_0 = 1) \end{cases} \qquad (6.2)$$

其中，c_1 和 c_2 为多目标区间粒子群算法调节粒子达到最优位置 pbest 以及群最优位置 gbest 最大步长的加速常数；$r_1(x)$ 和 $r_2(x)$ 为 0 - 1 均匀分布随机数，用来模拟多目标区间粒子群算法群体行为。由于 t_0 通常为时间常数 1，多目标区间粒子群算法基本位置迭代方程表示为：$x_{i_d}^{k+1} = x_{i_d}^k + v_{i_d}^{k+1}$。在实际应用中需要对多目标区间粒子群算法参数设置 c_1 和 c_2 在 $[0, 4]$ 间取数值。算法参数取值是在区间最佳位置取最优位置的相应数值，同时为防止粒子脱离搜索优化的空间，设定多目标区间粒子群算法 v_{i_d} 在 $[-v_{d\max}, +v_{d\max}]$ 间取值。为提高多目标区间粒子群算法收敛速度和求解质量，对基本粒子群迭代方程进行改进产生带惯性权 w 的 PSO 算法，其迭代方程为：

$$v_{i_d}^{k+1} = wv_{i_d}^k + c_1 r_1 (pbest_{i_d}^k - x_{i_d}^k) + c_2 r_2 (gbest_{i_d}^k - x_{i_d}^k) \qquad (6.3)$$

其中，w 为惯性权重系数，较大惯性权重 w 能够加强多目标区间粒子群算法的全局搜索能力，而较小惯性权重 w 能够加强局部搜索能力，随着 w 减小，多目标区间粒子群算法实现从全局到局部的搜索，并最终求得全局与局部的最优解。

此外，也有研究（Baoxian Liang et al.，2021）提出在多目标区间粒子群算法引入压缩因子确保算法的收敛性，加入压缩因子的迭代方程为：

$$v_{i_d}^{k+1} = \chi \left\{ v_{i_d}^k + c_1 r_1 (pbest_{i_d}^k - x_{i_d}^k) + c_2 r_2 (gbest_{i_d}^k - x_{i_d}^k) \right\} \tag{6.4}$$

其中 $\chi = \dfrac{2}{\left| 2 - \varphi - \sqrt{\varphi^2 - 4\varphi} \right|}$；（$\varphi = c_1 + c_2$）为多目标区间粒子群算法压缩因子，可以提高多目标粒子群算法性能。本书通过粒子群算法、区间优化算法以及多目标区间粒子群算法的研究可以得出多目标区间粒子群算法粒子平均聚焦距离 $\tilde{d}$、多目标区间粒子群算法粒子间最大聚焦距离 $d_{\max}$ 以及多目标区间粒子群算法粒子聚焦距离变化率 K 为：

$$\begin{cases} \tilde{d} = \dfrac{\sum\limits_{i=1}^{n} \sqrt{\sum\limits_{i=1}^{m} (p_{gm} - x_{id})^2}}{n} \\[4mm] d_{\max} = \max \left(\sqrt{\sum\limits_{i=1}^{m} (p_{gm} - x_{id})^2} \right) \end{cases} \tag{6.5}$$

$$K = \dfrac{\left(\max \left(\sqrt{\sum\limits_{i=1}^{m} (p_{gm} - x_{id})^2} \right) - \dfrac{\sum\limits_{i=1}^{n} \sqrt{\sum\limits_{i=1}^{m} (p_{gm} - x_{id})^2}}{n} \right)}{\max \left(\sqrt{\sum\limits_{i=1}^{m} (p_{gm} - x_{id})^2} \right)} \tag{6.6}$$

由于多目标区间粒子群算法个体数目小、迭代收敛速度快、运算简单、易于实现等优点，多目标区间粒子群算法具有很广泛的应用范围。多目标区间粒子群算法中粒子可以根据基于 Pareto 最优个体极值来进行选择，通过其粒子当前位置以及历史的最优位置来进行对比，最后选择一个与实际相符的满意解为粒子个体极值。下面对基于多目标区间粒子群算法的多目标函数 Pareto 向量进行验证结果来说明其算法性能的有效性，本书实验函数如下：

$F1 = -(x_1 - 0.5)^4 - (x_2 - 0.2)^4 + 1$；

$F2 = -0.5 + (\sin \sqrt{x_1^2 + x_2^4})^4 - \dfrac{1}{2\left(1 + \dfrac{x_1^2 + x_2^4}{100}\right)^4}$；

$F3 = -(x_2 - 0.5)^4 - (x_1 \sin x_2 - 0.5)$；

$F4 = -(x_1 - 0.7)^4 - 10\cos(2\pi x_2) + 10$。

其中，多目标区间粒子群算法参数取值为：$p = 2$ 是待优化函数个数，即所需粒子群个数；$D=2$，表示 D 维搜索空间；$m=100$，表示粒子群规模；$MaxDT=100$，表示最大迭代次数；$c1=c2=2$，表示学习因子；$wmax=0.5$，表示权值最大值，$wmin=1$，表示权值最小值；$vmax=0.1$，表示权值最大值；$xmin=-1$，表示下限；$xmax=1$，表示上限。基于多目标区间粒子群算法的实验函数结果如表 6.1 所示。

表 6.1　　　　　　　基于多目标区间粒子群算法的函数实验结果

序号	F1	F2	F3	F4
1	0. 138438836637654	0. 107116955190555	− 0. 703406460426588	0. 532409675101449
2	0. 086663570552050	0. 095047961905020	− 0. 299581975851110	0. 502285998213134
3	0. 174182848110851	0. 111467504263395	0. 026592542342049	0. 497646745061741
4	0. 051638847535474	0. 066827380801157	− 0. 481947682938547	0. 493655110474734
5	0. 001219160326502	0. 027681055131301	0. 078106690348132	0. 500345798297332
6	0. 022446848880917	0. 060266891921815	− 0. 141530218038361	0. 501616893754658
7	0. 010978561256375	0. 048191185212103	− 0. 031198454109128	0. 500107764351037
8	− 0. 000102817073710	0. 007783819606906	0. 109786466411290	0. 499238512092326
9	0. 006413929969838	0. 046791132346050	0. 120394688191700	0. 499832494315271
10	0. 010695648698533	0. 049136383129726	0. 093823411583039	0. 499756388365680
11	0. 003937422521348	0. 048480636237222	0. 067051888693088	0. 500699232499408
12	0. 184903496031299	0. 116826488912065	0. 073856062129624	0. 501485466272628
13	0. 001355957737172	0. 031752962877708	0. 149842583011382	0. 499892640298888
14	0. 004674554797864	0. 047048862496382	0. 072708224172067	0. 499517344881938
15	0. 043385281394224	0. 063455517334730	0. 029712774690656	0. 501483987844835
16	0. 013876225170305	0. 052711424728308	0. 020089159205242	0. 500329350900046
17	0. 023487913941169	0. 060101161717299	0. 007314412633998	0. 500294855475202
18	0. 020390464381772	0. 064619145742443	0. 020792196662184	0. 500966462132683
19	0. 024226955974940	0. 068437150286940	0. 012646166333733	0. 499839465773617
20	0. 032427872698543	0. 084429329902658	− 0. 219106288277405	0. 501928150154520
21	0. 002893590111621	0. 036192401766896	0. 075481802635162	0. 499804913682563
22	0. 011934713666506	0. 060457434371364	0. 066396852115841	0. 498612958649291
23	0. 029776215943217	0. 064741221761963	− 0. 016307840485044	0. 498138703233860

续表

序号	F1	F2	F3	F4
24	0. 150629682422551	0. 108004302280835	0. 140571142772507	0. 499660244111140
25	0. 009789908877512	0. 050931578665029	0. 049669573902271	0. 500316187869967
26	0. 032189908416909	0. 056983245437795	0. 040908173138163	0. 499316338831296
27	0. 008524083982805	0. 054462880446909	0. 117445754638961	0. 500834615275314
28	0. 037095683962249	0. 078547597211142	0. 141516506310076	0. 501575721394929
29	0. 003796098127178	0. 027230959053242	0. 126406637179298	0. 500447851052994
30	0. 000156571973959	0. 009888407603245	0. 235583690135469	0. 499824459014826
31	0. 006874683533407	0. 044014940807207	0. 131552871828840	0. 499645639748687
32	0. 013065280781025	0. 050116126732962	0. 142386648369883	0. 499900775450889
33	0. 036376115932082	0. 074777007508880	0. 165086865513883	0. 499247474992541
34	0. 011200318776851	0. 060914586972052	0. 131141848624728	0. 500401112251544
35	0. 006091747875367	0. 046176694750010	0. 111071387190817	0. 500313217651536
36	0. 012309252100658	0. 046660390295773	0. 045261397636991	0. 499837618035205
37	0. 027411581835092	0. 067676438799533	0. 117371213303129	0. 498882054224722
38	0. 020287880055063	0. 047679287006349	0. 230624383741087	0. 499703123449244
39	0. 039142409672761	0. 087233192962669	0. 138548481380525	0. 500395848603119
40	0. 008204685080738	0. 046355014260811	0. 158151815938378	0. 498225930249245
41	0. 019744878390112	0. 062715954644322	0. 018179197201509	0. 498016844750694
42	0. 046498549827562	0. 083266922722583	0. 108469012302630	0. 500696101193912
43	0. 038934256039856	0. 079620154145595	0. 097747283911362	0. 501590261009661
44	0. 045718944332870	0. 087015428071729	0. 192486335871894	0. 500488308647882
45	0. 070569662950517	0. 083880491562090	0. 136249466745296	0. 498964381386892
46	0. 074130433307217	0. 049868473282511	0. 158087588822623	0. 499113746179003
47	0. 082079339821846	0. 078982153799632	0. 219816033002920	0. 499410979457849
48	0. 005858325056106	0. 030217552570772	0. 161046709827261	0. 499262112101141
49	0. 001309494168568	0. 035106551395639	0. 184996219520731	0. 497927812306356
50	0. 052693327283924	0. 074903888861013	0. 140344442400980	0. 499485070890445

续表

序号	F1	F2	F3	F4
51	0.106499808405461	0.067330182240415	0.124377116301462	0.499955546962077
52	0.049737153906336	0.086820395586198	0.152198389566321	0.498713173701964
53	0.012271391505579	0.063407876573236	0.118557185891584	0.500789090951651
54	0.059748779007947	0.079984601159047	0.181778700051687	0.500001701392795
55	0.007182350707380	0.044994628705243	0.106369496986030	0.496933444858318
56	0.028311613137651	0.074090886988584	0.275260280239408	0.498887957603687
57	0.035276749714561	0.068119108505511	0.174298597155842	0.498458132620899
58	0.018398812996123	0.059303292690439	0.164149889811481	0.498878446602397
59	0.017724730373242	0.061147877561301	0.229416799984821	0.498599468093871
60	0.087259472853428	0.110801090927873	0.268141848002487	0.500060922016868
61	0.025138533599246	0.052033696500143	0.296139928492164	0.499667735329447
62	0.015732190370921	0.074778835122926	0.210926317455325	0.500978252622088
63	0.053251800555326	0.090238137048483	0.237727894208217	0.499292970499502
64	0.006365915863766	0.032023220957725	0.263193322717373	0.501448338212031
65	0.019652879857307	0.053962701317858	0.334056520900436	0.497959864836247
66	0.048206842506823	0.063330248205566	0.295396187276877	0.500654771790587
67	0.069439335270074	0.044399734565123	0.265652503713111	0.500439821847981
68	0.013099803987706	0.057949862222682	0.244600657928145	0.499580800950720
69	0.014416740076318	0.056339654451476	0.266422324322419	0.500250196137362
70	0.012117224333988	0.052303264496226	0.305532364272770	0.499126078903273
71	0.042866757575654	0.089425849796620	0.312086205207292	0.500010829781512
72	0.014647138074965	0.058134128590683	− 0.056408677384264	0.498794765432105
73	0.088041986812975	0.102084985512765	0.205532364272770	0.498975149753489
74	0.090890557660351	0.095408489660995	0.179540992049498	0.498666077341443
75	0.015508456658759	0.064955261142703	0.279540992049498	0.498220217186682
76	0.022130504550377	0.075503679089671	0.060569639705176	0.499393068016345
77	0.083906502098294	0.085684293312267	0.249392149808258	0.500079250249175

续表

序号	F1	F2	F3	F4
78	0.027295599615759	0.065948187669335	0.216639604236573	0.500225643158520
79	0.007686972446238	0.034829934566585	0.144233559593972	0.499288863741454
80	−0.000087959115083	−0.004312468629715	0.261281758581385	0.499781973533050
81	0.031525187898891	0.067696065331331	0.158604428509587	0.499187353748357
82	0.043495161666248	0.080722762768860	−0.008594010632467	0.498532431799683
83	0.066343902124794	0.069243776791827	0.341841583248901	0.499840866124779
84	0.102273774248894	0.095695989072027	0.252887495462082	0.499993364181269
85	0.097427741097806	0.098420780466412	0.186682617704863	0.499829479413832
86	0.110900310094521	0.085422503540809	0.336538863373088	0.500550587358501
87	0.063572037190324	0.061386120975582	0.291483641237078	0.500164235318542
88	0.163896033773297	0.088045190537832	0.278063228327557	0.497931277694565
89	0.076041876860540	0.086341096182584	0.366426024723916	0.499321870487254
90	0.036631149052383	0.030406015500888	0.343939793326859	0.500131940026728
91	0.153224698735289	0.105774572764509	0.285276499719910	0.499966015358706
92	0.036631149052383	0.030406015500888	0.287189676986890	0.499769791524706
93	0.059736827073072	0.067027874851685	0.347925259918005	0.499587528992349
94	0.022869907090576	0.062205089212256	0.387189676986890	0.499273538602641
95	0.026102441960279	0.069621787371245	0.414726237619834	0.500619836407797
96	0.004437754638153	0.020990335771239	0.484189676986890	0.498792173268238
97	0.115122646687255	0.081766041434314	0.504618724389848	0.499304770335719
98	0.074167751678719	0.071559016333562	0.404618724389848	0.499907527996732
99	0.049539684268089	0.061436673962010	0.381075407092990	0.500404225786458
100	0.055677049481613	0.076809841761225	0.481075407092990	0.498883258924948
101	0.009090076889129	0.050091362287326	0.412792112794205	0.498914307071991
102	0.057916908344494	0.067453349159717	0.406802282755005	0.499529080847996

　　应用多目标区间粒子群算法对以上多目标函数进行 Pareto 向量的仿真实验，其实验结果如图 6.5 和图 6.6 所示。

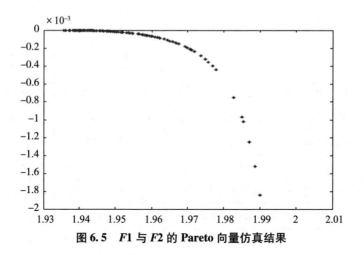

图 6.5　*F1* 与 *F2* 的 Pareto 向量仿真结果

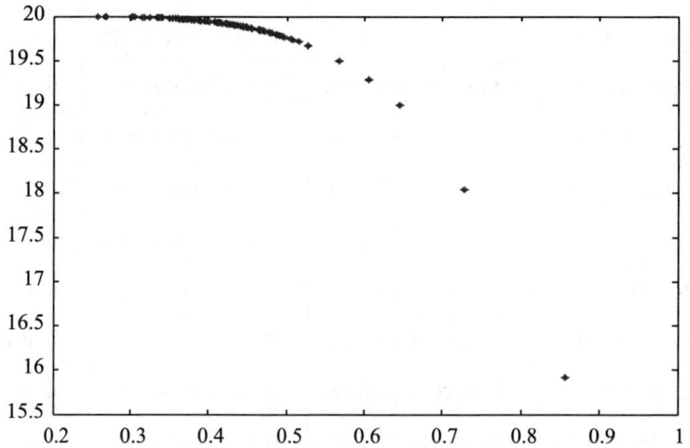

图 6.6　*F3* 与 *F4* 的 Pareto 向量仿真结果

从以上分析可以得出，多目标区间粒子群算法具有较好优化算法的性能，为以后算例实验提供了科学的实验依据。

6.1.3　算例

本书在对多目标区间粒子群算法进行深入研究的基础上，为进一步探讨多目标粒子群算法的性质及其相关机理，对多目标函数 z_1 进行仿真实验。取多目标函数 $z_1 = 3(1-x)^2 exp(-(x^2)-(y+1)^2)-,\cdots,-\frac{1}{3}exp(-(x+1)^2-y^2)$，则由 z_1 生成的图像以及其多目标区间粒子群算法机理如图 6.7 ~ 图 6.13 所示。

$3 (1-x)^2 \exp(-(x^2)-(y+1)^2)-,\ \cdots,\ -1/3 \exp(-(x+1)^2-y^2)$

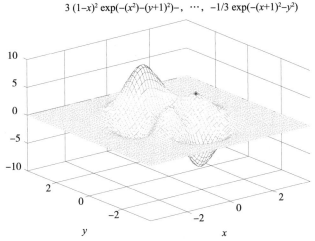

图 6.7　多目标函数 z_1 的仿真图像

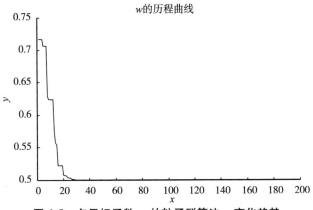

图 6.8　多目标函数 z_1 的粒子群算法 w 变化趋势

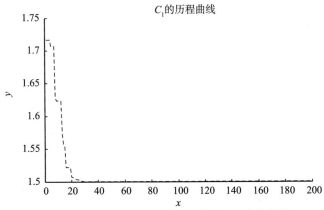

图 6.9　多目标函数 z_1 的粒子群算法 C_1 变化趋势

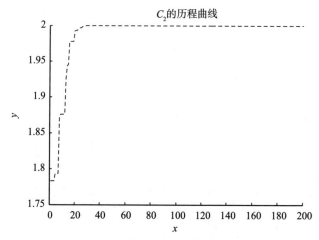

图 6.10　多目标函数 z_1 的粒子群算法 C_2 变化趋势

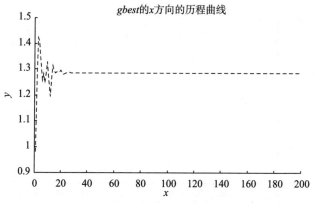

图 6.11　多目标函数 z_1 的粒子群 gbest 的 x 变化趋势

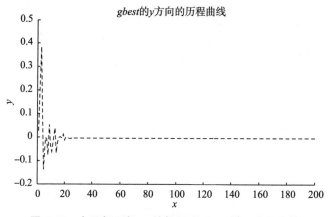

图 6.12　多目标函数 z_1 的粒子群 gbest 的 y 变化趋势

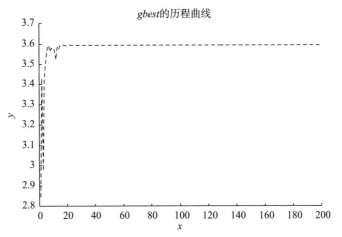

图 6.13　多目标函数 z_1 的粒子群 gbest 过程变化趋势

通过以上仿真实验可以得出，多目标区间粒子群算法多目标函数 z_1 的粒子群算法 w 变化趋势、多目标函数 z_1 的粒子群算法 C_1 变化趋势、多目标函数 z_1 的粒子群算法 C_2 变化趋势、多目标函数 z_1 的粒子群 gbest 的 x 变化趋势以及多目标函数 z_1 的粒子群 gbest 的 y 变化趋势最终都能在一个稳态，但是还是具有一定的鲁棒性幅度。

6.2　基于云模型的混合量子粒子群算法

6.2.1　区间量子粒子群算法

从量子物理角度分析一个微粒状态可以用波函数 $\psi(x, t)$ 来描述以及定量计算，波函数模平方表示粒子在不同时刻不同位置的幅值概率。量子粒子群 QPSO 算法粒子的状态描述不完全依赖粒子速度和位置，而是采用量子系统原理将其比作一个量子态。量子系统粒子状态采用波函数 $\psi(x, t)$ 的统计学理论与方法通过概率密度函数求得粒子位置概率密度，粒子位置概率密度函数一经确定其概率分布就可以与之对应，这种方法具有广泛的应用价值。通过以上分析可以利用蒙特卡洛方法模拟粒子行为得到量子粒子群算法粒子的位置更新公式：

$$x_{ij}(t+1) = p_{ij} \pm 0.5 \cdot L_{ij} \cdot \ln(1/u_{ij}) \tag{6.7}$$

其中，量子粒子群算法粒子位置服从 $(0, 1)$ 区间随机均匀分布；$p_{ij}(t)$ 是量子粒子群算法粒子局部吸引因子，其学习倾向点随机出现在 $pbest_{i,j}$ 与 $pgbest_j$ 间并定义为：

$$p_{ij}(t) = \varphi_{ij} \cdot Pbest_{i,j}(t) + (1 - \varphi_{ij}) \cdot Gbest_j(t) \tag{6.8}$$

其中 φ_{ij} 服从 （0，1） 区间随机均匀分布；$Pbest_{i,j} = [Pbest_{i,1}, Pbest_{i,2}, \cdots, Pbest_{i,n}]$ 是量子粒子群算法第 i 个粒子个体历史最好位置；$Gbest = [Gbest_1, Gbest_2, \cdots, Gbest_n]$ 是量子粒子群算法粒子当前最好位置；量子粒子群算法粒子参数 $L_{ij} = 2 \cdot \beta \cdot |p_{ij}(t) - x_{ij}(t)|$；$\beta$ 为 QPSO 算法收缩—扩张系数的可调节与控制参数：

$$x_{ij}(t+1) = p_{ij}(t) \pm \beta \cdot |p_{ij}(t) - x_{ij}(t)| \cdot \ln(1/u_{ij}) \tag{6.9}$$

L 是有效评价 QPSO 算法的控制参数；引入量子粒子群算法粒子个体平均最优位置 $Mbest$；量子粒子群算法粒子 $Mbest$ 表示其所有粒子个体最好位置；通过以上分析得出其算术平均式为：

$$Mbest = [Mbest_1, Mbest_2, \cdots, Mbest_n]$$

$$= \left[\frac{1}{M} \sum_{i=1}^{M} Pbest_{i,1}, \frac{1}{M} \sum_{i=1}^{M} Pbest_{i,2}, \cdots, \frac{1}{M} \sum_{i=1}^{M} Pbest_{i,n} \right] \tag{6.10}$$

其中 M 为量子粒子群算法粒子群体规模，$Pbest_i$ 是量子粒子群算法第 i 个粒子当前历史最好位置，由此可得参数 L 表达式为：

$$L_{ij} = 2 \cdot \beta \cdot |Mbest_j - x_{ij}| \tag{6.11}$$

经过变换量子粒子群算法粒子的位置更新公式可以表示为：

$$x_{ij}(t+1) = p_{ij}(t) \pm \beta \cdot |Mbest_j(t) - x_{ij}(t)| \cdot \ln(1/u_{ij}) \tag{6.12}$$

经过大量重复实验测试证明，在 QPSO 算法运行过程中参数 β 设置从 1.0 线性递减至 0.5，可以普遍取得满意结果，所以多数 QPSO 算法在实际应用中均采用这种调节控制方式。将式 （6.11） 和式 （6.12） 综合计算，并令 k 取值为（0，1） 间均匀分布的随机数，从而得到区间量子粒子群算法标准粒子位置更新公式为：

$$\begin{cases} x_i(t+1) = \varphi_i \cdot Pbest_i(t) + (1 - \varphi_i) \cdot Gbest(t) + \beta \cdot |Mbest(t) - x_i(t)| \cdot \ln(1/u) \\ k \geq 0.5 \\ x_i(t+1) = \varphi_i \cdot Pbest_i(t) + (1 - \varphi_i) \cdot Gbest(t) - \beta \cdot |Mbest(t) - x_i(t)| \cdot \ln(1/u) \\ k < 0.5 \end{cases}$$

$$\tag{6.13}$$

本书在粒子群算法以及量子算法等理论研究基础上对区间量子粒子群算法的优化过程进行研究，通过多次模拟实验发现规律和实际结果 （见图 6.14 ~ 图 6.25）。

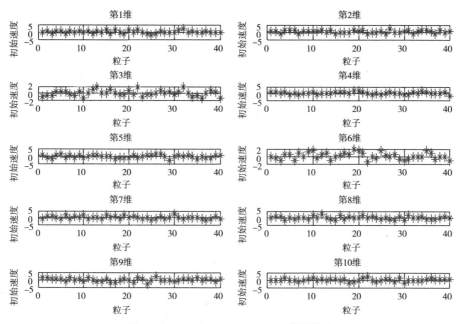

图 6.14　$N = 40$，$C_1 = C_2 = 2.0$ 粒子轨迹

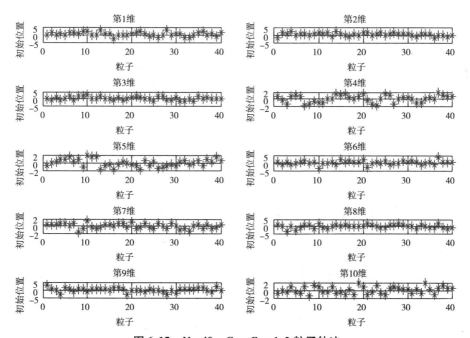

图 6.15　$N = 40$，$C_1 = C_2 = 1.2$ 粒子轨迹

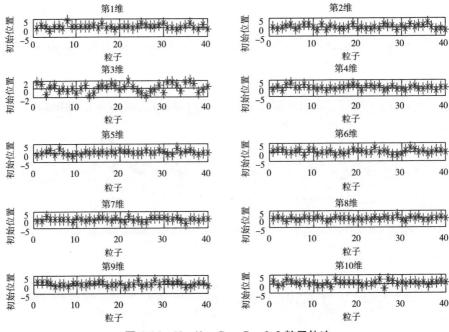

图 6.16　$N=40$，$C_1=C_2=0.2$ 粒子轨迹

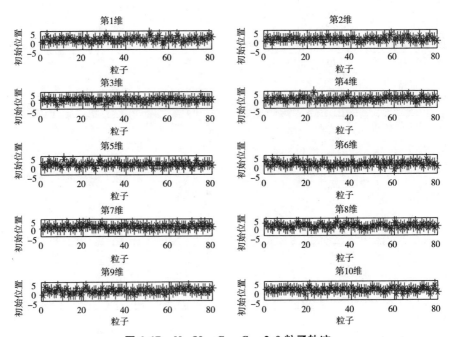

图 6.17　$N=80$，$C_1=C_2=2.0$ 粒子轨迹

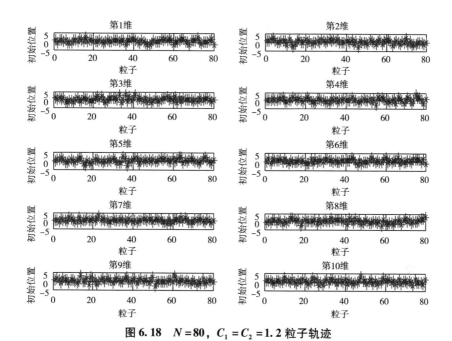

图 6.18　$N = 80$，$C_1 = C_2 = 1.2$ 粒子轨迹

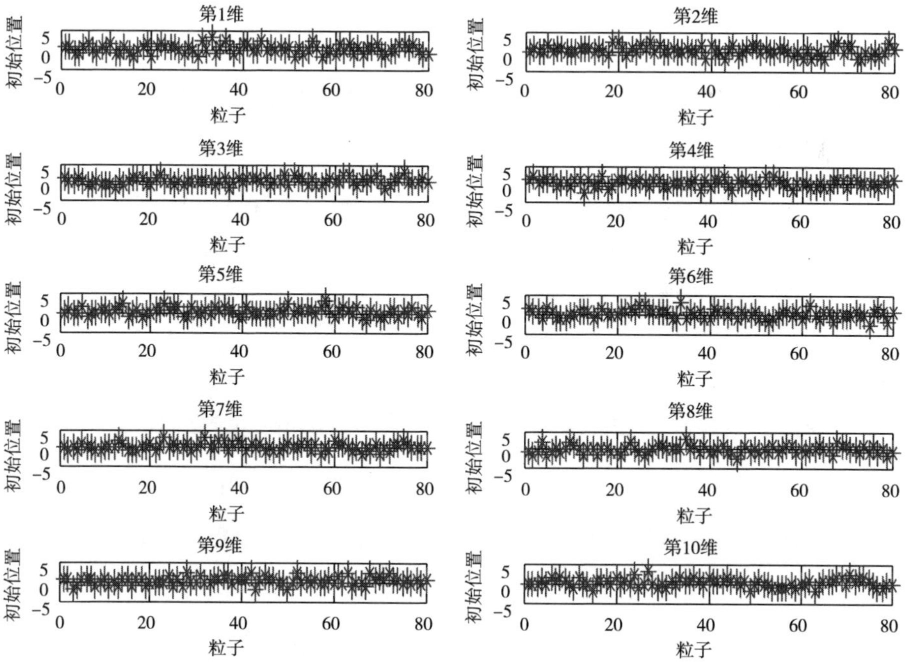

图 6.19　$N = 80$，$C_1 = C_2 = 0.2$ 粒子轨迹

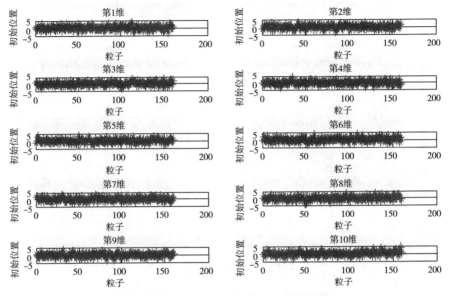

图 6. 20 $N = 160$，$C_1 = C_2 = 2.0$ 粒子轨迹

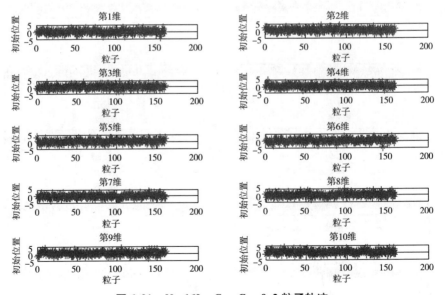

图 6. 21 $N = 160$，$C_1 = C_2 = 0.2$ 粒子轨迹

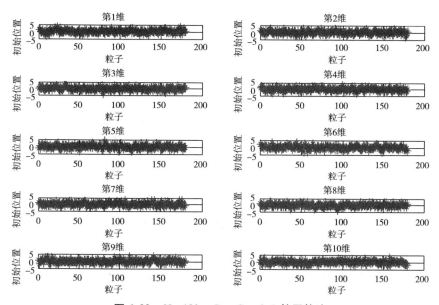

图 6.22 $N=180$，$C_1=C_2=2.0$ 粒子轨迹

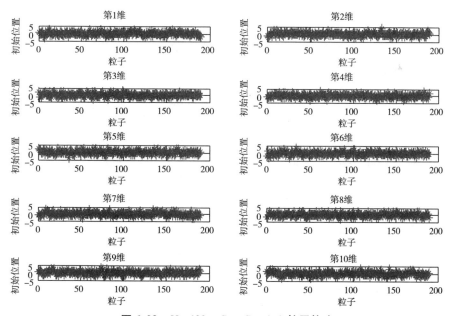

图 6.23 $N=190$，$C_1=C_2=2.0$ 粒子轨迹

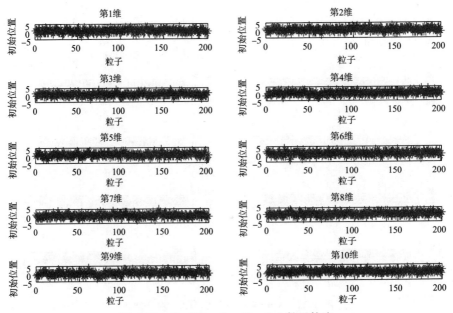

图 6.24　$N = 200$，$C_1 = C_2 = 2.0$ 粒子轨迹

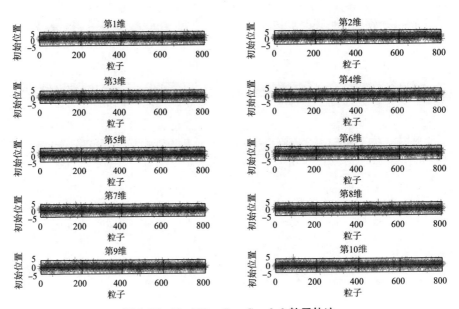

图 6.25　$N = 800$，$C_1 = C_2 = 2.0$ 粒子轨迹

通过以上分析可以得出：N 取值越大，$C_1 = C_2 = 2.0$ 时，区间量子粒子群算法中粒子轨迹比较理想。下面对基于区间量子粒子群群算法动态优化过程进行分析，研究发现：基于区间量子粒子群群算法的 Shubert 函数优化过程中粒子大部分分布在区间 [-65.5360, 65.5360]，区间量子粒子群群算法动态优化过程具体情况如图 6.26 所示。

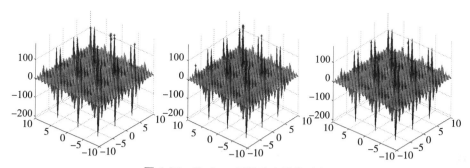

图 6.26　Shubert 函数动态优化过程

从以上仿真结果可以看出：区间量子粒子群群算法的 Shubert 函数动态优化过程比较良好，下面再对基于云模型的混合量子粒子群算法进行深入研究。

6.2.2　基于云模型的混合量子粒子群算法

在量子空间中粒子速度和位置不能同时确定，但是可通过波函数 $\Psi(x \rightarrow t)$ 来描述量子粒子状态并通过薛定谔方程求解量子粒子在空间出现的概率密度函数。波函数模平方是量子在空间中某一点出现的概率密度，计算公式为：

$$|\Psi|^2 dxdydz = Qdxdydz \tag{6.14}$$

其中，量子 Q 表示概率密度函数并且满足归一化条件，即：

$$\int_{-\infty}^{+\infty} |\Psi|^2 dxdydz = \int_{-\infty}^{+\infty} Qdxdydz = 1 \tag{6.15}$$

量子空间所有量子运动的动力学方程满足 *Schrödinger* 方程式（6.16）：

$$i\hbar \frac{\partial}{\partial t}\Psi(X, t) = \hat{H}\Psi(X, t) \tag{6.16}$$

其中 $\hbar$ 表示普朗克常数，$\hat{H}$ 表示哈密顿算子。哈密顿算子具体计算公式为：

$$\hat{H} = -\frac{\hbar^2}{2m}\nabla^2 + V(X) \tag{6.17}$$

由哈密顿算子可以推导出 $\psi(X)$ 满足以下 *Schrödinger* 条件：

$$\frac{d^2\psi(X)}{dX^2} + \frac{2m}{\hbar^2}[E - V(X)]\psi(X) = 0 \tag{6.18}$$

本书从量子力学角度出发，通过对量子算法、云模型理论、区间优化算法以及粒子群算法的研究，提出一种混合量子粒子群算法，并且该混合量子粒子群算法是采用量子旋转门 $U(\Delta\theta)$ 来更新个体，其中 $U(\Delta\theta)$ 可以用以下公式表示：

$$U(\Delta\theta) = \begin{bmatrix} \cos(\Delta\theta), & -\sin(\Delta\theta) \\ \sin(\Delta\theta), & \cos(\Delta\theta) \end{bmatrix} \tag{6.19}$$

其中，混合量子粒子群算法量子旋转角 $\Delta\theta$ 可能导致结果早熟，其收敛到局部最优解并影响收敛速度较快，因此，本书将量子旋转角 $\Delta\theta$ 设置在 0.1π 和 0.005π 间进行动态协同调整。混合量子粒子群算法中量子旋转角 $\Delta\theta$ 计算公式为：

$$\Delta\theta = 0.1\pi - \frac{0.1\pi - 0.005\pi}{n} * t \tag{6.20}$$

式（6.20）中 t 为混合量子粒子群算法进化代数；n 为混合量子粒子群算法进化过程进化总次数。混合量子粒子群算法种群初始化时编码随机性及量子态概率幅应满足约束的初始化条件可以表示为：

$$P_i = \left[\left| \begin{matrix} \cos(\theta_{i1}) \\ \sin(\theta_{i1}) \end{matrix} \right| \left| \begin{matrix} \cos(\theta_{i2}) \\ \sin(\theta_{i2}) \end{matrix} \right| \begin{matrix} \cdots \\ \cdots \end{matrix} \left| \begin{matrix} \cos(\theta_{im}) \\ \sin(\theta_{im}) \end{matrix} \right| \right] \tag{6.21}$$

其中，混合量子粒子群算法 $\theta_{im} = 2\pi rand$；$rand$ 为混合量子粒子群算法量子（0，1）间随机数；$i \in \{1, 2, \cdots, n\}$；$n$ 为混合量子粒子群算法粒子个数；m 为混合量子粒子群算法量子位数个数。混合量子粒子群算法量子染色体分别对应为量子态 $|0\rangle$ 和 $|1\rangle$ 概率表示为：

$$\begin{cases} P_{ic} = (\cos(\theta_{i1}), \cos(\theta_{i2}), \cdots, \cos(\theta_{im})) \\ P_{is} = (\sin(\theta_{i1}), \sin(\theta_{i2}), \cdots, \sin(\theta_{im})) \end{cases} \tag{6.22}$$

其中 P_{ic} 为混合量子粒子群算法量子余弦位置；P_{is} 为混合量子粒子群算法量子正弦位置；混合量子粒子群算法量子在单位空间 $I^m = [-1, 1]$ 内优化时需要进行量子单位空间与解空间变换。设混合量子粒子群算法量子变量 X^j 的定义域为其解空间 $[a_j, b_j]$，则对应的解空间变量为：

$$\begin{bmatrix} X_{ic}^j \\ X_{is}^j \end{bmatrix} = \frac{1}{2} \begin{bmatrix} 1 + \cos(\theta_{ij}) & 1 - \cos(\theta_{ij}) \\ 1 + \sin(\theta_{ij}) & 1 - \sin(\theta_{ij}) \end{bmatrix} \begin{bmatrix} b_j \\ a_j \end{bmatrix} \tag{6.23}$$

其中 $[\cos(\theta_{ij}), \sin(\theta_{ij})]^T$ 为混合量子粒子群算法量子 P_i 上第 j 个量子位；量子态 $|0\rangle$ 概率幅对应 X_{ic}^j；量子态概率幅对应 X_{is}^j。混合算法单位空间把当前位置映射到优化问题解空间，计算出适应度函数值和梯度值：

$$Ph_i(X) = [f_i(X) - f_i^{\min}] * b \tag{6.24}$$

其中$f_i(x)$表示个体x的适应度，$f_i^{\min}$表示第i代个体中最小的适应度，b是一个适应度函数常数，一般在（1，10）间取值为最佳。本书从量子力学视角在 PSO 算法、量子算法、云模型以及区间优化算法研究的基础上，提出了混合多链量子粒子群算法。混合多链量子粒子群算法应用多进制量子比特与多进制编码相对应，其q进制单基量子比特具体表示为：

$$\begin{cases} |\psi^q\rangle = \alpha_1|0\rangle + \alpha_1|1\rangle + \cdots + \alpha_q|q-1\rangle \\ |a_1|^2 + |a_2|^2 + \cdots + |a_q|^2 = 1 \end{cases} \tag{6.25}$$

混合量子粒子群算法的 3 进制量子比特可表示为：

$$|\psi^3\rangle = \alpha_1|0\rangle + \alpha_2|1\rangle + \alpha_3|2\rangle \tag{6.26}$$

所以，可同理定义混合量子粒子群算法的q进制复合基量子比特，如混合量子粒子群算法的 3 进制双基量子比特可表示为：

$$\begin{aligned} |\psi_2^3\rangle = {} & \alpha_{00}|00\rangle + \alpha_{01}|01\rangle + \alpha_{02}|02\rangle + \alpha_{10}|10\rangle + \alpha_{11}|11\rangle + \alpha_{12}|12\rangle \\ & + \alpha_{20}|20\rangle + \alpha_{21}|21\rangle + \alpha_{22}|22\rangle \end{aligned} \tag{6.27}$$

式中$|\psi_2^3\rangle$上标"3"表示 3 进制，下标"2"表示双基。因此，混合多链量子粒子群算法量子比特表示为：

$$P_i = \begin{vmatrix} \cos\theta_{i_1} \\ \sin\theta_{i_1} \end{vmatrix} \begin{vmatrix} \cos\theta_{i_2} \\ \sin\theta_{i_2} \end{vmatrix} \begin{vmatrix} \cos\theta_{i_3} \\ \sin\theta_{i_3} \end{vmatrix} \begin{vmatrix} \cdots \\ \cdots \end{vmatrix} \begin{vmatrix} \cos\theta_{i_j} \\ \sin\theta_{i_j} \end{vmatrix} \tag{6.28}$$

混合多链量子粒子群算法的量子比特由二维空间转换到三维空间，则混合多链量子粒子群算法两角变量三维空间三链基因编码表示为：

$$P_i = \begin{vmatrix} \cos\varphi_{i_1}\sin\theta_{i_1} \\ \sin\varphi_{i_1}\sin\theta_{i_1} \\ \cos\theta_{i_1} \end{vmatrix} \begin{vmatrix} \cdots \\ \cdots \\ \cdots \end{vmatrix} \begin{vmatrix} \cos\varphi_{i_n}\sin\theta_{i_n} \\ \sin\varphi_{i_n}\sin\theta_{i_j} \\ \cos\theta_{i_j} \end{vmatrix} \tag{6.29}$$

通过量子比特由三维空间转换到四维空间，则混合多链量子粒子群算法三角变量四维空间四链基因编码表示为：

$$P_i = \begin{vmatrix} \cos\partial_{i1}\sin\vartheta_{i1}\sin\theta_{i1} \\ \sin\partial_{i1}\sin\vartheta_{i1}\sin\theta_{i1} \\ \cos\vartheta_{i1}\sin\theta_{i1} \\ \cos\theta_{i1} \end{vmatrix} \begin{vmatrix} \cdots \\ \cdots \\ \cdots \\ \cdots \end{vmatrix} \begin{vmatrix} \cos\partial_{ij}\sin\vartheta_{ij}\sin\theta_{ij} \\ \sin\partial_{ij}\sin\vartheta_{ij}\sin\theta_{ij} \\ \cos\vartheta_{ij}\sin\theta_{ij} \\ \cos\theta_{ij} \end{vmatrix} \tag{6.30}$$

设混合多链量子粒子群算法量子位幅角θ_{ij}；通过量子非门运算其变为$\frac{\pi}{2} - \theta_{ij}$；通过量子位幅角更新以及量子比特转换，混合多链量子粒子群算法多角变量多维空间四链基因编码表示为：

$$P_i = \begin{vmatrix} (\sin\theta_n)_{ij}(\sin\theta_{n-1})_{ij}\cdots(\sin\theta_2)_{ij}(\sin\theta_1)_{ij} \\ (\cos\theta_n)_{ij}(\sin\theta_{n-1})_{ij}\cdots(\sin\theta_2)_{ij}(\sin\theta_1)_{ij} \\ \cdots \\ (\cos\theta_3)_{ij}(\sin\theta_2)_{ij}(\sin\theta_1)_{ij} \\ (\cos\theta_2)_{ij}(\sin\theta_1)_{ij} \\ (\cos\theta_1)_{ij} \end{vmatrix}$$

$$= \begin{vmatrix} (\sin\theta_n+\Delta\theta_n)_{ij}(\sin\theta_{n-1}+\Delta\theta_{n-1})_{ij}\cdots(\sin\theta_1+\Delta\theta_1)_{ij} \\ (\cos\theta_n+\Delta\theta_n)_{ij}(\cos\theta_{n-1}+\Delta\theta_{n-1})_{ij}\cdots(\sin\theta_1+\Delta\theta_1)_{ij} \\ \cdots \\ (\cos\theta_3+\Delta\theta_3)_{ij}(\sin\theta_2+\Delta\theta_2)_{ij}(\sin\theta_1+\Delta\theta_1)_{ij} \\ (\cos\theta_2+\Delta\theta_2)_{ij}(\sin\theta+\Delta\theta_1)_{ij} \\ (\cos\theta_1+\Delta\theta_1)_{ij} \end{vmatrix} \quad (6.31)$$

混合多链量子粒子群算法采用以上双链量子位概率幅编码,采用量子旋转门更新方法来提高混合算法性能,通过混合多链量子粒子群算法研究可以计算其粒子平均适应度 $f_{avg} = \dfrac{1}{n}\sum\limits_{i=1}^{n} f_i$;其中 f_i 为混合多链量子粒子群算法每个粒子适应度。在设计算法前要考虑其惯性权重,本书研究和混合多链量子粒子群算法惯性权重分三种情况来考虑:(1)若混合多链量子粒子群算法粒子的适应值较小,离最优解比较近,则混合算法采用较小的惯性权重;(2)若混合多链量子粒子群算法粒子的适应值较大,离最优解比较远,则混合算法,采用较大的惯性权重;(3)混合多链量子粒子群算法粒子的适应度值适中,采用中间取值的惯性权重。本书混合多链量子粒子群算法中只有一个控制参数 β,且 $\beta = \beta_{max} - (\beta_{max} - \beta_{min})e^{\frac{-(f_x - E_x)^2}{2(En)^2}}$; β 通常取值 $\beta = 1.0 - 0.2e^{\frac{-(f_x - E_x)^2}{2(En)^2}}$。本书在以上量子粒子群算法、量子算法以及云模型理论研究的基础上,分析并应用相应的函数及其算例来验证基于云模型的混合量子粒子群算法有效性能。

6.2.3 算例

本书在粒子群算法、量子算法以及云模型研究的基础上进行了区间量子粒子群算法以及基于云模型的混合量子粒子群算法的研究,下面应用基于云模型的混合量子粒子群算法对以下一系列测试函数 Ackley, Cigar, Weierstrass, Nocon_rastrigin, Rastrigin, Schwefel 进行分析,其实验研究结果如图 6.27 ~ 图 6.32 所示。

最优值：1.03106e−006 均值：0.000394636

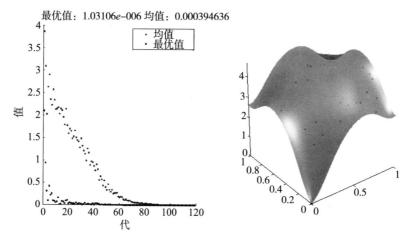

图 6.27　基于云模型的混合量子粒子群算法的 Ackley 函数

最优值：6.01801e−009 均值：0.0205796

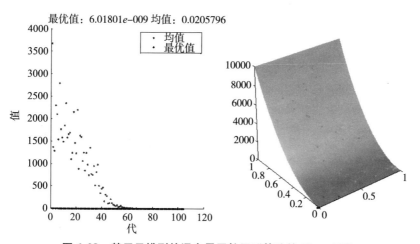

图 6.28　基于云模型的混合量子粒子群算法的 Cigar 函数

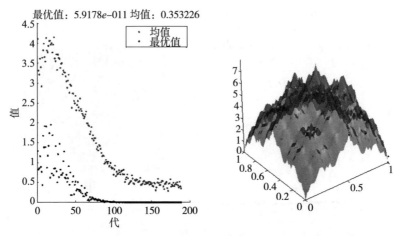

图 6.29　基于云模型的混合量子粒子群算法的 Weierstrass 函数

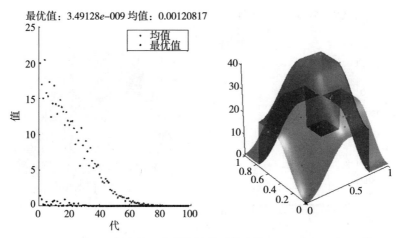

图 6.30　基于云模型的混合量子粒子群算法的 Nocon_rastrigin 函数

最优值：3.47811*e*–012 均值：1.16954*e*–005

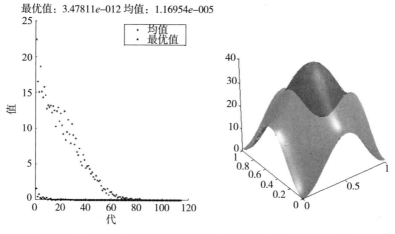

图 6.31　基于云模型的混合量子粒子群算法的 Rastrigin 函数

最优值：7.25006*e*–008 均值：0.000574588

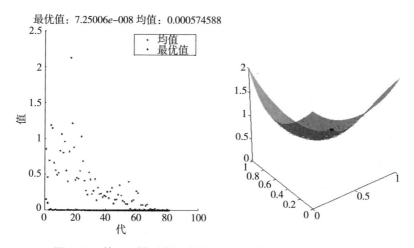

图 6.32　基于云模型的混合量子粒子群算法的 Schwefel 函数

通过函数 Ackley，Cigar，Weierstrass，Nocon_rastrigin，Rastrigin，Schwefel 实验结果可以看出，基于云模型的混合量子粒子群算法在函数优化过程中具有很好的寻优性能，因此，基于云模型的混合量子粒子群算法是一种有效的混合算法。通过以上基于云模型的混合量子粒子群算法的函数测试结果以及混合算法的迭代情况实验结果可以得出以下结论：基于云模型的混合量子粒子群算法通过对量子粒子群算法惯性权重更新机制分析提出新的混合算法，本书应用云模型控制混合算法寻优过程的关键参数，因此，基于云模型的混合量子粒子群算法在收敛精度方面收敛速度较快；该算法能有效进行最优值的搜索，同时有效避免陷入局部最优，所以，基于云模型的混合量子粒子群算法在搜索平均最优解、粒子聚集度及收敛速度等方面具有很好的优势。

6.3 基于混合量子粒子群算法的多项目关键链资源配置研究

6.3.1 多项目关键链资源配置的描述

多项目关键链资源配置问题不同于一般项目的资源配置问题，针对多项目并行出现的资源冲突，资源配置不合理以及传统的 CPM、PERT 等方法已经无法满足多项目管理需要的问题，将关键链方法运用到多项目管理中，同时考虑资源约束和工序逻辑约束可以弥补传统进度管理方法的不足。本书关于多项目关键链资源配置描述的是通过分析多项目任务和多项目资源之间对应与供求关系，并通过构建执行能力与资源供给矩阵来合理配置资源，结合多项目实际情况及链路复杂度等因素对多项目关键链资源配置模型及其算法进行分析，最后对多项目关键链资源进行有效配置。多项目关键链资源能执行多种任务并能配置项目活动多功能资源集合。多项目关键链资源执行任务能力是指所需技能或者功能。多项目关键链资源柔性能力（multi-project critical chain resource flexibility capability，MC-CRFC）是指资源具有的执行能力属性，可用多项目关键链资源能力矩阵（multi-project critical chain resource capability matrix，MCCRCM）来描述。

在多项目关键链资源配置过程中应该合理考虑资源具有的执行能力以及资源的配置效率，其中资源执行能力通过执行过程以及模式集中反应。设定多项目关键链资源效率为 ρ，满足 $0 \leqslant \rho \leqslant 1$，可以通过定量分析多项目关键链资源执行项目任务的能力，具体如下所示：如果多项目关键链项目有资源 R_1 和 R_2，资源 R_1 可以执行 C_1 能力，资源 R_2 可以执行 C_1 和 C_2 两种能力，资源的柔性效率 $\rho = 1$，那么多项目关键链资源 R_1 只有具有执行项目任务 1 的能力，其数值为 C_1；多项目关键链资源 R_2 则具有执行项目任务 1 以及任务 2 的能力，其数值分别为 C_1、C_2；如果具体情况发生变化，则多项目关键链资源表现出来的执行项目任务的能力也将相应发生变化。

通过以上理论和算例分析可知，多项目关键链资源配置过程中资源执行的能力水平直接影响着多项目任务完成的质量以及水平。本书认为多项目资源的执行能力水平直接影响多项目活动工期。多项目关键链资源执行能力水平与多项目活动存在以下函数关系：

$$D'_i = D_i * CEILING\left(\frac{\sum\limits_{r \in R^F}\sum\limits_{c \in C^F}X_{irc}}{\sum\limits_{r \in R^F}\sum\limits_{c \in C^F}RC_{rc} * X_{irc}}\right)$$

$$s.t. \begin{cases} [FRC_{Frc}] \in [0, 1]; \ \forall i \in I \\ X_{irc} = \begin{cases} 0; \ 柔性资源 FR 不执行该任务 \\ 1; \ 柔性资源 FR 执行该任务 \end{cases} \end{cases} \quad (6.32)$$

其中 D_i 为多项目实际执行活动工期；$CEILING(x)$ 为向上取整函数。本书根据多项目以及多项目关键链资源的实际不同来描述多项目关键链项目任务、多项目关键链资源执行能力、多项目关键链资源配置过程中资源的相关关系。为提高多项目关键链资源配置效率与水平，本书在研究过程中考虑多项目关键链资源属性的相关性，其多项目关键链资源数据来源如下：mp_j90_a5_nr3_set：j9021_10；j9032_2；j9033_10；j9036_5；j9044_10，其多项目关键链资源仿真计算过程如图 6.33 ~ 图 6.35 所示。

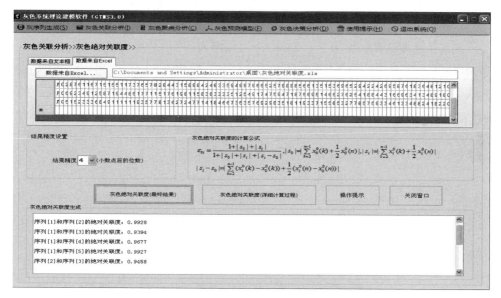

图 6.33　多项目关键链资源绝对关联度仿真结果

绝对关联度仿真结果如下：多项目关键链资源序列［1］和序列［2］的绝对关联度：0.9928；序列［1］和序列［3］的绝对关联度：0.9394；序列［1］和序列［4］的绝对关联度：0.9677；序列［1］和序列［5］的绝对关联度：0.9927；序列［2］和序列［3］的绝对关联度：0.9458。

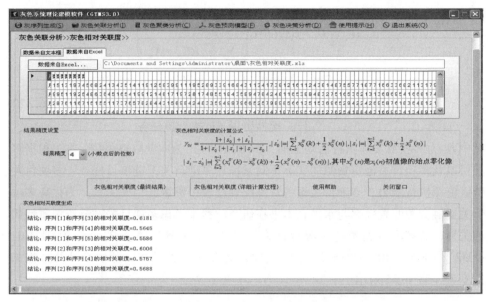

图 6.34　多项目关键链资源相对关联度仿真结果

相对关联度仿真结果如下：序列［1］和序列［3］的相对关联度 = 0.6181；序列［1］和序列［4］的相对关联度 = 0.5645；序列［1］和序列［5］的相对关联度 = 0.5586；序列［2］和序列［3］的相对关联度 = 0.6006；序列［2］和

图 6.35　多项目关键链资源综合关联度仿真结果

序列［4］的相对关联度 = 0.5757；序列［2］和序列［5］的相对关联度 = 0.5688。

综合关联度仿真结果如下：多项目关键链资源序列［1］和序列［2］的绝对关联度：0.8827、相对关联度：0.9259、综合关联度：0.9043；序列［1］和序列［3］的绝对关联度：0.9271、相对关联度：0.6181、综合关联度：0.7726；序列［1］和序列［4］的绝对关联度：0.5361、相对关联度：0.5645、综合关联度：0.5503；序列［1］和序列［5］的绝对关联度：0.5273、相对关联度：0.5586、综合关联度：0.5429；序列［2］和序列［3］的绝对关联度：0.9480、相对关联度：0.6006、综合关联度：0.7743；序列［2］和序列［4］的绝对关联度：0.5472、相对关联度：0.5757、综合关联度：0.5614；序列［2］和序列［5］的绝对关联度：0.5356、相对关联度：0.5688、综合关联度：0.5522；序列［3］和序列［4］的绝对关联度：0.5423、相对关联度：0.5152、综合关联度：0.5288；多项目关键链资源序列［3］和序列［5］的绝对关联度：0.5319、相对关联度：0.5139、综合关联度：0.5229；序列［4］和序列［5］的绝对关联度：0.8770、相对关联度：0.9546、综合关联度：0.9158。

综合以上多项目关键链资源配置仿真结果分析可得出：在多项目 j9021_10；j9032_2；j9033_10；j9036_5；j9044_10 中，多项目关键链工序相关性十分接近。本书在以上多项目关键链资源配置研究基础上，针对其资源属性相关性进行深入研究，为多项目关键链资源有效配置提供了科学依据，同时为多项目关键链资源有效配置以及算法鲁棒性提供了研究基础。

6.3.2　混合量子粒子群算法及其流程设计

本书在以上云模型及量子粒子群算法研究基础上提出了基于云模型的混合量子粒子群算法，其中混合量子粒子群算法云模型输入：混合量子粒子云滴 x_i 及其确定度 μ_i，$i = 1, 2, \cdots, N$。云模型输出混合量子粒子定性概念数字特征 (E_x, E_n, E_e)。具体计算方法如下：

①选取一段时间内混合量子粒子特征数值，根据一段时间内的粒子特征数值统计数据确定出最高粒子并选择其平均值 X 作为参考值，μ_i 表示粒子特征数值最大程度，混合量子粒子群的云模型算法的特征数值取值如下：$\mu = \begin{cases} \dfrac{x_i}{X}, & \text{当 } x_i < X \text{ 时} \\ 1, & \text{当 } x_i \geq X \text{ 时} \end{cases}$；在计算过程中将 $\mu_i > 0.9999$ 点剔除，剩下 m 个云滴；

②将 m 个云滴平均值作为期望 E_x；

③计算 $z_i = \dfrac{-(x_i - E_x)^2}{2\ln\mu_i}$，其中 $i = 1,2,\cdots,m$；

④求 z_i 的算术平均值以及方差如下：z_i 算术平均值 $\bar{z} = \dfrac{z_1 + \cdots + z_m}{m}$ 以及 z_i 方差

$$S^2 = \frac{\sum_{i=1}^{m}(z_i - \bar{z})^2}{m-1}；$$

⑤计算云模型数字特征熵 E_n 估计值：$\hat{E}_n = \left(\bar{z}^2 - \dfrac{S^2}{2}\right)^{\frac{1}{4}}$；

⑥计算云模型数字特征超熵 H_e 的估计值：$\hat{H}_e = \left(\bar{z} - \left(\bar{z}^2 - \dfrac{s^2}{2}\right)^{\frac{1}{2}}\right)^{\frac{1}{2}}$。

基于云模型的混合量子粒子群算法存在计算复杂度高、收敛慢的特点，所以本书通过用 $P_{best}(v)$ 代替 P_{best} 来对基于云模型的混合量子粒子群算法粒子本身进行变异，增加粒子多样性，同时，通过设置基于云模型的混合量子粒子群算法动态惯性权重来平衡全局搜索能力，从而提高其算法收敛特性。本书将 $p_{id}(t)$ 改为 $p_{vd}(t)$，将 $P_{best}(v)$ 代替 P_{best} 重构基于云模型的混合量子粒子群算法惯性权重函数以及基于云模型的混合量子粒子群算法速度以及位置更新方程：

$$\begin{cases} v_{id}(t+1) = \omega v_{id} + c_1 r_1(p_{vd}(t) - x_{id}(t)) + c_2 r_2(p_{gd}(t) - x_{id}(t)) \\ x_i(t+1) = x_i(t) + v_i(t+1) \\ p_{vj}(t) = (p_{1j}(t) + p_{2j}(t) + \cdots + p_{mj}(t))/m \\ \omega = exp(-20 * (iteration/iteration_{max})^{10}) \end{cases} \quad (6.33)$$

其中，基于云模型的混合量子粒子群算法 $iteration$ 表示迭代次数；$iteration_{max}$ 为最大的迭代次数。基于云模型的混合量子粒子群算法通过实验证明，显著提高了算法的收敛速度以及算法的优化精度。

应用基于云模型的混合量子粒子群算法求解过程中，需要建立粒子位置和解的映射关系，因为粒子设计直接影响基于云模型的混合量子粒子群算法优化性能。所以基于云模型的混合量子粒子群算法需要考虑以下问题：基于云模型的混合量子粒子群算法粒子间表示一种映射空间关系；具体表示为适合基于云模型的混合量子粒子群算法位置以及速度更新方式，从而保证混合算法向最优解或者次优解逼近。为了深入研究基于云模型的混合量子粒子群算法的参数特征，本书通过对量子粒子群算法参数、基于云模型的粒子群算法参数、基于云模型的量子粒子群算法参数、基于云模型的混合量子粒子群算法参数进行相关分析，其测定实验结果如图 6.36 ~ 图 6.39 所示。

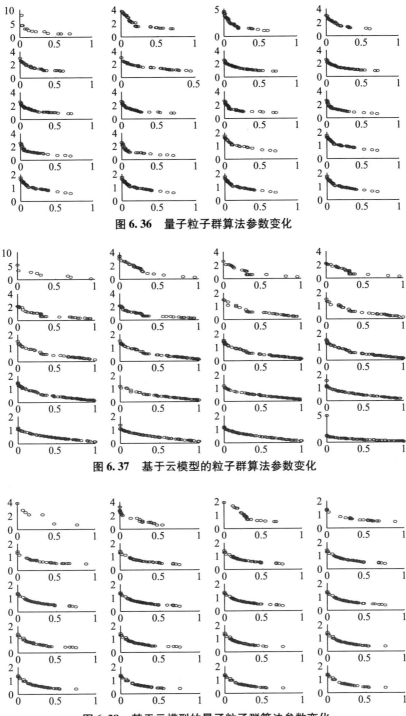

图 6.36　量子粒子群算法参数变化

图 6.37　基于云模型的粒子群算法参数变化

图 6.38　基于云模型的量子粒子群算法参数变化

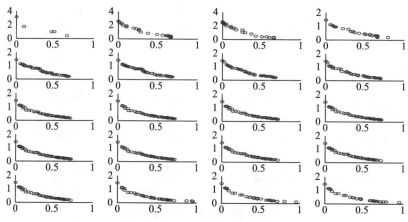

图6.39　基于云模型的混合量子粒子群算法参数变化

从以上仿真实验结果可以发现：基于云模型的混合量子粒子群算法对函数优化以及参数性能方面都具有有效性。本书提出混合算法粒子表示方法，每个粒子位置参数在［0，1］范围内；粒子群第 i 个粒子表示为 $x_i = (x_{i1}, x_{i2}, \cdots, x_{ij}, \cdots, x_{in})$，所以本书可以构造一个 $2L$ 维空间对应有 L 个多项目关键链活动数粒子表示方式，通过给每个活动随机赋予一个［0，1］间优先值来表示每个活动优先级的大小。所以基于云模型的混合量子粒子群算法应用基于优先值的粒子表示方法具有操作简便、表示合理性的优点。本书通过以上研究提出基于云模型的混合量子粒子群算法求解步骤设计如下：

STEP1：在基于云模型的混合量子粒子群算法的惯性权重 w 选择过程中，应用全面云模型相关理论进行分析，其算法惯性权重按照以下原则变化：

$$\begin{cases} Ex = w_{\max} - \dfrac{(d_i - \bar{d}_i)(w_{\max} - w_{\min})\lambda}{(d_i' - \bar{d}_i')\lambda_{\max}} \\ En = \dfrac{(d_i - \bar{d}_i)}{\theta_1} \\ He = \dfrac{En}{\theta_2} \end{cases} \tag{6.34}$$

其中 θ_1，θ_2 为基于云模型的混合量子粒子群算法控制参数；基于云模型的混合量子粒子群粒子离最优粒子平均距离为 $\bar{d}_i$；其中粒子距离小于 $\bar{d}_i$ 并求得到平均值为 $\bar{d}_i'$。在规定的搜索空间中随机初始化粒子群中每一粒子速度与位置分别是 P_{best} 和 g_{best}。本书基于云模型的混合量子粒子群算法惯性权重 w 取值区间［0.4000，

0.90000]，在实际应用过程中混合量子粒子群算法惯性权重 w 取值区间 [0.5000，0.80000] 为最优取值；控制因子 θ_1，θ_2 可按照基于云模型的混合量子粒子群算法的实际情况来设置。

STEP2：根据基于云模型的混合量子粒子群算法串行进度生成机制计算各个粒子的适应值 fitness。

STEP3：对于基于云模型的混合量子粒子群每个粒子将当前适应值与其 P_{best} 适应值进行比较；如果优于 P_{best} 则用当前的位置替换 P_{best}，否则基于云模型的混合量子粒子群 P_{best} 保持不变。

STEP4：对于基于云模型的混合量子粒子群每个粒子，将当前适应值与全体粒子的 g_{best} 进行比较，如果优于 g_{best}，则用当前位置替换 g_{best}，否则基于云模型的混合量子粒子群 g_{best} 保持不变。

STEP5：计算基于云模型的混合量子粒子群所有粒子的 P_{best} 的均值 P_{vbest}。

STEP6：基于云模型的混合量子粒子群每个粒子更新本身的速度与位置。

STEP7：基于云模型的混合量子粒子群每个粒子更新后的速度是否超出设定的最大速度 V_{max}，如超出则取最大速度 V_{max} 为更新后的速度；如基于云模型的混合量子粒子群算法速度小于最小速度 V_{min}，则取最小速度 V_{min} 来代替。

STEP8：如基于云模型的混合量子粒子群算法未达到给定结束条件或最大迭代次数时，则返回步骤 3 重新进行计算，最后达到基于云模型的混合量子粒子群算法结束条件为止。在整个基于云模型的混合量子粒子群算法加速度系数 C1 和 C2 最大取值均为 2.0，所以混合量子粒子群算法加速度系数之和最好不要超过 [0，4] 的取值范围。

6.3.3 资源配置的仿真实验结果及其分析

本书在多项目关键链资源配置理论及其算法深入研究基础上，针对经典数据集合 MP_J90 进行分析，得出 MP_J90 相关参数计算结果（见附录 A）。本书在以上研究基础上选择多项目数据库 mp_j90_a5_nr3 为研究样本做实验，其工序云参数实验结果见附录 B。下面针对数据库 mp_j90_a5_nr3 中 j9021_10；j9032_2；j9033_10；j9036_5；j9044_10 五个项目的 4 个工序，应用云模型对其工序进行仿真试验，其工序云结果如图 6.40 ~ 图 6.43 所示。

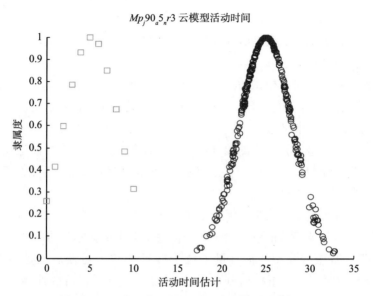

图 6.40 j9021_10；j9032_2 工序云模型仿真结果

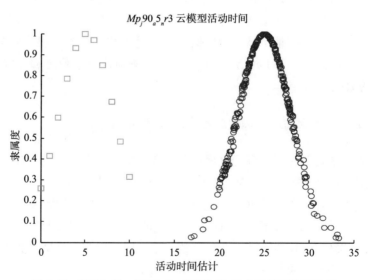

图 6.41 j9021_10；j9032_2；j9033_10 工序云模型仿真结果

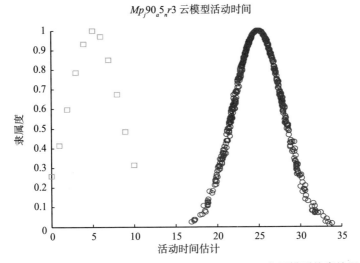

图 6.42　j9021_10；j9032_2；j9033_10；j9036_5 工序云模型仿真结果

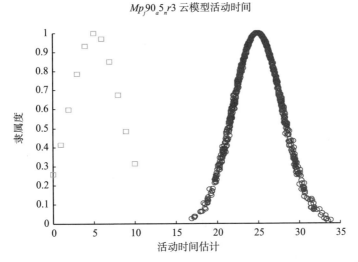

图 6.43　j9021_10；j9032_2；j9033_10；j9036_5；j9044_10 工序云模型仿真结果

从以上仿真结果可以看出，多项目关键链中相关关键工序与前面分析的结果是完全一致的。为有效解决多项目关键链资源配置模型求解问题，在云模型、量子理论等研究的基础上提出了基于云模型的混合量子粒子群算法，并通过相关算例对资源配置算法及其鲁棒性进行对比实验仿真分析，实验结果验证了该混合算法的有效性和可行性，同时也发现新算法能有效提高多项目关键链资源配置的准确度和正确性；因此，本书为有效提高多项目关键链资源配置效率提供了新的研究方法。通过数据驱动下的多项目关键链资源配置实验和分析可以得出项目 mp_j90_a5_nr5_AgentCopp9；mp_j90_a5_nr5_AgentCopp4；mp_j90_a5_nr5_Agent-Copp7；mp_j90_a5_nr5_AgentCopp6；mp_j90_a10_nr5_AgentCopp6；mp_j90_a5_nr5_AgentCopp2 为 mp_j90_a5_nr5 的多项目关键链。

多项目资源配置过程中不确定性主要表现在工序受到外界因素影响的模糊性和一定程度上表现出来的概率性，为了在多项目关键链资源配置中体现出不确定性及其大小，对云模型表示不确定工序时间进行分析和探讨。同时，针对标准量子粒子群 QPSO 算法在求解复杂多项目关键链资源配置模型时存在的早熟收敛，提出一种改进策略优势的混合量子粒子群 HQPSO 算法，通过对个体极值按照一定的概率进行变异搜索操作以增加个体多样性，有效解决求解复杂多项目关键链资源配置问题的多峰值，以及求解过程中易出现早熟收敛、陷入局部最优等问题。针对多项目数据库 mp_j90_a5_nr3 数据集，应用基于云模型的混合量子粒子群算法的多项目关键链资源配置结果如图 6.44 ~ 图 6.49 所示。

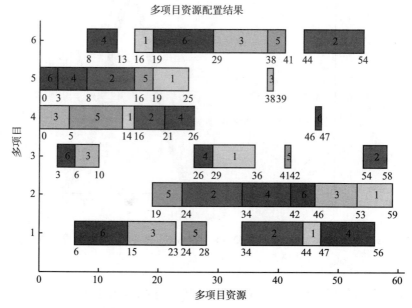

图 6.44　mp_j90_a5_nr5_AgentCopp9 配置结果

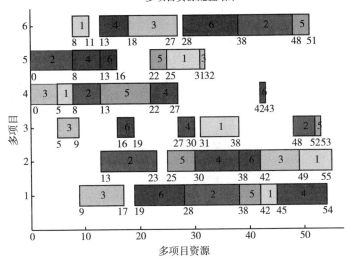

图 6.45　**mp_j90_a5_nr5_AgentCopp4** 配置结果

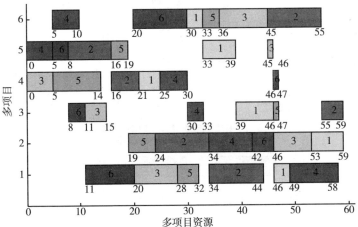

图 6.46　**mp_j90_a5_nr5_AgentCopp7** 配置结果

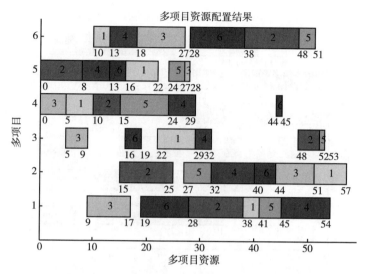

图 6.47　mp_ j90_a5_nr5_AgentCopp6 配置结果

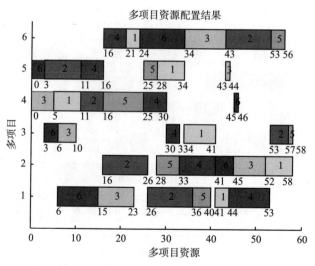

图 6.48　mp_ j90_a10_nr5_AgentCopp6 配置结果

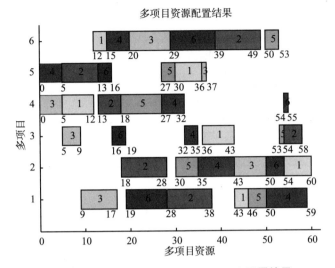

图 6.49　mp_j90_a5_nr5_AgentCopp2 配置结果

采集数据库中的数据集进行实验，从多项目关键链资源配置及其资源配置仿真结果可以得出：多项目 mp_j90_a5_nr5_AgentCopp9；mp_j90_a5_nr5_Agent-Copp4；mp_j90_a5_nr5_AgentCopp7；mp_j90_a5_nr5_AgentCopp6；mp_j90_a10_nr5_AgentCopp6；mp_j90_a5_nr5_AgentCopp2 资源配置效果很好。由于局部吸引子直接决定了粒子的收敛行为，在量子行为粒子群优化 QPSO 中起着重要作用，该算法引入一种量子行为学习策略来产生有效的局部吸引子，通过比较算子增强了局部过程优化能力。综合比较 QPSO 算法和一些最新的非线性数值优化函数进化算法可证明该算法的有效性。因为通过云模型与量子理论机制能够进一步提升该 C－HMHQPSO 算法的有效性及收敛性能。因此，在以后的研究过程中将通过混合算法的各种进化机制（包含生物进化机制）以及多样性（包含种群的多样性）控制来有效提高混合算法的搜索性能与收敛性能；同时，将针对高维多目标复杂问题提出混合算法的改进策略及其理论依据，针对更多实际的高维多目标优化复杂问题进行深入的理论探讨和应用研究。

首先，针对多项目关键链资源配置问题及其约束条件，提出多项目关键链资源配置的新方法；在灰色理论研究的基础上，提出了应用灰色理论进行资源属性测定的方法，并把灰色理论应用于多项目关键链资源属性的定量分析，为多项目关键链资源的有效配置准备了条件。其次，在粒子群算法研究的基础上应用云模型以及量子理论设计了基于云模型的混合量子粒子群算法。最后，在研究过程中通过经典多项目数据集验证了混合算法的有效性能。研究结果表明：基于云模型的混合量子粒子群算法在多项目关键链资源的有效配置过程中具有很好的理论价值及应用价值；同时也为解决多项目关键链资源配置提供了思路和方法参考；多项目关键链资源配置为多项目管理资源的平衡分配和有效配置提供了借鉴和参考。多项目关键链资源配置问题及方法的研究具有很重要的理论价值与实际意义，因此通过选择混合算法可有效提高多项目关键链资源配置鲁棒性以及多项目关键链资源的配置效率与配置水平。

6.4 多项目关键链资源配置模型及算法鲁棒性分析

6.4.1 多项目关键链资源配置模型鲁棒性

多项目关键链资源配置是一个复杂系统，在资源配置过程中应该注意多项目关键链任务间逻辑约束以及资源约束限定同一时刻任务对资源需求不超过总供给。本书通过多项目关键链资源配置问题描述并根据多项目关键链资源特点，在多项目关键链以及多项目关键链资源配置研究基础上提出多项目关键链资源强度系数如下：

$$MCCFR_{f,j}^{\rho} = \frac{1}{j-2} * \frac{1}{k} \sum_{j=2}^{J-1} \left(\frac{1}{M_j} \sum_{m=1}^{M_j} \sum_{f=1}^{F} \begin{cases} 1 r_{jmf}^{\rho} \geqslant 0 \\ 0 r_{jmf}^{\rho} < 0 \end{cases} \right) \tag{6.35}$$

同理，在多项目关键链理论与方法以及多项目关键链资源配置研究基础上，针对多项目以及多项目关键链资源属性研究提出多项目关键链资源强度系数计算过程如下：

$$MCCFR_f = R_f^{\min} + \left[R_{f,j}^{\rho} * (R_f^{\max} - R_f^{\min}) \right]$$

$$s.t. \begin{cases} R_f^{\min} = \max_{j=1,\cdots,J} \left\{ \min_{m=1,\cdots,m_j} (r_{jmf}) \right\} \\ R_f^{\max} = \max_{t=1,\cdots,T} \left\{ \sum_{j=1}^{J} \left\{ r_{jm_{jf}}^{\rho} \mid ES_j + 1 \leqslant t \leqslant EF_j \right\} \right\} \\ m_{jf} = \min_{m=1,\cdots m_j} \left\{ m \mid r_{jmf} \rho = r_{jf} \right\} \\ r_{jf} = \max_{m=1,\cdots m_j} \left\{ r_{jmf}^{\rho} \right\} \end{cases} \tag{6.36}$$

其中，第 k 种资源供给量为 R_f；多项目关键链需要 K 种关键链资源，则多项目关键链资源强度系数 $MCCFR_f = \frac{1}{j} * \frac{1}{k} \sum_{j=1}^{J} \sum_{k=1}^{k} \mathrm{sgn}(r_{jk})$，多项目关键链资源强度为 $RS_f = \dfrac{R_f}{\dfrac{1}{J} \sum_{j=1}^{J} r_{jf}}$。多项目关键链第 j 个任务，对第 k 种资源需求量为 rj_k，任务延迟

惩罚系数为 w_j，其所有多项目关键链资源能力集合记为 p_j，因此，多项目关键链资源配置问题（multi-project critical chain resource allocation problem，MCCRAP）可以描述如下：

$$\min \sum_{j=1}^{M} w_j \sum_{t=0}^{T} R_f * x_{i,J_I,t} \tag{6.37}$$

$s.t$

$$\sum_{i=1}^{N} w_i \sum_{t=0}^{T} t * R_{i,J_I,t} \leqslant R \tag{6.38}$$

$$\sum_{t=0}^{T} x_{ijt} = 1, \ \forall i, j \tag{6.39}$$

$$\sum_{t=0}^{N} (R - p_{i,j}) x_{ijt} - \sum_{t=0}^{T} R * x_{ijt} \geqslant 0, \ \forall (i, h) \in p_{ij}, \ \forall i, j \tag{6.40}$$

$$R_f - \sum_{i=1}^{N} \sum_{j=1}^{J_I} r_{ijf} \sum_{t=t}^{t+p_{ij}-1} x_{ijt} \geqslant 0, \ \forall f, t \tag{6.41}$$

$$x_{ijt} \in \{0, 1\}, \ \forall i, \ j \geqslant 0, \ \forall k, t \tag{6.42}$$

其中，式（6.37）为多项目关键链资源配置目标函数；式（6.38）表示所需多项目关键链资源要求；式（6.39）为多项目关键链项目任务独立性要求；式（6.40）为多项目关键链资源配置过程中资源的关系；式（6.41）为多项目关键链资源数量要求；式（6.42）为多项目关键链资源配置过程中的决策变量。本书在多项目关键链资源属性及其资源配置研究基础上，提出了资源配置灰色斜率关联度，主要考虑多项目关键链资源在配置过程中资源因素序列曲线的平均相对变化态势的接近程度，在提高多项目关键链资源配置过程中具有很大的研究价值和实践意义。

多项目关键链资源标准差大小（资源方差 $\delta_{资源}$）反映多项目关键链资源变化程度，同时也反映多项目关键链资源执行环境的不确定性程度。$\delta_{资源} = 0.30000$；$\delta_{资源} = 0.60000$；$\delta_{资源} = 0.90000$ 分别代表低、中、高三种执行环境的不确定性程度。下面从不确定性执行环境来分析多项目关键链资源配置模型的鲁棒性：

$$\begin{cases} R_f = R_{f_0} + \Delta R_f \\ \Delta R_f = \begin{cases} 0, & \rho = 0 \\ |1-\rho| * R_{f_0}, & \rho \neq 0 \end{cases} \end{cases} \tag{6.43}$$

数值模拟可以施加各种方向的载荷，测试实验方法能应用的边界条件。因此数值模拟仿真方法在监测、开发、优化、效果预测等方面体现了重要的价值。合理的数值模拟仿真方法对模型研究和理论分析具有指导作用，仿真实验直观性强，求解速度快，可用来判断数值模拟方法的可行性。因此，本书在多项目关键链资源配置模型及其算法研究基础上，以 mp_j120 数据库中随机的 20 个项目为实验数据，所得 mp_j120_a10_nr1 – mp_j120_a5_nr5 实验结果如表 6.2 所示。

表 6.2　　　　　　　　　Mp_j120_a10_nr1 – mp_j120_a5_nr5 实验结果

多项目名称	序号	任务	资源情况	资源	R_{f1}	R_{f2}	R_{f3}
mp_j120_a10_nr1	10	1	1.00	2.00	1.80	1.80	1.63
mp_j120_a10_nr2	10	10	5.00	1.00	1.71	1.71	1.71
mp_j120_a10_nr3	10	10	8.00	2.00	0.52	0.52	0.65
mp_j120_a10_nr4	10	10	8.00	3.00	1.79	2.27	2.28
mp_j120_a10_nr5	10	10	8.00	1.00	2.95	2.95	2.95
mp_j120_a2_nr1	2	1	1.00	2.00	1.17	0.76	1.17
mp_j120_a2_nr2	2	2	2.00	1.00	1.01	1.01	1.01
mp_j120_a2_nr3	2	2	2.00	2.00	2.27	2.27	2.27
mp_j120_a2_nr4	2	2	2.00	3.00	1.11	1.33	1.04
mp_j120_a2_nr5	2	2	2.00	1.00	0.64	0.64	0.64
mp_j120_a20_nr1	20	1	1.00	2.00	0.64	0.64	0.64
mp_j120_a20_nr2	20	20	10.00	1.00	0.84	0.84	0.93
mp_j120_a20_nr3	20	20	10.00	2.00	0.94	0.94	0.90
mp_j120_a20_nr4	20	20	10.00	3.00	0.92	0.92	0.95
mp_j120_a20_nr5	20	20	10.00	1.00	0.73	0.73	0.68
mp_j120_a5_nr1	5	1	1.00	2.00	0.61	0.29	0.61
mp_j120_a5_nr2	5	5	4.00	1.00	0.94	0.94	0.94
mp_j120_a5_nr3	5	5	4.00	2.00	1.04	1.22	1.04
mp_j120_a5_nr4	5	5	4.00	3.00	1.30	1.09	1.48
mp_j120_a5_nr5	5	5	4.00	1.00	0.72	1.92	0.72

同理，本书以 mp_j30 数据库中随机的 20 个项目为实验数据，通过 mp_j30_a10_nr1 – mp_j30_a5_nr5 仿真实验结果如表 6.3 所示。

表 6.3　　　　　　　　Mp_j30_a10_nr1 – mp_j30_a5_nr5 实验结果

多项目名称	序号	任务	资源情况	资源	R_{f1}	R_{f2}	R_{β}
mp_j30_a10_nr1	10	1	1.00	2.00	4.93	5.22	4.93
mp_j30_a10_nr2	10	10	10.00	1.00	0.89	0.89	0.89
mp_j30_a10_nr3	10	10	10.00	2.00	2.64	2.26	2.64
mp_j30_a10_nr4	10	10	10.00	3.00	1.42	1.26	1.27
mp_j30_a10_nr5	10	10	10.00	1.00	0.49	1.73	0.49
mp_j30_a2_nr1	2	1	1.00	2.00	1.17	0.79	1.17
mp_j30_a2_nr2	2	2	2.00	1.00	0.71	0.71	0.71
mp_j30_a2_nr3	2	2	2.00	2.00	0.21	0.59	0.21
mp_j30_a2_nr4	2	2	2.00	3.00	0.79	0.63	0.63
mp_j30_a2_nr5	2	2	2.00	1.00	0.77	0.77	0.67
mp_j30_a20_nr1	20	1	1.00	2.00	5.07	7.12	5.07
mp_j30_a20_nr2	20	20	20.00	1.00	2.25	2.25	2.25
mp_j30_a20_nr3	20	20	20.00	2.00	2.09	2.46	2.09
mp_j30_a20_nr4	20	20	19.00	3.00	1.51	1.08	1.48
mp_j30_a20_nr5	20	20	19.00	1.00	0.67	0.67	3.51
mp_j30_a5_nr1	5	1	5.00	2.00	0.83	0.63	0.83
mp_j30_a5_nr2	5	5	5.00	1.00	0.91	0.91	0.91
mp_j30_a5_nr3	5	5	5.00	2.00	0.93	1.11	0.93
mp_j30_a5_nr4	5	5	5.00	3.00	0.24	0.22	0.18
mp_j30_a5_nr5	5	5	5.00	1.00	0.67	1.01	0.67

同理，本书以多项目资源数据集 mp_j90 中随机 20 个项目为本配置过程中的实验数据，通过 mp_j90_a10_nr5_AgentCopp1 – AgentCopp9 仿真实验结果如表 6.4 所示。

表 6.4　　　　　　　　Mp_j90_a10_nr5_AgentCopp1 – AgentCopp9

多项目名称	序号	任务	资源情况	资源	R_{f1}	R_{f2}	R_{β}
mp_j90_a10_nr5_AgentCopp1	10	10	10.00	4.00	3.37	4.65	4.43
mp_j90_a10_nr5_AgentCopp10	10	1	1.00	4.00	1.37	1.98	2.47

续表

多项目名称	序号	任务	资源情况	资源	R_{f1}	R_{f2}	R_{β}
mp_j90_a10_nr5_AgentCopp2	10	10	10.00	4.00	5.56	4.89	4.5
mp_j90_a10_nr5_AgentCopp3	10	10	10.00	4.00	1.62	1.51	1.68
mp_j90_a10_nr5_AgentCopp4	10	1	10.00	4.00	5.12	4.72	4.74
mp_j90_a10_nr5_AgentCopp5	10	1	10.00	4.00	1.29	2.55	3.06
mp_j90_a10_nr5_AgentCopp6	10	10	1.00	4.00	4.85	6.69	6.37
mp_j90_a10_nr5_AgentCopp7	10	10	1.00	4.00	3.83	3.77	3.67
mp_j90_a10_nr5_AgentCopp8	10	10	1.00	4.00	1.91	1.91	1.90
mp_j90_a10_nr5_AgentCopp9	10	1	1.00	4.00	2.75	2.77	2.86
mp_j90_a20_nr5_AgentCopp1	20	10	10.00	4.00	2.95	2.88	3.06
mp_j90_a20_nr5_AgentCopp10	20	1	1.00	4.00	3.77	5.04	7.00
mp_j90_a20_nr5_AgentCopp2	20	10	10.00	4.00	0.59	0.61	0.61
mp_j90_a20_nr5_AgentCopp3	20	10	10.00	4.00	0.81	0.81	0.86
mp_j90_a20_nr5_AgentCopp4	20	1	10.00	4.00	2.71	2.49	2.66
mp_j90_a20_nr5_AgentCopp5	20	1	10.00	4.00	0.50	0.72	0.95
mp_j90_a20_nr5_AgentCopp6	20	10	1.00	4.00	2.12	2.26	2.36
mp_j90_a20_nr5_AgentCopp7	20	10	1.00	4.00	2.63	2.58	2.82
mp_j90_a20_nr5_AgentCopp8	20	10	1.00	4.00	1.23	1.22	1.29
mp_j90_a20_nr5_AgentCopp9	20	1	1.00	4.00	5.30	4.85	5.19

　　传统的资源受限项目资源配置问题是把项目资源等相关参数作为确定值来进行处理，但在实际项目资源配置中，由于各种不确定性因素的影响，项目资源配置结果与预期会有较大偏差，因此，基于可靠性与鲁棒性的项目资源配置日益受到关注。在日益复杂的项目建设环境下，对于不确定因素的干扰，提高项目资源配置的抗干扰能力也成为多项目管理的重点。因此，探讨资源受限项目资源配置的鲁棒性问题，不仅具有重要的理论意义，更具有重要的实践应用价值。本书在前文研究的基础上，对多项目关键链资源配置的鲁棒性研究做了以下仿真实验来分析多项目关键链资源配置的鲁棒性。针对以下多项目 MMLIB_50 + BEST_RE-SULTS、MMLIB_100 + BEST_RESULTS、MMLIB_ + BEST_RESULTS 进行多项目关键链资源配置仿真实验，其结果如图 6.50 ~ 图 6.53 所示。

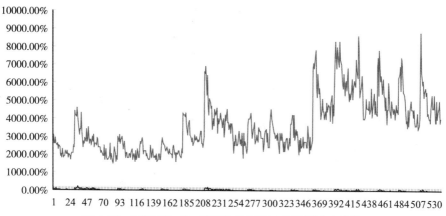

图 6.50　MMLIB_50 + BEST_RESULTS 配置波动曲线

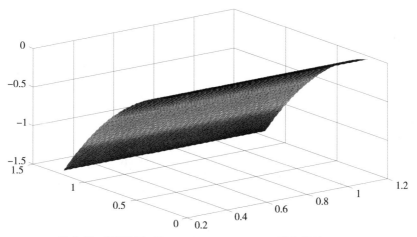

图 6.51　MMLIB_50 + BEST_RESULTS 配置鲁棒性三维图

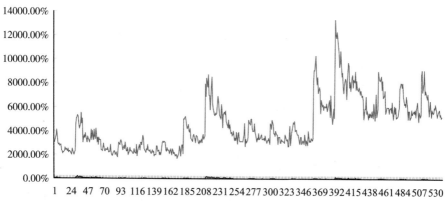

图 6.52　MMLIB_100 + BEST_RESULTS 配置波动曲线

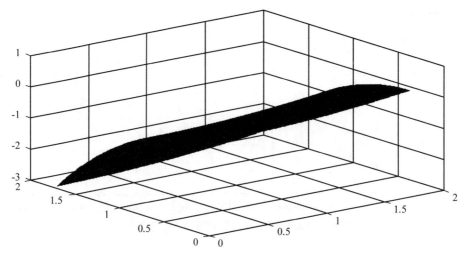

图 6.53　MMLIB_100 + BEST_RESULTS 配置鲁棒性三维图

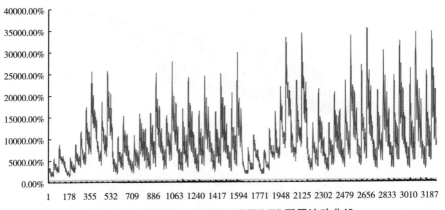

图 6.54　MMLIB_ + BEST_RESULTS 配置波动曲线

　　通过以上多项目关键链资源配置模型鲁棒性实验结果可以发现：在多项目关键链资源配置过程中，由于资源属性以及项目属性原因会导致鲁棒性现象出现，所以在配置过程中要注意资源的总体均衡性分配，注意按照实际情况考虑资源的多属性以及项目族中项目间的相互关系，最终达到多项目关键链资源的有效配置。

6.4.2　多项目关键链资源配置算法鲁棒性

　　本书在量子算法、粒子群算法、区间算法以及云模型理论研究基础上提出多项目关键链资源配置算法，国内外很多学者（Qinghua Gu et al.，2021；Mir Saber Salehi Mir，Javad Rezaeian Nithin V. George and Ganapati Panda，2012；Hadi Nobahari and Saeed Nasrollahi，2020）对有关粒子群算法及其鲁棒性进行分析，主要表现在从粒子群算法机理以及函数优化角度研究其鲁棒性，针对粒子群优化随机搜索工程相关参数进行深入研究，通过学习以及测试来提高粒子群算法的有效性能。为解决粒子群算法的鲁棒性，很多学者（Hyun Ji Park et al.，2021；Pratibha Singh et al.，2021；Arushi Gupta and Smriti Srivastava，2020）提出了自己的研究成果，基本都是通过设计参数来解决和提高算法的鲁棒性能。本书在以上研究的基础上提出了基于云模型的混合粒子群算法，同样也存在算法的鲁棒性分析。基于云模型的混合粒子群算法鲁棒性首先要确定时间度量方法，基于群体随机优化算法迭代次数是不能作为时间度量的。本书基于云模型的混合粒子群算法适应值函数计算与所需处理时间相关性随着函数复杂程度增加而提高，为了衡量基于云模型的混合粒子群算法非劣解分布，通过基于云模型的混合粒子群算法研究及其参数设计可以确定计算和测定其非劣解分布计算为：

$$\Delta D = \frac{\sum_{m=1}^{M} d_m^e + \sum_{i=1}^{N-1} |d_i - \bar{d}|}{\sum_{m=1}^{M} d_m^e + (N-1)\bar{d}} * 100\% \tag{6.44}$$

其中 d_m^e 是基于云模型的混合粒子群算法的 Pareto 前沿和非劣解间欧氏距离；d_i 为非劣解间距离；$\bar{d}$ 为平均距离。同时，也可以通过 Pareto 前沿和参考点空间来评价基于云模型的混合粒子群算法鲁棒性，基于云模型的混合粒子群算法的标准化空间指标（the standardization of spatial index，SSI）为：

$$SSI = \frac{\bigcup_{i=1}^{|A|} Hv_i}{Hv_p^*} * 100\% \tag{6.45}$$

其中 $\bigcup_{i=1}^{|A|} Hv_i$ 为基于云模型的混合粒子群算法 Pareto 前沿和参考点空间所占空间大小；Hv_p^* 为参考点空间所占的空间大小。本书针对测试函数 Binh、Fonseca、Lis、Schaffer、ZDT1、ZDT2 进行测试，其实验结果如图 6.55 ~ 图 6.60 所示。

通过以上测试函数的分析，可以得出基于云模型的混合粒子群算法对 MISA（如 Binh）问题、Veldhuizen（如 Fonseca、Lis、Schaffer）问题以及 ZDT（如 ZDT1、ZDT2）问题都具有较好的算法鲁棒性。

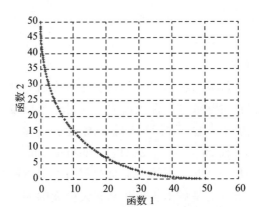

图 6.55　测试函数 Binh 的实验结果

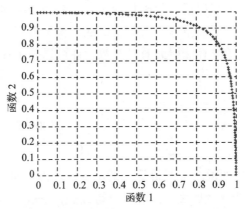

图 6.56　测试函数 Fonseca 的实验结果

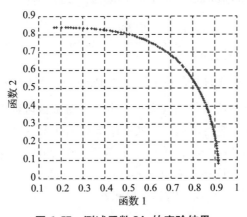

图 6.57　测试函数 Lis 的实验结果

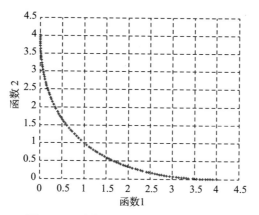

图 6.58　测试函数 Schaffer 的实验结果

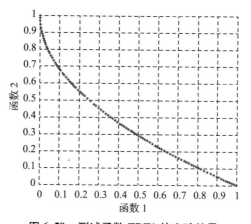

图 6.59　测试函数 ZDT1 的实验结果

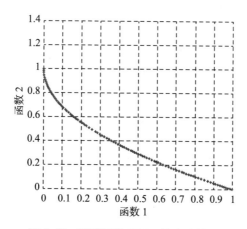

图 6.60　测试函数 ZDT2 的实验结果

本书通过基于云模型的混合粒子群算法、量子算法以及标准的粒子群算法深入分析，如果混合算法存在 $\varphi_1 = c_1 * r_1$；$\varphi_2 = c_2 * r_2$；$\varphi = \varphi_1 + \varphi_2$，则有式（6.46）：

$$\begin{cases} v_{jk}(t+1) = w * v_{jk}(t) - \varphi * x_{jk} + (\varphi_1 * p_{jk}(t) + \varphi_2 * p_{gk}(t)) \\ x_{jk}(t+1) = w * v_{jk}(t) + (1 - \varphi) * x_{jk} + (\varphi_1 * p_{jk}(t) + \varphi_2 * p_{gk}(t)) \end{cases} \quad (6.46)$$

本书针对基于云模型的混合量子粒子群算法进行参数分析可推出式（6.47）：

$$\begin{cases} \dfrac{dv_{jk}(t)}{dt} = (w - 1) * v_{jk}(t) - \varphi * x_{jk} + (\varphi_1 * p_{jk}(t) + \varphi_2 * p_{gk}(t)) \\ \dfrac{dx_{jk}(t)}{dt} = w * v_{jk}(t) + - \varphi * x_{jk} + (\varphi_1 * p_{jk}(t) + \varphi_2 * p_{gk}(t)) \end{cases} \quad (6.47)$$

在以上理论和算法机制分析基础上，本书以 Sphere 为实验函数，实验参数如下：基于云模型的混合粒子群算法种群大小为 100；区间取值为（-5, 5），最大迭代次数为 1000；其中迭代次数分别取值为 10，30，50；维度为 5 和 100；$N = 2$，5，10，20；独立 50 次平均运行；测量参数 $k = \dfrac{Gbest}{2}$。实验结果如表 6.5 所示。

表 6.5　　　　　　　　基于云模型的混合量子粒子群算法实验结果

维度	$N = 2$	$N = 5$	$N = 10$	$N = 30$
5	$8.785e - 165$	$1.650e - 144$	$4.176e - 129$	$4.666e - 120$
10	$2.979e - 129$	$1.237e - 125$	$4.412e - 117$	$5.301e - 111$
30	$1.192e - 067$	$3.888e - 071$	$1.766e - 068$	$3.069e - 060$
50	$4.201e - 049$	$3.038e - 050$	$3.121e - 048$	$1.191e - 041$
100	$5.127e - 029$	$6.976e - 031$	$4.380e - 030$	$7.082e - 026$

本书再通过以下函数 Sphere、Rosenbrock、Rastrigrin、Griewank、Schaffer、Ackley 进行进一步的测试，其实验结果如表 6.6 所示。

表 6.6　　　　　　　　基于测试函数的混合量子粒子群算法参数

测试函数	函数名称	算法维数	区间值（10^4）	接受水平（%）
F1	Sphere	30	[-100, 100]	0.01000
F2	Rosenbrock	30	[-100, 100]	100.00
F3	Rastrigrin	30	[-100, 100]	100.00

续表

测试函数	函数名称	算法维数	区间值（10^4）	接受水平（%）
F4	Griewank	30	[−600, 600]	0.10000
F5	Schaffer	2	[−100, 100]	0.00001
F6	Ackley	30	[−32, 32]	0.10000

　　本书为了比较各算法鲁棒性，进一步对基于云模型的混合量子粒子群算法进行了实验，其中算法测试包含基于云模型的遗传算法 CGA、自适应的粒子群算法 APSO、基于高斯分布的动态粒子群算法 GDPSO 以及基于云模型的混合量子粒子群算法 C - HQPSO。在实验中参数取值如下：种群规模为 20；最大迭代次数为 1000；动态调整惯性权重取固定值 0.7250；$C1 = 1$；$C2 = 1$ 以及阈值 $N = 2$。基于云模型的混合量子粒子群算法鲁棒性比较结果如表 6.7 所示。

表 6.7　　　　　　　基于云模型的混合量子粒子群算法的鲁棒性比较结果

测试函数	APSO			GDPSO		
	平均值	精度	最优值	平均值	精度	最优值
Sphere	$1.43e - 18$	100.00	$3.99e - 29$	$1.21e - 08$	100.00	$1.08e - 25$
Rosenbrock	36.0900	95.00	0.0003	25.6590	98.00	24.9651
Rastrigrin	65.4700	100.00	0.0000	17.1300	98.00	0.000
Griewank	0.00824	100.00	0.0000	$1.80e - 03$	100.00	0.000
Schaffer	0.99951	98.00	0.0000	$6.06e - 04$	74.00	0.000
Ackley	$1.12e - 5$	100.00	——	——	——	——

测试函数	CGA			C - HQPSO		
	平均值	精度	最优值	平均值	精度	最优值
Sphere	$1.4949e - 007$	100.00	$1.3147e - 09$	$1.01e - 10$	100.00	$4.2461e - 225$
Rosenbrock	$25.749e - 008$	98.00	$9.6253e - 09$	26.4879	98.00	$9.0725e - 008$
Rastrigrin	3.000000	100.00	3.000000	3.000000	100.00	3.000000
Griewank	0.0000	100.00	0.0000	0.0000	100.00	0.0000
Schaffer	−1.031628	100.00	−1.031628	−1.03156	100.00	−1.031601
Ackley	0.998004	100.00	0.998004	$3.90e - 12$	100.00	$4.44e - 15$

　　由以上实验分析可以得出：通过比较基于云模型的遗传算法 CGA、自适应的

粒子群算法 APSO、基于高斯分布的动态粒子群算法 GDPSO 的鲁棒性分析,基于云模型的混合量子粒子群算法对以上测试函数均具有很好的鲁棒性能;同时,基于云模型的混合量子粒子群算法 $\theta(c_n, f_n)$ 绝对值随着维数增加而减小;但云模型的混合量子粒子群算法对维数较高的问题可能会遇到早熟收敛。

根据基于云模型的量子粒子群算法粒子位置更新的基本公式为:

$$\begin{cases} X_i(t) = w * (X_i(t) - X_i(t-1)) + c_1 * r_1(P_i - X_i(t)) + c_2 * r_2(P_i - X_i(t)) \\ \dfrac{dX_i(t)}{dt} = w * (X_i(t) - X_i(t-1)) + (c_1 * r_1 + c_2 * r_2) * (c_1 P_i + c_2 P_g - X_i(t)) \end{cases}$$

$$(6.48)$$

根据基于云模型的混合量子粒子群算法系数变化,其系数应该满足以下结论成立:① $0 \leqslant d \leqslant (c_1 + c_2) \leqslant 1$;② $w = 1 - (c_1 r_1 + c_2 r_2) - (c_1 r_1 + c_2 r_2)^2$;③ $w = 0.9 - \dfrac{0.5t}{T}$;④当 $0 \leqslant (c_1 r_1 + c_2 r_2) < 0.5$ 时,$w = (c_1 r_1 + c_2 r_2 - 0.1) rand(0, 1)$;⑤当 $0.5 \leqslant (c_1 r_1 + c_2 r_2) < 1$ 时,$w = (0.9 - c_1 r_1 + c_2 r_2) rand(0, 1)$。

为了进一步分析基于云模型的混合量子粒子群算法的鲁棒性,对混合量子粒子群算法设定不同参数且设定初始化群体个数为 40,维数为 5 和 10 的粒子进行仿真实验,其结果如图 6.61 ~ 图 6.64 所示。

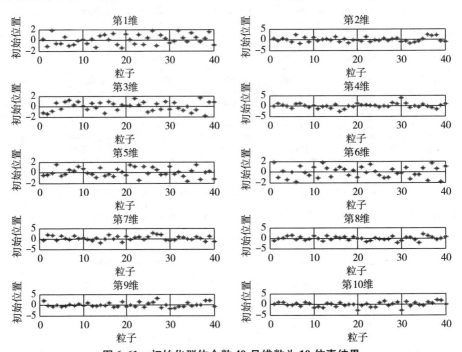

图 6.61　初始化群体个数 40 且维数为 10 仿真结果

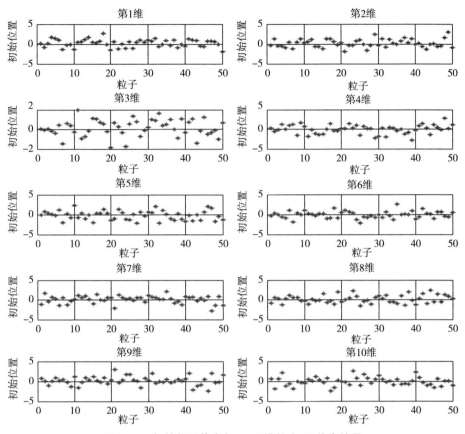

图 6.62　初始化群体个数 50 且维数为 10 仿真结果

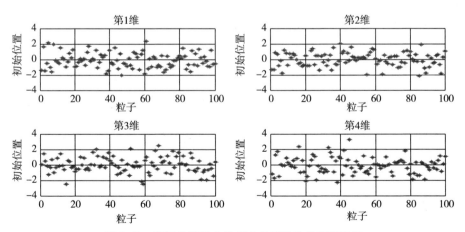

图 6.63　初始化群体个数 100 且维数为 5 仿真结果

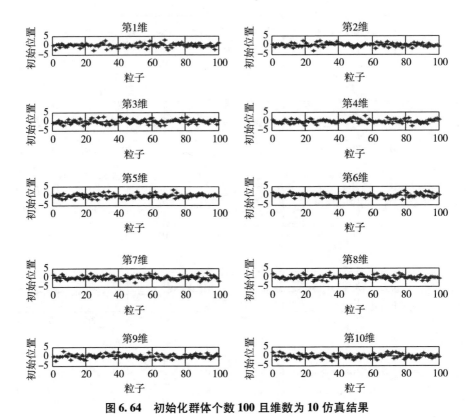

图 6.64   初始化群体个数 100 且维数为 10 仿真结果

通过以上基于云模型的混合量子粒子群算法参数的分析可得出，算法初始化群体个数、维数、规模以及参数都会影响算法的鲁棒性效果。群体个数越多、维数越多、规模越大以及参数越靠近 2.0 的数值，基于云模型的混合量子粒子群算法的鲁棒性就越好。本书最后通过测试函数 Binh（1）：$fitness1 = (x_1 - 5)^2 + (x_2 - 5)^2$ 以及测试函数 Binh（2）：$fitness2 = gx\left(1 - \sqrt{\dfrac{x_1}{gx}}\right)$ 对基于云模型的量子粒子群算法进行鲁棒性分析，其测试结果如图 6.65 和图 6.66 所示。

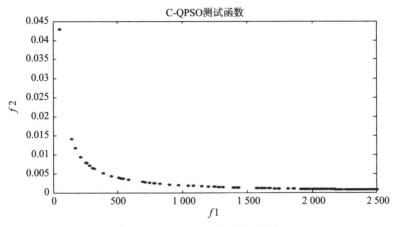

图 6.65　C – QPSO 算法收敛结果

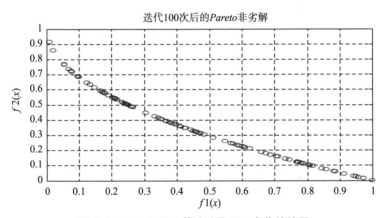

图 6.66　C – QPSO 算法迭代 100 次收敛结果

从实验可以看出，云模型的混合量子粒子群算法对于优化函数具有很好的收敛性能，通过以上收敛性能分析同样可以得出 C – QPSO 算法具有很好鲁棒性效果。

6.4.3　算例

本章通过函数 DeJong、Rastrigrin、Rosenbrock、Sphere、Schwefel、Weierstrass、Ackley、Cigar、Ellipse、Griewangk、sumcan、Tablet 对基于云模型的混合量子粒子群算法进行相关分析，测试结果如表 6.8 所示。

表 6.8 基于云模型的混合量子粒子群算法函数测试结果

函数	规模	维度	时间	P 值	最小适应度	均值
DeJong	100	30	11.665832	1.0000	0.005691036488	0.009032314316
	100	10	2.308237	1.0000	0.002952933849	0.008035462336
	100	5	0.783640	1.0000	0.0008594269902	0.007312905164
	200	5	0.823711	1.0000	0.002054772659	0.006783205742
Rastrigrin	100	30	17.556457	0.8200	20.67962464	66.05755952
	100	10	7.145018	1.0000	0.01402601402	5.341280407
	100	5	3.311525	1.0000	0.001206424324	0.04321343102
	200	5	4.465116	1.0000	0.001446956588	0.009376305841
Rosenbrock	100	30	16.211187	0.7000	20.00086803	130.0242763
	100	10	6.717141	1.0000	2.711591735	6.540350508
	100	5	4.064018	1.0000	0.09375438655	1.277234012
	200	5	6.331043	1.0000	0.02700671715	0.9712289491
Sphere	100	30	14.878349	1.0000	10000.0000	42178.48376
	100	10	6.001961	0.0000	1002.640104	6487.396695
	100	5	3.775474	0.0600	40.74260282	555.3215911
	200	5	5.706344	0.0800	29.31558284	1164.06883
Schwefel	100	30	14.859096	0.0000	10000.0000	159587433.8
	100	10	6.045266	0.0000	10000.0000	8788717.581
	100	5	3.781983	0.0000	234.3572267	528235.1774
	200	5	5.794792	0.0000	1314.745716	411331.7595
Weierstrass	100	30	24.060531	1.0000	27.46963297	41.61101801
	100	10	9.328079	1.0000	7.971632641	11.18000691
	100	5	5.597281	1.0000	1.541398063	3.988238904
	200	5	7.437682	1.0000	1.527087389	3.874372411
Ackley	100	30	15.130135	1.0000	20.70985478	21.11106755
	100	10	6.191757	1.0000	19.49362544	20.66148917
	100	5	3.826397	1.0000	10.01021928	18.79745154
	200	5	5.612168	1.0000	8.176802652	18.77348965

续表

函数	规模	维度	时间	P 值	最小适应度	均值
Cigar	100	30	14.924779	0.0000	10000.0000	465256617.9
	100	10	6.084032	0.0000	10000.0000	82101213.46
	100	5	3.796538	0.0000	10000.0000	8578119.703
	200	5	5.737214	0.0000	10000.0000	8794695.431
Ellipse	100	30	15.105491	0.0000	10000.0000	28518502.16
	100	10	6.257996	0.0000	10000.0000	2507551.155
	100	5	3.765864	0.0000	10000.0000	273326.2526
	200	5	5.844655	0.0000	10000.0000	311163.8425
Griewangk	100	30	15.171795	1.0000	5.454692547	11.20502066
	100	10	6.293134	1.0000	1.216325112	2.527377769
	100	5	3.848181	1.0000	0.3843638902	0.961006709
	200	5	6.028639	1.0000	0.5323621638	0.992123444
sumcan	100	30	0.039597	1.0000	$4.613731357e-005$	0.0001411686091
	100	10	0.017722	1.0000	0.0002867040623	0.000791117764
	100	5	0.012228	1.0000	0.0008423147765	0.002261634044
	200	5	0.016893	1.0000	0.0007383078935	0.002372625667
Tablet	100	30	14.975392	1.0000	10000.0000	38793.02789
	100	10	6.299269	1.0000	1871.965657	6456.664488
	100	5	3.794176	0.0200	31.51991994	2078.506807
	200	5	5.823704	0.0200	80.43735002	1604.120087

　　鲁棒性研究既包含模型的鲁棒性也包含算法的鲁棒性，因此，本书针对模型特点设计相应的混合粒子群算法，通过算例验证模型的合理性和算法的有效性来探讨算法的鲁棒性能。为了进一步分析基于云模型的混合量子粒子群算法的鲁棒性，本章应用多目标函数 $-2.5000e-004*(x^2+y^2)+\cos(x)*\cos(y/sqrt(2))-1$ 进行实验，同时发现基于云模型的混合量子粒子群算法参数变化及其鲁棒性分析结果如图 6.67 ~ 图 6.70 所示。

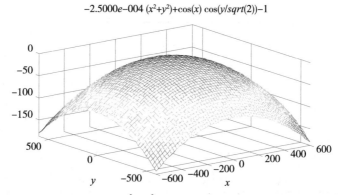

图 6.67　$-2.5000e-004*(x^2+y^2)+cos(x)*cos(y/sqrt(2))-1$ 函数图像

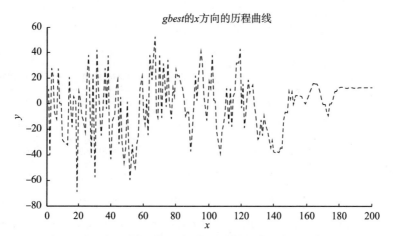

图 6.68　基于云模型的混合量子粒子群算法参数 **gbest** 的 X 变化

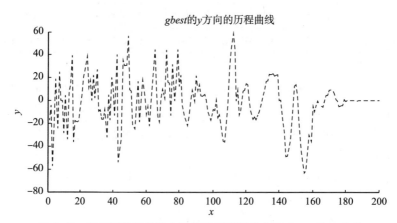

图 6.69　基于云模型的混合量子粒子群算法参数 **gbest** 的 Y 变化

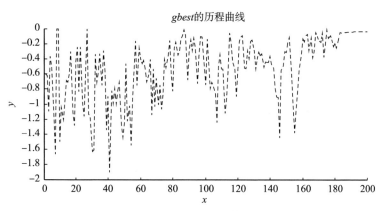

图 6.70　基于云模型的混合量子粒子群算法参数 gbest 曲线变化

　　进一步分析多项目关键链资源配置算法的鲁棒性。针对基于云模型的混合量子粒子群算法具体参数进行分析，通过设定基于云模型的混合量子粒子群算法参数来进行以下三个实验。其中，实验一：$n = 100$，$c1 = 1.2000$，$c2 = 1.2000$，$popsize = 200$，$evaluations = 200$，$w\_start = 0.9000$，$w\_end = 0.2000$；实验二：$n = 100$，$c1 = 2.0000$，$c2 = 2.0000$，$popsize = 200$，$evaluations = 200$，$w\_start = 0.9000$，$w\_end = 0.2000$；实验三：$n = 50$，$c1 = 2.000$，$c2 = 2.000$，$popsize = 200$，$evaluations = 200$，$w\_start = 0.9000$，$w\_end = 0.2000$。通过以上基于云模型的混合量子粒子群算法参数实验，其实验仿真结果如图 6.71 ~ 图 6.73 所示。

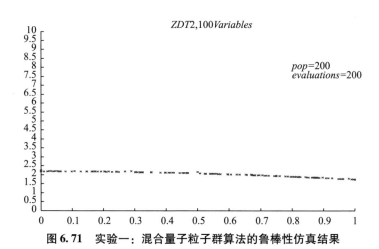

图 6.71　实验一：混合量子粒子群算法的鲁棒性仿真结果

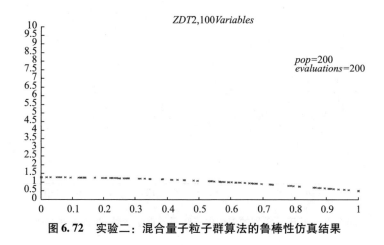

图 6. 72　实验二：混合量子粒子群算法的鲁棒性仿真结果

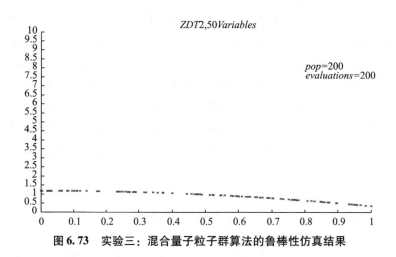

图 6. 73　实验三：混合量子粒子群算法的鲁棒性仿真结果

通过以上三个实验仿真分析可得出，基于云模型的混合量子粒子群算法鲁棒性与其参数有关，粒子群规模以及参数 C_1、C_2 数值取值越靠近 2. 0000，其鲁棒性就越好。

本书在多项目关键链资源配置模型及其算法研究基础上应用基于云模型的混合量子粒子群算法针对 J10、J20、J30、Boctor50、Boctor100 进行多项目关键链资源配置鲁棒性分析，其相应的鲁棒性实验结果如图 6. 74 ~ 图 6. 78 所示。

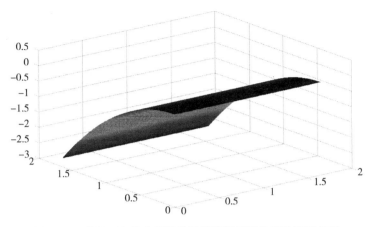

图 6.74　基于 J10 的多项目关键链资源配置鲁棒性实验结果

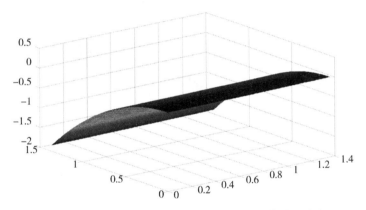

图 6.75　基于 J20 的多项目关键链资源配置鲁棒性实验结果

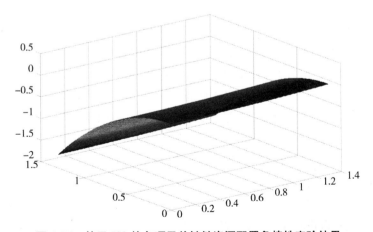

图 6.76　基于 J30 的多项目关键链资源配置鲁棒性实验结果

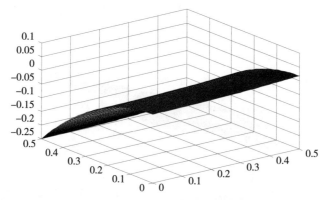

图 6.77　基于 Boctor50 的多项目关键链资源配置鲁棒性实验结果

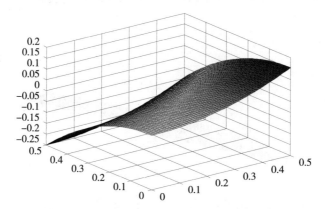

图 6.78　基于 Boctor100 的多项目关键链资源配置鲁棒性实验结果

　　通过以上多项目关键链资源配置鲁棒性分析实验结果可以得出以下结论：基于 Boctor100 的多项目关键链资源配置鲁棒性是最明显的，按照 J10、J20、J30、Boctor50、Boctor100 保持其鲁棒性递减的顺序；针对不同多项目关键链资源配置问题其鲁棒性是不一样的。越复杂的多项目其鲁棒性表现越明显；同时多项目关键链中资源属性越复杂其鲁棒性也表现越明显，所以对于复杂的多项目更加应该控制其鲁棒性，通过对不确定环境下多项目关键链资源配置模型及其优化问题研究，可以提高多项目关键链资源配置效率以及提高项目关键链资源配置管理水平。在多项目资源配置现实问题中，由于资源样本数据通常有异常值，导致其出现在资源配置中的鲁棒性能较差等问题。如何抑制资源配置异常值，提高共享资源的利用效率；如何合理提高资源的平衡性并优化求解相应的资源配置问题，都是多项目管理值得进一步研究的现实问题。

　　在多项目运作过程中要减少干扰因素，控制不确定性因素的影响，尽可能应用鲁棒测试函数及时测定多项目资源配置的算法。最好选择多目标鲁棒测试函数（如 ZDT 测试函数）从不同方面测试算法的鲁棒性。多项目关键链资源配置方案的不同会对项目资源配置的鲁棒性产生影响，进而针对多项目关键链资源配置的特征，将项目管理领域中相对独立的鲁棒性资源分配研究和多项目关键链资源管理研究结合，提出了多项目关键链资源配置算法。该混合算法优先满足关键链活动的项目资源需求，并尽量减少非关键链活动资源向关键链活动传递的路径，从而减少非关键活动对关键链的影响来提高多项目关键链资源配置的鲁棒性。针对多项目关键链资源配置问题的特征，专门设计了多项目关键链资源配置算法为项目更稳健执行的目标提供了决策和支持。通过对多项目资源配置模型和算法的鲁棒性进行研究，其结论将为多项目资源的有效配置提供有用的借鉴与全新的思路。建议在具体执行过程采用预报机制，即在多项目关键链项目任务开始时进行预报关键链资源需求情况能有效解决多项目关键链资源配置问题。同时，多项目关键链 CCPM 采用资源共享资源配置方法也能有效提高资源配置效率。

6.5　本章小结

　　本章在多项目关键链资源配置及其机理、粒子群算法、云模型、量子算法等理论研究基础上，对多项目关键链资源配置算法及鲁棒性进行了深入的探讨，其主要研究内容涵盖多目标粒子群算法（多目标区间优化算法、多目标区间粒子群算法）；在多目标粒子群算法、量子算法以及云模型研究基础上，提出了基于云模型的混合量子粒子群算法；通过配置问题相关描述、算法及其流程设计、实验结果及其分析，并应用基于混合量子粒子群算法对多项目关键链资源配置进行具体深入研究；对多项目关键链资源配置模型及算法进行鲁棒性分析。根据多项目资源分类及其特点分析，针对不同类别的资源分别为多项目关键链提出了不同的资源配置方法。本书以可更新资源为主要研究对象，针对多项目关键链资源配置问题及其约束条件，在粒子群算法研究的基础上，提出多项目关键链资源配置的新方法，即基于云模型的混合量子粒子群算法；并通过经典多项目数据集验证了混合算法的有效性能。研究结果表明：混合量子粒子群算法在多项目关键链资源的有效配置过程中具有很好的理论价值及应用价值，为解决多项目关键链资源配置提供新的思路和方法参考；同时，也指出混合粒子群算法在处理复杂问题优化过程中具有一定的局限性。因此，多项目关键链资源配置问题及方法的研究具有很重要的理论价值与实际意义。

本书提出的多项目关键链资源配置问题（critical chain resource allocation problem，CCRAP）突破了经典关键链配置问题对资源类型、确定性和可运算性的基本假设，不仅考虑多项目关键链资源实际情况，而且考虑多项目关键链资源特征以及学习效应，是一类新型关键链资源配置问题。通过设计多目标区间优化算法、多目标区间粒子群算法以及基于云模型的混合量子粒子群算法，应用基于混合量子粒子群算法对多项目关键链资源配置进行深入研究，混合量子粒子群算法及其流程，以及多项目关键链资源配置模型及算法鲁棒性等研究内容，为多项目关键链资源有效配置提供了保证条件，实验结果具有科学有效性和较强应用价值，同时，多项目关键链资源配置及其基于云模型下量子智能算法将是以后进一步研究的主要内容以及重要方向。基于关键链的资源配置优化方法指出了在优化资源分配方面的有效性，但是针对多项目运作下的关键链资源配置的实际情况，也指出混合粒子群算法在处理复杂问题优化过程中具有一定的局限性。在以后的研究中要注重鲁棒性项目资源配置，同时要与资源配置与关键链技术有机结合。为减少多项目运作下的关键链资源的错配以及提高多项目运作下的关键链资源配置效率，笔者将在新的机器学习算法研究的基础上提出新的资源配置算法，为数据驱动下的多项目关键链资源高效配置提供新方法与新思路。

第7章

总结与展望

数据驱动是以数据为中心，将数据进行组织形成信息之后，对相关的信息进行整合和提炼来进行科学决策与控制，完成数据驱动决策目标是目前管理科学与系统工程需要解决的重点问题。伴随着我国经济市场化的加深和互联网时代的来临，行业竞争愈发激烈，在此严峻的形势下企业要想生存与发展，就应将项目管理列为重中之重。随着项目管理作为一种有效的管理技术和管理方式日益得到广泛采用，其研究和实践重心已从单项目管理转移到多项目管理。在考虑多项目资源优化配置问题过程中，多个项目共享资源的稀缺性说明多项目资源配置存在很大优势。因此，多项目关键链理论与方法作为多项目管理领域一种全新的管理方法，被认为是21世纪多项目管理领域的一个重大突破。随着多项目管理的日益发展，多项目关键链资源配置对于现代企业而言越来越重要，怎样解决多项目关键链资源配置问题是目前理论基础以及实践研究的热点领域。

7.1 研究结论

本书基于以上研究背景，从项目族的视角，应用多项目管理、关键链理论与方法、粒计算方法、云模型理论以及量子粒子群算法对多项目关键链资源配置模型构建、算法设计以及鲁棒性等一系列问题进行深入研究和探讨，研究成果将有效实现和提高多项目关键链资源配置效率和管理水平。

本书从项目族视角对数据驱动下的多项目关键链资源配置问题进行了深入探索，主要从多项目管理理论、关键链理论、资源理论以及统计学习方法理论等四个方面进行基础理论研究。在工作分解结构研究基础上构建了多项目工作分解结构GWBS模型；在多项目工作分解结构GWBS模型研究基础上构建了多项目关键链资源配置GBOR模型。同时，应用不确定性粒计算对基于模糊粗糙集的多项目关键链资源配置问题、基于信息熵粗糙集的多项目关键链资源配置问题、基于可调变精度粗糙集的多项目关键链资源配置问题进行了深入的剖析和具体的探讨；

此外，应用云模型对基于项目 GBOR 的多项目关键链缓冲进行具体分析与测定，通过高斯云模型对多项目关键链进行定量测定并验证分析。为有效提高资源的配置效率与配置水平，应用多属性理论、学习效应理论创新性地构建了基于多属性的多项目关键链资源配置模型以及基于学习效应的多项目关键链资源配置模型。为有效解决资源配置的求解问题，本书在多目标算法、区间优化算法以及粒子群算法研究基础上提出多目标区间粒子群算法；在云模型、量子算法以及多目标区间粒子群算法研究基础上提出了基于云模型的混合量子粒子群算法，并通过一系列实验验证了混合算法的可行性和有效性。总之，通过多项目关键链资源配置模型及其算法可以有效提高资源的配置效率与配置水平。

本书创新点主要体现在以下几个方面：一是从项目族视角对多项目关键链资源配置问题及其配置进行了深入研究，在以上研究基础上构建了 GWBS 模型以及 GBOR 模型，能有效实现多项目关键链资源配置并提高多项目管理水平；在基于云模型的多项目关键链资源属性研究基础上，应用高斯云模型对多项目关键链进行了定量识别和测定研究，该研究成果为多项目关键链资源有效配置提供了前提条件和重要基础；丰富了多项目关键链资源配置理论，使其更具针对性，并提出了解决多项目关键链资源配置问题的新思路。二是通过多项目理论与方法、关键链理论、多项目资源配置理论研究，在多项目关键链资源配置问题及其特征参数研究基础上，构建了基于多属性的多项目关键链资源配置模型；通过对多项目关键链资源属性的定量研究为多项目关键链资源有效配置提供了方法和条件。三是在多项目关键链资源配置研究基础上，应用学习效应理论构建了基于学习效应的多项目关键链资源配置模型，包括基于 Wright 学习效应的多项目关键链资源配置模型、基于 Richard 学习效应的多项目关键链资源配置模型、基于 Dejong 学习效应的多项目关键链资源配置模型、基于混合学习效应的多项目关键链资源配置模型以及多项目关键链资源配置的鲁棒性问题等，该研究成果为多项目关键链资源有效配置提供有效保证。四是开发了多项目关键链资源配置算法，包括多目标及区间优化算法、多目标区间粒子群算法、基于云模型的混合量子粒子群算法、区间量子粒子群算法、基于云模型的混合量子粒子群算法。此外，本书对多项目关键链资源配置算法进行鲁棒性深入研究，该研究成果为多项目关键链资源有效配置提供科学的实现方法和条件，并且能为多项目关键链资源配置提供有效的鲁棒性控制方法及管理建议。

7.2　研究展望

在新的社会环境、政策环境与技术环境中，如何整合企业各方要素、优化多项目资源配置与调度、缓解供需矛盾成为企业改革面对的重要挑战。本书围绕多维不确定性多项目关键链资源开展配置与优化方法研究及应用，综合应用管理学与管理科学理论与方法，优化理论与方法以及统计学理论与方法等，创造性地提出解决多维不确定性的多项目关键链资源配置研究模型，强调在多项目关键资源多维不确定性界定基础上，依托管理策略改进、模型设定、算法构建、鲁棒性评价等方法，降低资源不确定性，而后运用多属性、学习效应、优化理论、混合算法等理论方法形成系统集成研究模式，实现多维不确定性下多项目关键链资源的有效配置，实现了多项目关键链资源利用效率优化目标。

在大数据环境下，本书提出了基于数据驱动的多项目关键链资源配置方法及其应用的系统优化集成理论与方法，针对如何利用海量企业多项目数据实现实时、准确资源管理决策这一难题，为企业管理者提供了数据驱动的多项目运作管理新思路。伴随着大数据技术、智慧企业管理的发展，如何结合新兴技术手段，考虑多数据源的多项目运作管理，从深度和广度方面提升应用效果，进而考虑全社会层面的资源管理研究是下一步的主要研究内容。

为有效解决新环境、新问题、新方法要求下的多项目资源配置问题，不少学者一直在持续不断地进行探索研究。针对多项目资源的转移和不确定环境下资源的优化，这两个存在于实际项目管理问题中难以处理的关键因素，与求解确定性环境下分散多项目资源配置方法相比，混合算法可以进一步提高基本启发式算法的求解质量，结合 MPSPLIB 数据集的应用实例研究，验证了新方法能获得竞争性的解。针对多项目中活动排序和资源分配问题，具有多级表示的混合协同进化算法 HCOEA 能通过自适应机制和自适应选择过程改进协同进化框架，采用具有模糊处理时间的基准测试和扩展数据集验证了 HCOEA 算法性能的优越性，进一步提高了搜索效率。而改进的多目标进化规划 MOEP 算法能解决包括时间—成本权衡和基于财务的资源均衡配置多模式活动问题的建模和求解，并验证了改进的 MOEP 算法在 Pareto 最优集的多样性且质量方面优于 SPEA－Ⅱ和 NSGA－Ⅱ算法。多模式、多技能项目配置问题广泛存在于现实工业中，而多模式资源约束项目调度问题 MRCPSP 是一个 NP 难题，包括计划项目的所有活动均有优先顺序，一旦启动就不能中断。因此，提出一种可变邻域搜索算法 VNS 在合理的时间内采用局部分支数学策略求解 MRCPSP 问题，计算实验验证了该算法的性能。由于集成学习结合了集成学习和进化算法两方面的优势，在机器学习、数据挖掘和模式识别等领域被广泛应用。笔者以后将从样本选择、特征选择、集成模型参数组合优化、集成模型结构优化以及集成模型融合策略优化等方面进行多项目关键链资源配置算法的设计研究。

　　近年来，越来越多的研究者将注意力集中在企业资源受限的多项目调度问题上，导致对求解过程的了解越来越多。资源数据库集合比现有的基准库覆盖了更大的特征空间，从资源约束、时序约束等方面构建高级算法更具挑战性（Rob Van Eynde and Mario Vanhoucke，2021）。全局资源中断情况下的分散多项目资源配置是一个 NP 难题。为了获得高质量的基线计划并有效修复中断的计划，有学者（Longqing Cui et al.，2021）构建了不确定条件下分散多项目资源配置的三阶段分解算法，并在多项目调度问题库数据集上进行了综合实验。实验结果表明新算法在生成基线调度方面优于现有的几种集中式和分布式算法。有学者（P. Milička et al.，2021）研究了一个涉及单个项目的多主体项目人员配置双层优化问题，通过可行性回调生成额外的惰性约束，团队领导必须尊重项目经理提出的要求。在计算实验中将解决方案与其他经典优化方法进行了比较，建议注重加速机制和参数设置相关的设计选择。混合智能优化算法领域的研究正呈爆炸趋势增长，每年都有无数新的混合智能优化算法以及改进算法被提出，这些混合智能优化算法在各自的领域内都扮演着相当重要的角色。

　　研究活动执行强度不确定的资源无约束项目活动调度问题时，其目标是最小化项目的完成时间和确定的活动持续时间。在工期随机的情况下，目标变成确定项目完工时间分布，因此这是一个多项式可解的 NP 完全问题（Lucio Bianco et al.，2018）。针对活动持续时间不确定的多模式受限项目资源配置问题，有学者（Noemie Balouka and Izack Cohen，2021）提出了一种鲁棒优化方法，目标是通过确定活动模式、资源分配和进度基准，使最坏情况下的项目工期最小化。针对多技能资源受限项目资源配置问题，有学者（Ling Wang and Xiaolong Zheng，2018）提出了一种基于知识引导的多目标果蝇优化算法 MOFOA，该算法以最大完工时间和总成本同时最小化为目标，采用实验设计 DOE 方法研究了参数设置的影响并基于基准实例进行了数值试验。通过与其他算法的比较，证明了基于知识引导搜索的 MOFOA 算法在求解多目标 MSRCPSP 问题中的有效性。为了提高项目资源配置优化过程的合理性，有学者（Aiqin Li et al.，2019）提出了一种解决冲突的项目资源配置优化方法。调度方案一旦发生冲突，不会重新定义项目的开始时间，而是将冲突时间资源配置时刻表状态转移到另一个可行的调度时刻表，从而实现算法计算效率的提高。利用马尔可夫决策过程对项目资源配置优化问题进行建模，并设计基于随机图的动态规划求解方法。实验结果表明了该方法在收敛精度和计算效率方面的有效性。因此，多模式资源受限项目资源配置问题是多项目资源配置问题中的一类典型问题，也是一种比较难的 NP-hard 问题。该类问题普遍存在于工程项目、软件项目、制造业生产项目中。鉴于多模式资源受限多项目资源配置问题已经成为当前项目管理中一种重要的资源受限项目资源配置问题，对于该问题的解决不仅具有很重要的理论意义，同时还具有很强的实践意义。因此，应该考虑多种资源间的关联性，将多个目标的优化问题转化为单个目标的优化问题，然后应用混合智能优化算法对其进行求解。

通过研究项目活动持续时间不确定的资源受限项目资源配置问题，布鲁尼等（M. E. Bruni et al.，2017）提出了一种自适应鲁棒优化模型，用于在一般多面体不确定性集下获得最小化最坏情况完工时间的资源分配决策。根据模型特性提出一种通用的分解方法来解决资源受限项目资源配置问题的鲁棒对应问题，并进一步针对保护因子的不确定性集进行调整，对 PSPLIB 改编的基准实例进行了广泛的计算研究。针对目标是最小化项目的完工时间，最小化工人分配技能总成本，最大化加工活动总质量的一类新的多技能多模式资源受限的项目资源配置问题，有学者（Hamidreza Maghsoudlou et al.，2016）构建了一种新的染色体结构的多目标入侵杂草优化算法 MOIWO 来解决该问题。采用非支配排序遗传算法 NSGA – Ⅱ 和多目标粒子群优化算法 MOPSO 两种元启发式算法，用于验证MOIWO 获得的解。结果表明新算法在多样化度量以及平均理想距离等方面具有更好的性能，NSGA – Ⅱ 算法在非优势解的扩散和间距度量方面具有更好的性能。有学者（Yongyi Shou et al.，2012）通过粒子群优化方法分析提出一种混合粒子群优化方法来解决抢占式资源受限的项目资源配置问题，其中每个活动最多允许中断一次。对计算结果的分析证实引入抢占有助于缩短项目工期，所提出的粒子群优化方法对于抢占资源受限的项目资源配置问题是有效的。吉比·乔伊等（Jiby Joy et al.，2021）提出了求解资源受限下的项目资源配置问题的粒子群优化 RCPSPVRL 算法，使用不同预定级别的有限可用性资源，资源配置活动具有已知的持续时间和资源请求并通过优先级关系进行链接。在RCPSPVRL 中项目资源保持不变而项目总工期被划分为不同的时间段，在特定时间段内资源数量保持不变而资源数量可以在不同的时间段上变化。因此，智能优化算法的设计是提升整体的项目资源配置及运营效率、优化投资的关键。在多项目关键链资源应用环境中，资源有效配置需要考虑多种异构资源以及复杂多变的应用需求，同时兼顾各种资源的需求，包括项目资源利用率、项目经济效益等。这些问题通常相互关联，相互促进或抑制，不能使用简单的权重赋值的方式来解决。因此，多项目关键链资源配置问题具有离散优化和多目标优化的共同特征，很适合采用智能优化算法来求解。但多项目管理环境中资源的异构性、应用的资源具有多样性和动态性以及多重约束及多重优化目标要求，对混合智能优化算法提出了更高的要求，并需要确保混合算法的高可靠性、稳定性和可扩展性。因此，解决多项目关键链资源配置过程中的多目标离散优化问题将是今后研究的重点方向。

尽管多年来不少学者已经提出了许多解决资源约束项目资源配置问题的优化算法，并使用具有不同复杂度的成熟测试实例对算法性能进行了评估，但不同企业的不同项目依旧面临资源配置难以解决的问题。因此，萨伯·埃尔萨耶德等（Saber Elsayed et al.，2017）提出了解决资源受限下项目资源配置问题的 RCPSP 通用框架，在搜索过程中自适应地使用各种元启发式算法，每个元启发式算法具有多个搜索算子。为了进一步提高收敛速度并尽早将高质量的解引入种群而引入了局部搜索方法。实验结果清楚地表明，该算法能够以较小的群体获得高质量的结果。结合经典的非支配排序遗传 NSGA - Ⅱ算法，有学者（Maciej Laszczyk and Pawel B. Myszkowski，2019）提出了一种改进的选择算子并应用于多技能资源受限的项目资源配置问题研究中，实验结果表明各种修改可导致所实现的帕累托前沿的收敛、扩展或均匀性增加，能大幅度提高算子的搜索效率。在现实的项目资源配置问题中，要解决不同类型的资源被用来满足不同项目任务的资源需求，可以通过以预定方式改变资源级别来使用各种类型的可用性有限资源。有学者（Lei Zhu et al.，2021）针对多技能资源受限项目资源配置问题 MS - RCPSP 提出一种离散对立多元优化 DOMVO 算法，采用基于反对的学习 OBL 方法作为混合策略来提高解的质量。为了更有效地生成调度，提出采用实验设计的 DOE 方法研究参数设置的影响。在智能多目标项目调度环境基准数据集上对 DOMVO 的有效性进行评估，计算比较表明所提出的 DOMVO 在求解 MS - RCPSP 时优于最新的算法。多技能资源约束项目资源配置问题是运筹学和管理科学中研究最多的问题之一，因此在以后的研究过程中将创新性地提出多技能资源受限的多项目关键链资源配置问题，并集成多项目关键链资源配置的混合学习效应，该研究将拓展多项目资源配置问题领域的研究内容，为求解该类问题提供更为丰富的求解思路及方法，有利于多项目关键链资源的有效配置，同时对节约多项目资源、提高多项目的经济效益具有重要的实际意义。

针对 MS - RCPSP 问题，有学者（Jian Lin et al.，2019）提出了一种遗传规划超启发式 GP - HH 算法，在由 36 个实例组成的智能多目标项目资源配置环境 iMOPSE 基准数据集上对 GP - HH 的性能进行了评估，结果表明该算法在计算问题的可行解方面具有优越性。基于资源约束项目调度 RCPSP 问题的一个最新扩展是多技能资源约束项目资源配置问题。为了将其应用于 MSRCPSP，有学者

（Bernardo F. Almeida et al. ，2016）开发了两个新概念，即资源权重和活动分组。使用大量实例进行的一系列计算测试表明新的启发式算法在很短的 CPU 时间内找到高质量的解决方案是非常有效的。还有学者（Paweł B. Myszkowski et al. ，2018）提出了一种用于求解多技能资源受限项目资源配置问题的混合差分进化贪婪算法 DEGR，检验解空间从离散（该问题的典型）到连续（DE 方法的典型）的特殊间接表示和转换，并采用田口实验设计方法对所研究方法的参数进行调整以减少实验过程。使用基准 IMPSE 数据集将结果与其他参考方法进行了比较，验证了 DEGR 工作是非常稳健和有效的。针对多技能资源受限项目资源问题，朱蕾等（Lei Zhu et al. ，2021）提出了一种有效的基于分解的多目标遗传规划超启发式 MOGP－HH/D 方法，其目标是同时使完工时间和总成本最小化。该方法首先提出分解机制以提高解的多样性，并分别设计一种单列表编码方案和一种改进的基于修复的解码方案来表示个体构造可行的项目资源配置。开发十种自适应启发式算法以构成一个低级启发式算法 LLH 列表。采用遗传规划作为高级启发式 HLH 并从 LLHs 集合灵活地生成一个有希望的启发式序列。采用田口实验设计法 DOE 对参数设置的性能进行分析，并在典型基准数据集上对 MOGP－HH/D 算法的有效性进行评估，计算结果表明该算法在求解多目标 MS－RCPSP 问题时优于现有方法。通过以上研究发现，以资源属性视角进行多项目资源资源配置是目前研究的热点。

对于项目管理者而言，制定科学的项目计划、实施有效的管理监控、合理分配项目资源是重点，要做到这些，拥有相关的项目管理理论和知识是远远不够的，有技巧、更高效、更准确地完成项目才是管理者们的实质竞争力。借助于项目管理工具，项目管理者们可以事半功倍，完美应对多项目同时进行带来的难题。企业在运营过程中一般会存在多个项目并行推进的情况，一段时间只运营一个项目的情况已经很少。无论是对项目管理者还是项目执行者而言，多项目同时进行比单项目运行更具挑战。多项目管理一般会存在各项目之间抢资源、资源冲突、资源分配不合理、资源浪费等现象。多项目间是否存在依赖关系是在资源分配中必须首先考虑的一个问题。如果不存在依赖关系，则资源的分配较为简单，只需要解决和平衡多个项目同一时间在关键资源的冲突。当多项目间的活动或任务存在依赖关系的时候，问题就变复杂了，往往其中一个项目的资源调整就会对相关联的项目的进度和资源分配造成影响。在多项目管理的资源分配中，多项目应该被看作一个更大的集成项目来统一考虑进度计划和资源调配。

通过对多项目关键链资源配置的研究，虽然已解决了一些具有理论基础和实际意义的问题，但是由于时间以及水平限制导致本书在广度和深度方面还存在一些局限性。因此，今后想进一步拓展研究的主要内容包括：如何在高维度情况下对大数据开展统计学习、预测和优化，实现数据驱动决策，是当前管理科学与系统工程所面临的重要问题。为探索如何将大数据的理论与方法应用于实际项目管理中，对数据驱动决策理论需要进行深度分析；如何构建基于大数据的多项目管理的模型与方法，推动大数据技术在项目中的研究和应用，需要进一步分析多项目管理理论与实践所涉及的数据类型，分析大数据方法在项目管理各领域的应用前景，探讨多项目管理有待研究的关键科学问题。

近年来，全球气候问题日趋严重，各国对于碳减排方面的重视度逐渐提高，并大力提倡风能、水能、太阳能等各类清洁能源的生产与应用。2021 年 10 月，《关于完整准确全面贯彻新发展理念做好碳达峰碳中和工作的意见》以及《2030 年前碳达峰行动方案》相继出台，共同构建了中国碳达峰、碳中和"1 + N"政策体系的顶层设计。将碳达峰、碳中和目标要求全面融入经济社会发展中长期规划，强化国家发展规划、国土空间规划、专项规划、区域规划和地方各级规划的支撑保障。加强各级各类规划间衔接协调，确保各地区各领域落实碳达峰、碳中和的主要目标、发展方向、重大政策、重大工程等协调一致。同时，把碳达峰、碳中和纳入经济社会发展全局，坚持"全国统筹、节约优先、双轮驱动、内外畅通、防范风险"的总方针，有力有序有效地做好碳达峰工作，明确各地区、各领域、各行业目标任务，加快实现生产生活方式绿色变革，推动经济社会发展建立在资源高效利用和绿色低碳发展的基础之上，确保如期实现 2030 年前碳达峰目标。在"双碳"目标导向下，分析把握我国宏观经济形势，展望"十四五"能源电力发展态势，对行业高质量发展建言献策具有重要意义。因此，既要确保如期实现"双碳"目标，又要在实施路径中充分考虑成本与效益的关系，在多项目资源配置过程中也要综合考虑转型发展与保持经济竞争力的关系，尽可能做到低成本减碳、高质量发展。随着大数据的日益发展，难以建立数学模型的工程优化问题时，在多项目资源配置过程中笔者将引入更多资源约束条件的约束优化、项目资源配置目标函数不单一的多目标规划、带有不确定性的不确定多项目资源配置规划、多项目资源配置问题随时间而变的动态规划等进行分类研究。同时，将应用大数据分析的方法、机器学习等新技术与新方法为解决这些多项目资源配置问题提供新的有效的求解途径，设计更有效的多项目关键链资源配置的混合量子智能算法，研究多项目关键链资源配置行为机理以及对高维不确定性环境下多项目关键链资源配置理论与方法进行深入研究和广泛探讨，希望自己在以上研究方面能取得更好成绩和新的突破。

　　数字经济正在成为重组全球要素资源，重塑全球经济结构、改变全球竞争格局的关键力量。数字经济是以数据资源为重要生产要素，以现代信息网络为主要载体，以信息通信技术融合应用、全要素数字化转型为重要推动力，促进公平与效率更加统一的新经济形态。同时，数据资源的爆发式增长和分析应用水平的持续提升，大数据、人工智能、云计算、物联网等新兴数字技术迅猛发展，日益成为推动经济实现快速增长的强大驱动力量。项目是企业利润来源的核心，也是数字化技术应用的主体，所以应该在多项目运作过程中推行数字化应用，提升企业经营能力。企业竞争的本质就是项目竞争，项目的竞争其实就是资源配置效率的竞争。如何把握数字化转型机遇，提高数据要素市场化资源配置效率，是企业实现可持续性发展的重要任务与重要路径。掌握数字技术，使数字技术资源竞争向数据竞争转变，可以使数据成为核心驱动要素。因此，提高项目资源配置的效率是提升企业市场竞争力的关键。结合国内外先进的多项目管理理论与方法，应用多项目资源配置的模型与算法，还可以应用数字化技术与人工智能来提升多项目资源配置的效率。

　　多项目管理在制造业、服务业等竞争环境中变得越来越重要。数字技术的变革正在影响多项目管理的新模式。数字技术正在影响并推动着多项目管理新模式的变革。在推进过程中，如果有一个节点出现问题或者节奏跟不上，就有可能导致整个项目的停滞，那么，作为管理者该如何进行项目管理，这是我们应该考虑的问题。在数字化转型项目中，大部分企业通常对于项目管理并不十分重视，其实不仅是项目的业务创新模式问题，任何一个业务环节被忽略都可能造成项目风险，尤其是多项目管理过程中的一些问题。项目进度计划与关键的时间节点是多项目管理最重要的环节，无论项目的大小、进度计划、时间周期的长短，都需要对多项目进行工作项拆分，然后按照项目资源配置规则进行合理的配置。如果不设置项目进度计划，项目活动就会延期、延误，最终造成不可挽回的后果，如果发现多项目资源配置有偏差，就可以及时做出项目调整。同时，企业数字化转型的过程环境很复杂，每一个细节都要严格按照多项目的过程标准实施。企业可通过数字化平台将多项目资源配置标准有效传递并按照要求有效进行多项目资源配置。对于多项目运行企业来说，最关注项目资源的利用效率，太多的企业虚耗资源，会导致失去市场核心竞争力，所以多项目管理在数字化转型中的地位尤为重要。因此，数字化转型驱动下的多项目资源配置机理、理论与方法将是以后研究的方向。

　　企业的多项目管理通常被认为是通过项目资源的组合与项目资源的优化来实现资源的有效配置。由于企业实施了精益生产，在项目资源配置时会越来越注重其内部资源的有效性。因此，如何有效地提高多项目中共享资源的利用效率，同时优化整个多项目所需的资源能力，成为项目组织的一个重要研究课题。多项目管理在数字化转型中应用要支撑项目资源配置的全周期在线化管理，覆盖多项目管理中的项目立项、项目计划、项目执行以及项目资源管理等全过程，同时提供多项目资源配置过程中的看板管理，支撑多项目资源配置的全过程，包括项目合同、项目进度计划、项目资源管理、项目成本控制等有关项目资源控制，通过以上数字化技术来有效提高项目资源的配置效率。多项目资源配置过程统一管控项目资源配置的全过程，因此，其覆盖了全生命周期的资源利用情况。随着数字技术与人工智能日益发展，多项目数字化管理平台应运而生。通过数据统计、项目反馈，掌控多项目资源配置的效率，一旦发现项目资源配置效率问题，将要求企业采取科学的资源配置方法来有效提高资源配置的效率；项目数字化管理平台还会自动比对项目进度、项目资源情况、项目资源配置执行的情况等关键指标，分析项目资源配置的效率问题。多项目资源配置平台可以灵活地处理不同项目的各类资源需求，让多项目资源配置更精准、更具有可控性。因此，通过数字化技术可有效解决多项目资源配置效率不高、多项目资源难共享等难题。

　　在本书的最后，感谢贵州大学给予出版基金的大力资助。同时，感谢贵州省省级科技计划项目：黔科合基础 - ZK［2021］一般 339、黔科合基础 - ZK［2022］一般 080；贵州省哲学社会科学规划课题一般项目（21GZYB09；21GZYB10）；贵州大学"研究基地及智库"重点专项课题（GDZX2021031）；贵州大学文科研究一般项目资助（GDYB2021022；GDYB2021023）、国家自然科学基金项目：数据驱动下考虑学习与恶化效应的绿色制造资源配置方法研究（72261005）以及贵州大学 2022 年课程思政示范课程研究生项目等课题给予的部分支持。此外，感谢所有评审人与经济科学出版社编辑的辛苦付出与有益的建议。

参 考 文 献

[1] 白思俊. 资源有限的网络计划与启发式优化方法及其评价与选择: 启发式优化方法综述 [J]. 中国管理科学, 1993 (02): 30-38.

[2] 别黎, 崔南方. 关键链多项目管理中能力约束缓冲大小研究 [J]. 计算机集成制造系统, 2011, 17 (7): 1534-1540.

[3] 蔡雅莉. 基于关键链的项目进度管理方法研究 [J]. 赤峰学院学报 (自然科学版), 2016, 32 (13): 118-119.

[4] 陈宁, 章雪岩, 武振业, 陈石. 基于随机理论的多项目资源配置模型及应用研究 [J]. 中国管理科学, 2006, 14 (4): 75-80.

[5] 陈伟, 李金秋, 杨早立. 基于误差传递和隶属度的动态灰靶多属性决策 [J]. 系统管理学报, 2017, 26 (06): 1034-1042.

[6] 陈晓红, 胡文华, 曹裕, 陈建二. 基于梯形模糊数的分层多目标线性规划模型在多属性不确定决策问题中的应用 [J]. 管理工程学报, 2012, 26 (4): 192-198.

[7] 单泪源, 徐加振, 张人龙. 基于模糊粗糙集的项目族工作分解结构模型构建 [J]. 统计与决策, 2014 (10): 17-20.

[8] 丁志成, 高卓. FPSO 船体建造项目工作分解结构及权重划分研究 [J]. 项目管理技术, 2020, 18 (11): 126-129.

[9] 龚本刚. 基于证据理论的不完全信息多属性决策方法研究 [D]. 合肥: 中国科技大学, 2007, 30-40.

[10] 巩军, 胡涛, 姚路. 基于信息熵的关键链缓冲区设置方法 [J]. 自动化学报, 2022, 48 (8): 2039-2049.

[11] 郭恒栋, 高琦, 巩高铄. 基于改进的资源紧张度缓冲区设置方法研究 [J]. 组合机床与自动化加工技术, 2018 (12): 142-144+149.

[12] 郭庆军, 赛云秀. 关键链多项目进度管理分析 [J]. 西安工业大学学报, 2007, (06): 583-587+598.

[13] 韩玮, 孙永河, 缪彬. 不完备判断信息情境下群组 DEMATEL 决策方

法 [J]. 中国管理科学, 2021, 29 (05): 231 - 239.

[14] 胡雪君, 赵雁, 单汨源, 王建江, 别黎. 基于自适应大邻域搜索的鲁棒多项目调度方法 [J]. 中国管理科学, 2021 (3): 1 - 12.

[15] 户鲲, 刘均华, 宋涛. 基于关键链的航天多项目稀缺资源均衡分配 [J]. 导弹与航天运载技术, 2020 (02): 1 - 6.

[16] 黄健仓. 建设企业多项目管理中的资源调度问题研究 [J]. 中国软科学, 2016 (01): 176 - 183.

[17] 黄敏镁. 具有柔性资源约束的优化调度问题研究 [D]. 武汉: 武汉理工大学, 2007: 12 - 87.

[18] 吉格迪, 詹亚明. 基于信息流交互的关键链项目缓冲区确定方法 [J]. 土木工程与管理学报, 2022, 39 (01): 35 - 42.

[19] 姜广田. 考虑决策者心理行为的混合型随机多属性决策方法 [J]. 中国管理科学, 2014, 22 (6): 78 - 84.

[20] 李道国, 苗夺谦, 杜伟林. 粒度计算在人工神经网络中的应用 [J]. 同济大学学报 (自然科学版), 2006, 34 (7): 960 - 964.

[21] 李德毅, 孟海军, 史雪梅. 隶属云和隶属云发生器 [J]. 计算机研究与发展, 1995, 32 (6): 15 - 20.

[22] 李敬花, 茆学掌, 张涛. 基于人工神经网络的复杂海工装备项目工作结构分解 [J]. 计算机集成制造系统, 2017, 23 (07): 1511 - 1519.

[23] 李鹏宇, 吴冲. 基于改进得分函数的直觉梯形模糊数群体多属性决策方法 [J]. 运筹与管理, 2021, 30 (04): 76 - 80 + 114.

[24] 李迁, 张怀明, 丁翔. 基于计算实验的资源受限多项目调度策略优化 [J]. 系统管理学报, 2018, 27 (01): 168 - 175.

[25] 李岩, 陈云翔, 罗承昆, 蔡忠义. 基于概率犹豫直觉模糊熵和证据推理的多属性决策方法 [J]. 系统工程与电子技术, 2020, 42 (05): 1116 - 1123.

[26] 李彦斌, 唐辉, 王冬梅. 大型集群式工程项目的 WBS - RBS 风险识别方法及其应用 [J]. 建筑经济, 2011 (08): 31 - 33.

[27] 李银生, 张立彦. 项目工作分解结构的理论和应用 [J]. 工程经济, 2004 (03): 5 - 8.

[28] 廖良才, 张琦. 基于混合遗传算法和关键链的多资源多项目进度计划优化 [J]. 科学技术与工程, 2014, 14 (06): 190 - 195.

[29] 林志荣, 朱镒道. 网络计划中资源均衡优化的研究 [J]. 中国管理科学, 2000 (03): 40 - 44.

［30］刘东宁，徐哲．基于多优先规则启发式的分布式多项目随机调度［J］．系统工程理论与实践，2021，41（12）：3294－3303.

［31］刘盾，李天瑞，杨新，梁德翠．三支决策：基于粗糙集与粒计算研究视角［J］．智能系统学报，2019，14（06）：1111－1120.

［32］刘士新，王梦光，唐加福．资源受限工程调度问题的优化方法综述［J］．控制与决策，2001，16（1）：647－651.

［33］刘树林，汪寿阳．一个已知方案偏好信息的多属性决策新方法［J］．系统工程理论与实践，1999，19（4）：2－15.

［34］罗利等．数据驱动的多维不确定性医院关键资源调度优化方法研究及应用［Z］．成都：四川大学，2018－03－16.

［35］马卫民，孙丽，宁磊，林南南．加工时间带恶化和指数学习效应的成组排序［J］．系统工程理论与实践，2017，37（01）：205－211.

［36］苗夺谦，徐菲菲，姚一豫，魏莱．粒计算的集合论描述［J］．计算机学报，2012，35（2）：2351－2363.

［37］彭武良，郝永平．求解资源受限项目调度问题的改进粒子群算法［J］．系统工程，2010（4）：84－88.

［38］綦方中，胡丹，叶雷宏．基于时间窗和关键链的多项目资源分配的研究［J］．科技管理研究，2013，33（13）：229－232.

［39］任秀芳．基于关键链的动态多项目资源配置方法研究［J］．经济师，2017（01）：293＋295.

［40］寿涌毅．多项目资源配置的拉格朗日分解方法［J］．数量经济技术经济研究，2004（8）：98－102.

［41］舒心，苏强，王琦，邓国英，王秋根．考虑活动时间不确定性的医疗服务多项目鲁棒优化调度研究［J］．工业工程与管理，2021（8）：1－14.

［42］田坤，吕铁英．基于多属性改进标准差的关键链项目缓冲设置研究［J］．沈阳建筑大学学报（社会科学版），2020，22（01）：70－75.

［43］万树平，董九英．基于三角直觉模糊数 Choquet 积分算子的多属性决策方法［J］．中国管理科学，2014，22（3）：121－129.

［44］王国胤，张清华，马希骜，杨青山．知识不确定性问题的粒计算模型［J］．软件学报，2011，22（4）：676－694.

［45］王伟明，徐海燕，朱建军．区间信息下的大规模群体 DEMATEL 决策方法［J］．系统工程理论与实践，2021，41（06）：1585－1597.

［46］吴兵．柔性资源受限的多模式项目调度问题研究［D］．武汉：武汉理

工大学, 2008: 24 – 61.

[47] 吴超. 关键链管理法在资源受限多项目调度中的应用 [J]. 中国管理信息化, 2016, 19 (17): 87 – 89.

[48] 徐怡, 王泉, 霍思林. 粒计算中基于属性分类的形式概念属性约简 [J]. 控制与决策, 2018, 33 (12): 2203 – 2207.

[49] 杨烽. 利用粒计算的符号型数据分组算法 [J]. 计算机科学, 2018, 45 (S2): 445 – 452.

[50] 叶春明. 基于学习效应的行为生产调度新模式研究 [J]. 企业经济, 2015 (04): 5 – 10.

[51] 于懿宁, 徐哲, 刘东宁. 考虑多技能人力资源的分布式多项目调度问题 [J]. 系统工程理论与实践, 2020, 40 (11): 2921 – 2933.

[52] 喻小光, 战德臣, 聂兰顺, 初佃辉, 徐晓飞. 柔性资源约束的资源水平项目调度问题 [J]. 计算机集成制造系统, 2010, 16 (9): 1967 – 1976.

[53] 张春生, 严广乐. 基于资源时间因子的 DSM 项目群进度优化研究 [J]. 运筹与管理, 2013, 22 (04): 93 – 100.

[54] 张光军, 姚泽坤, 刘人境, 徐青川. 风险导向下的关键链多项目能力约束缓冲设置方法 [J]. 科技管理研究, 2018, 38 (23): 198 – 203.

[55] 张静文, 刘婉君, 李琦. 基于关键链改进搜索的遗传算法求解分布式多项目调度 [J]. 运筹与管理, 2021, 30 (03): 123 – 129.

[56] 张久君. WBS 在项目管理中的应用 [J]. 科技创新导报, 2013 (28): 30 – 31.

[57] 张俊光, 李婧, 成诺. 基于综合优先级的关键链多项目两阶段监控预警机制 [J]. 管理工程学报, 2021, 35 (06): 226 – 233.

[58] 张俊光, 李伊童, 万丹. 基于活动属性的关键链项目资源缓冲设置方法研究 [J]. 软科学, 2017, 31 (05): 124 – 127.

[59] 张俊光, 周尚. 基于不确定性的关键链项目缓冲确定方法研究 [J]. 工业技术经济, 2021, 40 (10): 154 – 160.

[60] 张钱, 张铃. 问题求解理论及应用 [M]. 北京: 清华大学出版社, 1990: 85 – 90.

[61] 张小芝, 朱传喜, 朱丽. 时序多属性决策的广义等级偏好优序法 [J]. 中国管理科学, 2014, 22 (4): 105 – 111.

[62] 张新功, 严广乐, 唐国春, 唐海波. 具有指数和位置学习效应的机器排序问题 [J]. 运筹与管理, 2011, 20 (02): 97 – 101.

［63］张雪.项目管理背景下企业资源调度存在的问题与对策研究［J］.中国集体经济，2020（14）：48 – 49.

［64］赵松，徐哲，刘东宁.地域分散型多项目时间/成本权衡问题［J］.中国管理科学，2021：1 – 12.

［65］周丹晨.基于粒计算面向工艺实例检索的材料相似度算法［J］.机械工程学报，2014，50（13）：170 – 177.

［66］Abbas Sayyadi, Hamid Esmaeeli, Amir Hossein Hosseinian. A community detection approach for the resource leveling problem in a multi-project scheduling environment［J］. Computers & Industrial Engineering, 2022, Vol. 169.

［67］Abdesslem Layeb. A hybrid quantum inspired harmony search algorithm for 0 – 1 optimization problems［J］. Journal of Computational and Applied Mathematics, 2013, 253（12）：14 – 25.

［68］Abdoulmohammad Gholamzadeh Chofreh, Feybi Ariani Goni, Muhammad Noman Malik, Huma Hayat Khan, Jiří Jaromír Klemeš. The imperative and research directions of sustainable project management［J］. Journal of Cleaner Production, 2019, Vol. 238.

［69］Abdulhameed Adamu, Mohammed Abdullahi, Sahalu Balarabe Junaidu, Ibrahim Hayatu Hassan. An hybrid particle swarm optimization with crow search algorithm for feature selection［J］. Machine Learning with Applications, 2021, Vol. 6.

［70］Adam Gacek. Granular modelling of signals：A framework of granular computing［J］. Information Sciences, 2013, 221（1）：1 – 11.

［71］Adam Pedrycz, Kaoru Hirota, Witold Pedrycz, Fangyan Dong. Granular representation and granular computing with fuzzy sets［J］. Fuzzy Sets and Systems, 2012, 203（9）：17 – 32.

［72］Adriano De Maio, Roberto Verganti, Mariano Corso. A multi-project management framework for new product development［J］. European Journal of Operational Research, 1994, 78（2）：178 – 191.

［73］Adrian Rubio Solis, George Panoutsos. Granular computing neural-fuzzy modelling：A neutrosophic approach［J］. Applied Soft Computing, 2013, 13（9）：4010 – 4021.

［74］Ahmad Bagheri, Hamed Mohammadi Peyhani, Mohsen Akbari. Financial forecasting using ANFIS networks with Quantum-behaved Particle Swarm Optimization［J］. Expert Systems with Applications, 2014, 41（14）：6235 – 6250.

［75］ Ahmed Oyedele, Hakeem A. Owolabi, Lukumon O. Oyedele, Oladimeji A. Olawale. Big data innovation and diffusion in projects teams: Towards a conflict prevention culture ［J］. Developments in the Built Environment, 2020, Vol. 3.

［76］ Aiqin Li, Ningfei Wang, Jiecheng Yu, Cong Deng. Project scheduling optimization of random graph MDP considering active/passive resource constraints ［J］. Measurement, 2019 (144): 7 – 13.

［77］ Ali Fathalizadeh, M. Reza Hosseini, A. J. Gilbert Silvius, Ali Rahimian, Igor Martek, David John Edwards. Barriers impeding sustainable project management: A Social Network Analysis of the Iranian construction sector ［J］. Journal of Cleaner Production, 2021, Vol. 318.

［78］ Ali J. Management of risks, uncertainties and opportunities on projets: time for a fundamental shift ［J］. International Journal of Project Management, 2001, 19 (5): 89 – 101.

［79］ Amirhosein Patoghi, Seyed Meysam Mousavi. A new approach for material ordering and multi-mode resource constraint project scheduling problem in a multi-site context under interval-valued fuzzy uncertainty ［J］. Technological Forecasting and Social Change, 2021, Vol. 173, issue C.

［80］ Amol Singh. Resource constrained multi-project scheduling with priority rules & analytic hierarchy process ［J］. Procedia Engineering, 2014, 69 (6): 725 – 734.

［81］ Ana León, Oscar Pastor. Enhancing precision medicine: A big data-driven approach for the management of genomic data ［J］. Big Data Research, 2021, Vol. 26.

［82］ Ana Lucia Dai Pra, Lucia Isabel Passoni, Hector Rabal. Evaluation of laser dynamic speckle signals applying granular computing ［J］. Signal Processing, 2009, 89 (3): 266 – 274.

［83］ András Lassó, Emanuele Trucco. Vessel enhancement in digital X-ray angiographic sequences by temporal statistical learning ［J］. Computerized Medical Imaging and Graphics, 2005, 29 (5): 343 – 355.

［84］ Apvan Der Merwe. Multi-project management-organizational structure and control ［J］. International Journal of Project Management, 1997, 15 (4): 223 – 233.

［85］ Arushi Gupta, Smriti Srivastava. Comparative analysis of ant colony and particle swarm optimization algorithms for distance optimization ［J］. Procedia Computer Science, 2020 (173): 245 – 253.

［86］ Aytac Gogus, Gurdal Ertek. Statistical scoring algorithm for learning and study skills [J]. Procedia-Social and Behavioral Sciences, 2012, 55 (10): 882 – 886.

[87] Babita Majhi, Ganapati Panda. Distributed and robust parameter estimation of IIR systems using incremental particle swarm optimization [J]. Digital Signal Processing, 2013, 23 (4): 1303 – 1313.

[88] Baoxian Liang, Yunlong Zhao, Yang Li. A hybrid particle swarm optimization with crisscross learning strategy [J]. Engineering Applications of Artificial Intelligence, 2021, Vol. 105.

[89] Behdin Vahedi-Nouri, Parviz Fattahi, Mohammad Rohaninejad, Reza Tavakkoli-Moghaddam. Minimizing the total completion time on a single machine with the learning effect and multiple availability constraints [J]. Applied Mathematical Modelling, 2013, 37 (5): 3126 – 3137.

[90] Benjamin Koke, Robert C. Moehler. Earned Green Value management for project management: A systematic review [J]. Journal of Cleaner Production, 2019 (230): 180 – 197.

[91] Bernardo F. Almeida, Isabel Correia, Francisco Saldanha-da-Gama. Priority-based heuristics for the multi-skill resource constrained project scheduling problem [J]. Expert Systems with Applications, 2016 (57): 91 – 103.

[92] Bert De Reyck, Willy Herroelen. The multi-mode resource-constrained project scheduling problem with generalized precedence relations [J]. European Journal of Operational Research, 1999, 119 (2): 538 – 556.

[93] Bharathwaj Sankaran, Guillermo Nevett, William J. O'Brien, Paul M. Goodrum, Joshua Johnson. Civil integrated management: Empirical study of digital practices in highway project delivery and asset management [J]. Automation in Construction, 2018 (87): 84 – 95.

[94] Bilal Alatas, Erhan Akin. Multi-objective rule mining using a chaotic particle swarm optimization algorithm [J]. Knowledge-Based Systems, 2009, 22 (6): 455 – 460.

[95] Bingling She, Bo Chen, Nicholas G. Hall. Buffer sizing in critical chain project management by network decomposition [J]. Omega, 2021, Vol. 102.

[96] Bingsheng Liu, Yinghua Shen, Xiaohong Chen, Hui Sun, Yuan Chen. A complex multi-attribute large-group PLS decision-making method in the interval-valued intuitionistic fuzzy environment [J]. Applied Mathematical Modelling, 2014, 38

（9）：4512 - 4527.

［97］ Bingsheng Liu, Yinghua Shen, Yuan Chen, Xiaohong Chen, Yumeng Wang. A two-layer weight determination method for complex multi-attribute large-group decision-making experts in a linguistic environment ［J］. Information Fusion, 2015, 23 （5）：156 - 165.

［98］ Bing Wang, Yuanjie Wang, Fang Yan, Wei Zhao. Safety intelligence toward safety management in a big-data environment：A general model and its application in urbansafetymanagement ［J］. Safety Science, 2022, Vol. 154.

［99］ Biskup D. Single-machine scheduling with learning considerations ［J］. European Journal of Operational Research, 1999, 115 （1）：173 - 178.

［100］ Burcu Beykal, Styliani Avraamidou, Efstratios N. Pistikopoulos. Data-driven optimization of mixed-integer bi-level multi-follower integrated planning and scheduling problems under demand uncertainty ［J］. Computers & Chemical Engineering, 2022, Vol. 156.

［101］ Carla Cavichiolo Flores, Denis Alcides Rezende. Crowdsourcing framework applied to strategic digital city projects ［J］. Journal of Urban Management, 2022, 11 （4）：467 - 478.

［102］ Carl Marnewick, Annlizé L. Marnewick. Digitalization of project management：Opportunities in research and practice ［J］. Project Leadership and Society, 2022, Vol. 3.

［103］ Carl Marnewick, Annlizé Marnewick. Digital intelligence：A must-have for project managers ［J］. Project Leadership and Society, 2021, Vol. 2.

［104］ Cengiz Kahraman, Orhan Engin, İhsan Kaya, R. Elif Öztürk. Multiprocessor task scheduling in multistage hybrid flow-shops：A parallel greedy algorithm approach ［J］. Applied Soft Computing, 2010, 10 （4）：293 - 1300.

［105］ Chengfu Sun, Songfeng Lu. Short-term combined economic emission hydrothermal scheduling using improved quantum-behaved particle swarm optimization ［J］. Expert Systems with Applications, 2010, 37 （6）：4232 - 4241.

［106］ Cheng TCE, Wu CC, Lee WC. Some scheduling problems with sum-of-processing-times-based and job-position-based learning effects ［J］. Information Sciences, 2008, 178 （1）：2476 - 2487.

［107］ Chen Yongqi. LS_SVM parameters selection based on hybrid complex particle swarm optimization ［J］. Energy Procedia, 2012, 17 （1）：706 - 710.

[108] Ching-Jong Liao, Evi Tjandradjaja, Tsui-Ping Chung. An approach using particle swarm optimization and bottleneck heuristic to solve hybrid flow shop scheduling problem [J]. Applied Soft Computing, 2012, 12 (6): 1755 - 1764.

[109] Chinyao Low, Wen-Yi Lin. Some scheduling problems with time-dependent learning effect and deteriorating jobs [J]. Applied Mathematical Modelling, 2013, 37 (11): 8865 - 8875.

[110] Chung-Yee Lee, George L. Vairaktarakis. Minimizing makespan in hybrid flowshops [J]. Operations Research Letters, 1994, 16 (3): 149 - 158.

[111] C. K. Goh, K. C. Tan, D. S. Liu, S. C. Chiam. A competitive and cooperative co-evolutionary approach to multi-objective particle swarm optimization algorithm design [J]. European Journal of Operational Research, 2010, 202 (1): 42 - 54.

[112] Cordeau J. F. , Laporte G, Pasin F. , et al. Scheduling technicians and tasks in a telecommnications company [J]. Journal of Scheduling, 2010, 13 (1): 393 - 409.

[113] C. Y. Liu, C. Q. Yan, J. J. Wang. Hybrid particle swarm optimization algorithm and its application in nuclear engineering [J]. Annals of Nuclear Energy, 2014, 64 (2): 276 - 286.

[114] Daniel Yeung, Xizhao Wang, Degang Chen. Preface: Recent advances in granular computing [J]. Information Sciences, 2008, 178 (16): 3161 - 3162.

[115] Dan Margolis, Walker H. Land Jr. , Ron Gottlieb, Xingye Qiao. A complex adaptive system using statistical learning theory as an inline preprocess for clinical survival analysis [J]. Procedia Computer Science, 2011, 6 (1): 279 - 284.

[116] Deepika Arya, Santanu Bandyopadhyay. Optimizing the resource cost in multiple resources allocation problem with parametric uncertainties [J]. Chemical Engineering Research and Design, 2022 (178): 25 - 37.

[117] Dimitris Bertsimas, Shubham Gupta, Guglielmo Lulli. Dynamic resource allocation: A flexible and tractable modeling framework [J]. European Journal of Operational Research, 2014, 236 (1): 14 - 26.

[118] Dong Meiyou, Yao Ye. Establishment of big data evaluation model for green and sustainable development of enterprises [J]. Journal of King Saud University-Science, 2022, Vol. 34, Issue 5.

[119] Dongning Liu, Zhe Xu, Feifei Li. A three-stage decomposition algorithm for decentralized multi-project scheduling under uncertainty [J]. Computers & Industria-

lEngineering, 2021, Vol. 160.

[120] Elizabeth J. Abraham, Patrick Linke, Dhabia M. Al-Mohannadi. Optimization of low-cost negative emissions strategies through multi-resource integration [J]. Journal of Cleaner Production, 2022, Vol. 372.

[121] Elnaz Davoodi, Mehrdad Tarafdar Hagh, Saeid Ghassem Zadeh. A hybrid Improved Quantum-behaved Particle Swarm Optimization-Simplex method (IQPSOS) to solve power system load flow problems [J]. Applied Soft Computing, 2014, 21 (8): 171 – 179.

[122] Emrah B. Edis, Ceyda Oguz. Parallel machine scheduling with flexible resources [J]. Computers & Industrial Engineering, 2012, 63 (2): 433 – 447.

[123] Fadi A. Zaraket, Majd Olleik, Ali A. Yassine. Skill-based framework for optimal software project selection and resource allocation [J]. European Journal of Operational Research, 2014, 234 (1): 308 – 318.

[124] Fan Fei, Zongguo Wen, Sang Ri. Urbanbiowaste integrated management based on synergy mechanism and multi-objective optimization: A case study in Suzhou, China [J]. Science of The Total Environment, 2022, Vol. 823.

[125] Fang Fu, Hong Zhou. A combined multi-agent system for distributed multi-project scheduling problems [J]. Applied Soft Computing, 2021, Vol. 107.

[126] Fang Liu, Haibin Duan, Yimin Deng. A chaotic quantum-behaved particle swarm optimization based on lateral inhibition for image matching [J]. Optik-International Journal for Light and Electron Optics, 2012, 123 (21): 1955 – 1960.

[127] Feifei Li, Zhe Xu, Haitao Li. A multi-agent based cooperative approach to decentralized multi-project scheduling and resource allocation [J]. Computers & Industrial Engineering, 2021, Vol. 151.

[128] Félicien Barhebwa-Mushamuka, Sarah Wagner. Multi-Partners Digital Project Twin: A Tool for Project Monitoring [C]. IFAC-Papers On Line, 2022, 55 (10): 383 – 388.

[129] Francisco Ballestín, Rosa Blanco. Theoretical and practical fundamentals for multi-objective optimisation in resource-constrained project scheduling problems [J]. Computers & Operations Research, 2011, 38 (1): 51 – 62.

[130] Gang Li, Xiao-Yuan Wang, Ji-Bo Wang, Lin-Yan Sun. Worst case analysis of flow shop scheduling problems with a time-dependent learning effect [J]. International Journal of Production Economics, 2013, 142 (1): 98 – 104.

［131］ George Panoutsos, Mahdi Mahfouf. A neural-fuzzy modelling framework based on granular computing: Concepts and applications ［J］. Fuzzy Sets and Systems, 2010, 161 （11）: 2808 – 2830.

［132］ Gilbert Silvius. The role of the project management office in sustainable project management ［J］. Procedia Computer Science, 2021 （181）: 1066 – 1076.

［133］ Gustavo Alves Fernandes, Sérgio Ricardo de Souza. A matheuristic approach to the multi-mode resource constrained project scheduling problem ［J］. Computers & Industrial Engineering, 2021, Vol. 162.

［134］ Hadi Nobahari, Saeed Nasrollahi. A nonlinear robust model predictive differential game guidance algorithm based on the particle swarm optimization ［J］. Journal of the Franklin Institute, 2020, 357 （15）: 11042 – 11071.

［135］ Haithem Hafsi, Hamza Gharsellaoui, Sadok Bouamama. Genetically-modified multi-objective particle swarm optimization approach for high-performance computing workflow scheduling ［J］. Applied Soft Computing, 2022, Vol. 122.

［136］ Hamidreza Maghsoudlou, Behrouz Afshar-Nadjafi. Seyed Taghi Akhavan Niaki. A multi-objective invasive weeds optimization algorithm for solving multi-skill multi-mode resource constrained project scheduling problem ［J］. Computers & Chemical Engineering, 2016 （88）: 157 – 169.

［137］ Haojie Chen, Guofu Ding, Jian Zhang, Rong Li, Lei Jiang, Shengfeng Qin. A filtering genetic programming framework for stochastic resource constrained multi-project scheduling problem under new project insertions ［J］. Expert Systems with Applications, 2022, Vol. 198.

［138］ HaoJie Chen, Jian Zhang, Rong Li, Guofu Ding, Shengfeng Qin. A two-stage genetic programming framework for stochastic resource constrained multi-project scheduling problem under New Project Insertions ［J］. Applied Soft Computing, 2022, Vol. 124.

［139］ Helton Cristiano Gomes, Francisco de Assis das Neves, Marcone Jamilson Freitas Souza. Multi-objective metaheuristic algorithms for the resource-constrained project scheduling problem with precedence relations ［J］. Computers & Operations Research, 2014, 44 （4）: 92 – 104.

［140］ Henrik Dellestrand, Philip Kappen. Headquarters allocation of resources to innovation transfer projects within the multinational enterprise ［J］. Journal of International Management, 2011, 17 （4）: 263 – 277.

［141］ Hermann Simon Lichte, Simon Oberthür. Schedulability criteria and analysis for dynamic and flexible resource management ［J］. Electronic Notes in Theoretical Computer Science, 2008, 200 (2): 3 – 19.

［142］ Hélène Delerue, Hélène Sicotte. Resource interdependence and project termination: An analysis in the biopharmaceutical industry ［J］. International Journal of Project Management, 2020, 38 (5): 256 – 266.

［143］ Hongsheng Su. Chaos quantum-behaved particle swarm optimization based neural networks for short-term load forecasting ［J］. Procedia Engineering, 2011, 15 (1): 199 – 203.

［144］ Hong T. P. , Tseng L. H. , Wang S. L. Learning rules from incomplete training examples by rough sets ［J］. Expert Systems with Applications, 2002, 22 (4): 285 – 293.

［145］ H. Steyn. Project management applications of the theory of constraints beyond critical chain scheduling ［J］. International Journal of Project Management, 2002, 20 (1): 75 – 80.

［146］ Huaqin Jiang, Zhengbing Yan, Xinggao Liu. Melt index prediction using optimized least squares support vector machines based on hybrid particle swarm optimization algorithm ［J］. Neurocomputing, 2013, 119 (11): 469 – 477.

［147］ Huu-Tho Nguyen, Siti Zawiah Md Dawal, Yusoff Nukman, Hideki Aoyama. A hybrid approach for fuzzy multi-attribute decision making in machine tool selection with consideration of the interactions of attributes ［J］. Expert Systems with Applications, 2014, 41 (6): 3078 – 3090.

［148］ Hyun Ji Park, Sung Won Cho, Chulung Lee. Particle swarm optimization algorithm with time buffer insertion for robust berth scheduling ［J］. Computers & Industrial Engineering, 2021, Vol. 160.

［149］ Ilja Kröker, Sergey Oladyshkin. Arbitrary multi-resolution multi-wavelet-based polynomial chaos expansion for data-driven uncertainty quantification ［J］. Reliability Engineering & System Safety, 2022, Vol. 222.

［150］ Indrajit Saha, Ujjwal Maulik, Sanghamitra Bandyopadhyay, Dariusz Plewczynski. Improvement of new automatic differential fuzzy clustering using SVM classifier for microarray analysis ［J］. Expert Systems with Applications, 2011, 38 (12): 15122 – 15133.

［151］ Jagadeesan Jayender, Eva Gombos, Sona Chikarmane, Donnette Dabydeen, Ferenc A. Jolesz, Kirby G. Vosburgh. Statistical Learning Algorithm for in situ and invasive breast carcinoma segmentation [J]. Computerized Medical Imaging and Graphics, 2013, 37 (4): 281 –292.

[152] Jakob Snauwaert, Mario Vanhoucke. A classification and new benchmark instances for the multi-skilled resource-constrained project scheduling problem [J]. European Journal of Operational Research, 2023, 307 (1): 1 –19.

[153] James C. Chen, Yin-Yann Chen, Tzu-Li Chen, Yi-Hsuan Lin. Multi-project scheduling with multi-skilled workforce assignment considering uncertainty and learning effect for large-scale equipment manufacturer [J]. Computers & Industrial Engineering, 2022, Vol. 169.

[154] Janiak A., Rudek R. Experience based approach to scheduling problems with the learning effect [J]. IEEE Transactions on Systems, Man, and Cybernetics – Part A, 2009, 39 (1): 344 –357.

[155] Jaume Fitó, Mathieu Vallée, Alain Ruby, Etienne Cuisinier. Robustness of district heating versus electricity-driven energy system at district level: A multi-objective optimization study [J]. Smart Energy, 2022, Vol. 6.

[156] Javier Alcaraz, Laura Anton-Sanchez, Francisco Saldanha-da-Gama. Bi-objective resource-constrained project scheduling problem with time-dependent resource costs [J]. Journal of Manufacturing Systems, 2022 (63): 506 –523.

[157] Jeroen van Ameijde, Chun Yu Ma, Garvin Goepel, Clive Kirsten, Jeff Wong. Data-driven placemaking: Public space canopy design through multi-objective optimisation considering shading, structural and social performance [J]. Frontiers of Architectural Research, 2022, 11 (2): 308 –323.

[158] Jerry Chun-Wei Lin, Qing Lv, Dehu Yu, Gautam Srivastava, Chun-Hao Chen. Optimized scheduling of resource-constraints in projects for smart construction [J]. Information Processing & Management, 2022, Vol. 59, Issue 5.

[159] Jesse Kivilä, Miia Martinsuo, Lauri Vuorinen. Sustainable project management through project control in infrastructure projects [J]. International Journal of Project Management, 2017, 35 (6): 1167 –1183.

[160] J. Garrido, J. Sáez. Integration of automatic generated simulation models, machine control projects and management tools to support whole life cycle of industrial digital twins [C]. IFAC-Papers OnLine, 2019, 52 (13): 1814 –1819.

[161] Jianbo Qian, George Steiner. Fast algorithms for scheduling with learning

effects and time-dependent processing times on a single machine [J]. European Journal of Operational Research, 2013, 225 (3): 547 −551.

[162] Jian Lin, Lei Zhu, Kaizhou Gao. A genetic programming hyper-heuristic approach for the multi-skill resource constrained project scheduling problem [J]. Expert Systems with Applications, 2020, Vol. 140.

[163] Jian Xiong, Roel Leus, Zhenyu Yang, Hussein A. Abbass. Evolutionary multi-objective resource allocation and scheduling in the Chinese navigation satellite system project [J]. European Journal of Operational Research, 2016, 251 (2): 662 − 675.

[164] Jianxi Yang, Fangyue Xiang, Ren Li, Luyi Zhang, Xiaoxia Yang, Shixin Jiang, Hongyi Zhang, Di Wang, Xinlong Liu. Intelligent bridge management via big data knowledge engineering [J]. Automationin Construction, 2022, Vol. 135.

[165] Jiaquan Gao, Jun Wang. A hybrid quantum-inspired immune algorithm for multiobjective optimization [J]. Applied Mathematics and Computation, 2011, 217 (9): 4754 −4770.

[166] Jiby Joy, Srijith Rajeev, Eldhose C. Abraham. Particle swarm optimization for multi resource constrained project scheduling problem with varying resource levels [J]. Materials Today: Proceedings, 2021, 47 (15): 5125 −5129.

[167] Jiexin Lian, Sol M. Shatz, Xudong He. Flexible coordinator design for modeling resource sharing in multi-agent systems [J]. Journal of Systems and Software, 2009, 82 (10): 1709 −1729.

[168] Jingyu Luo, Mario Vanhoucke, José Coelho, Weikang Guo. An efficient genetic programming approach to design priority rules for resource-constrained project scheduling problem [J]. Expert Systems with Applications, 2022, Vol. 198.

[169] Jin Liu, Ruochen Liu, Xilong Zhang. Recursive grouping and dynamic resource allocation method for large-scale multi-objective optimization problem [J]. Applied Soft Computing, 2022, Vol. 130.

[170] John H. Payne. Management of multiple simultaneous projects: A state of the art review [J]. International Journal of Project Management, 1995, 13 (3): 163 −168.

[171] Jorge E. Hurtado. An examination of methods for approximating implicit limit state functions from the viewpoint of statistical learning theory [J]. Structural Safety, 2004, 26 (3): 271 −293.

［172］José Coelho, Mario Vanhoucke. Multi-mode resource-constrained project scheduling using RCPSP and SAT solvers ［J］. European Journal of Operational Research, 2011, 213 (1): 73 –82.

［173］Juan M. Novas, Gabriela P. Henning. Integrated scheduling of resource-constrained flexible manufacturing systems using constraint programming ［J］. Expert Systems with Applications, 2014, 41 (5): 2286 –2299.

［174］Julie Delisle. Working time in multi-project settings: How project workers manage work overload ［J］. International Journal of Project Management, 2020, 38 (7): 419 –428.

［175］Jun Sun, Xiaojun Wu, Vasile Palade, Wei Fang, Choi-Hong Lai, Wenbo Xu. Convergence analysis and improvements of quantum-behaved particle swarm optimization ［J］. Information Sciences, 2012, 193 (6): 81 –103.

［176］Kai Guo, Limao Zhang. Multi-objective optimization for improved project management: Current status and future directions ［J］. Automation in Construction, 2022, Vol. 139.

［177］Kaijie Xu, Witold Pedrycz, Zhiwu Li. Granular computing: An augmented scheme of degranulation through a modified partition matrix ［J］. Fuzzy Sets and Systems, 2022 (440): 131 –148.

［178］Kai Zhang, Yiyi Zhang, Shan Xi, Jiefeng Liu, Jiashuo Li, Shengren Hou, Bin Chen. Multi-objective optimization of energy-water nexus from spatial resource reallocation perspective in China ［J］. Applied Energy, 2022, Vol. 314.

［179］K. Kumaran, E. Sasikala. Computational access point selection based on resource allocation optimization to reduce the edge computing latency ［J］. Measurement: Sensors, 2022, Vol. 24.

［180］K. Neumann, J. Zimmermann. Procedures for resource leveling and net present value problems in project scheduling with general temporal and resource constraints ［J］. European Journal of Operational Research, 2000, 127 (2): 425 –443.

［181］Koulamas C. , Kyparisis G. J. Single-machine and two-machine flowshop sche-duling with general learning function ［J］. European Journal of Operational Research, 2007, 178 (3): 402 –407.

［182］Kum-Khiong Yang, Chee-Chuong Sum. A comparison of resource allocation and activity scheduling rules in a dynamic multi-project environment ［J］. Journal of Operations Management, 1993, 11 (2): 207 –218.

[183] Kun Fan, Weijia You, Yuanyuan Li. An effective modified binary particle swarm optimization (mBPSO) algorithm for multi-objective resource allocation problem (MORAP) [J]. Applied Mathematics and Computation, 2013, 221 (9): 257 – 267.

[184] Kuo WH, Yang DL. Minimizing the total completion time in a single-machine scheduling problem with a time-dependent learning effect [J]. European Journal of Operational Research, 2006, 174 (2): 1184 – 1190.

[185] K. Yaghootkar, N. Gil. The effects of schedule-driven project management in multi-project environments [J]. International Journal of Project Management, 2012, 30 (1): 127 – 140.

[186] Lee WC, Wu CC. Some single-machine and machine flowshop scheduling problems with learning considerations [J]. Information Sciences, 2009, 79 (1): 3885 – 3892.

[187] Lei Zhu, Jian Lin, Yang-Yuan Li, Zhou-Jing Wang. A decomposition-based multi-objective genetic programming hyper-heuristic approach for the multi-skill resource constrained project scheduling problem [J]. Knowledge-Based Systems, 2021, Vol. 225.

[188] Lei Zhu, Jian Lin, Zhou-Jing Wang. A discrete oppositional multi-verse optimization algorithm for multi-skill resource constrained project scheduling problem [J]. Applied Soft Computing, 2019, Vol. 85.

[189] Ling Wang, Chen Fang. An effective estimation of distribution algorithm for the multi-mode resource-constrained project scheduling problem [J]. Computers & Operations Research, 2012, 39 (2): 449 – 460.

[190] Ling Wang, Chen Fang. An effective shuffled frog-leaping algorithm for multi-mode resource-constrained project scheduling problem [J]. Information Sciences, 2011, 181 (20): 4804 – 4822.

[191] Ling Wang, Xiaolong Zheng. A knowledge-guided multi-objective fruit fly optimization algorithm for the multi-skill resource constrained project scheduling problem [J]. Swarm and Evolutionary Computation, 2018 (38): 54 – 63.

[192] Lixin Shen, Yu-Bin Wu. Single machine past-sequence-dependent delivery times scheduling with general position-dependent and time-dependent learning effects [J]. Applied Mathematical Modelling, 2013, 37 (7): 5444 – 5451.

[193] Liyang Wang, Zhi Liu, C. L. Philip Chen, Yun Zhang, Sukhan Lee, Xin Chen. Fuzzy SVM learning control system considering time properties of biped walk-

ing samples [J]. Engineering Applications of Artificial Intelligence, 2013, 269 (2):
757 – 765.

[194] Longqing Cui, Xinbao Liu, Shaojun Lu, Zhaoli Jia. A variable neighbor-
hood search approach for the resource-constrained multi-project collaborative scheduling
problem [J]. Applied Soft Computing, 2021, Vol. 107.

[195] Lucio Bianco, Massimiliano Caramia, Stefano Giordani. A chance con-
strained optimization approach for resource unconstrained project scheduling with uncer-
tainty in activity execution intensity [J]. Computers & Industrial Engineering, 2019
(128): 831 – 836.

[196] Luis Felipe Luna-Reyes, David F. Andersen, Laura J. Black, Theresa
A. Pardo. Sensemaking and social processes in digital government projects [J]. Govern-
ment Information Quarterly, 2021, Vol. 38, Issue 2.

[197] Luong Duc Long, Ario Ohsato. Fuzzy critical chain method for project
scheduling under resource constraints and uncertainty [J]. International Journal of Pro-
ject Management, 2008, 26 (6): 688 – 698.

[198] Maciej Hapke, Andrzej Jaszkiewicz, Roman Słowiński. Interactive analy-
sis of multiple-criteria project scheduling problems [J]. European Journal of Operational
Research, 1998, 107 (2): 315 – 324.

[199] Maciej Laszczyk, Paweł B. Myszkowski. Improved selection in evolutionary
multi-objective optimization of multi-skill resource-constrained project scheduling prob-
lem [J]. Information Sciences, 2019 (481): 412 – 431.

[200] Mahmood Joorabian, Ehsan Afzalan. Optimal power flow under both normal
and contingent operation conditions using the hybrid fuzzy particle swarm optimisation
and Nelder-Mead algorithm (HFPSO-NM) [J]. Applied Soft Computing, 2014, 14
(1): 623 – 633.

[201] Mahmoud Ershadi, Fatemeh Goodarzi. Core capabilities for achieving sus-
tainable construction project management [J]. Sustainable Production and Consump-
tion, 2021 (28): 1396 – 1410.

[202] María Domínguez, Antonio Fernández-Cardador, Asunción P. Cucala,
Tad Gonsalves, Adrián Fernández. Multi objective particle swarm optimization algorithm
for the design of efficient ATO speed profiles in metro lines [J]. Engineering Applica-
tions of Artificial Intelligence, 2014, 29 (3): 43 – 53.

[203] Mariam Gómez Sánchez, Eduardo Lalla-Ruiz, Alejandro Fernández Gil,

Carlos Castro, Stefan Voß. Resource-constrained multi-project scheduling problem: A survey [J]. European Journal of Operational Research, 2022.

[204] Marjolein C. J. Caniëls, Ralph J. J. M. Bakens. The effects of Project Management Information Systems on decision making in a multi-project environment [J]. International Journal of Project Management, 2012, 30 (2): 162 – 175.

[205] Marly M. Carvalho, Roque Rabechini. Can project sustainability management impact project success? An empirical study applying a contingent approach [J]. International Journal of Project Management, 2017, 35 (6): 1120 – 1132.

[206] Mateja Dumić, Domagoj Jakobović. Using priority rules for resource-constrained project scheduling problem in static environment [J]. Computers & Industrial Engineering, 2022, Vol. 169.

[207] Mats Engwall, Anna Jerbrant. The resource allocation syndrome: the prime challenge of multi-project management [J]. International Journal of Project Management, 2003, 21 (6): 403 – 409.

[208] Matthew Bold, Marc Goerigk. A faster exact method for solving the robust multi-mode resource-constrained project scheduling problem [J]. Operations Research Letters, 2022, 50 (5): 581 – 587.

[209] Mauro Brunato, Roberto Battiti. Statistical learning theory for location fingerprinting in wireless LANs [J]. Computer Networks, 2005, 47 (6): 825 – 845.

[210] M. E. Bruni, L. Di Puglia Pugliese, P. Beraldi, F. Guerriero. An adjustable robust optimization model for the resource-constrained project scheduling problem with uncertain activity durations [J]. Omega, 2017 (71): 66 – 84.

[211] M. G. Epitropakis, V. P. Plagianakos, M. N. Vrahatis. Evolving cognitive and social experience in Particle Swarm Optimization through Differential Evolution: A hybrid approach [J]. Information Sciences, 2012, 216 (12): 50 – 92.

[212] Miia Martinsuo, Tuomas Ahola. Multi-project management in inter-organizational contexts [J]. International Journal of Project Management, 2022, 40 (7): 813 – 826.

[213] Mincan Li, Chubo Liu, Kenli Li, Xiangke Liao, Keqin Li. Multi-task allocation with an optimized quantum particle swarm method [J]. Applied Soft Computing, 2020, Vol. 96.

[214] Ming Liu. Parallel-machine scheduling with past-sequence-dependent delivery times and learning effect [J]. Applied Mathematical Modelling, 2013, 37 (23):

9630 – 9633.

[215] Mingqiang Meng. A hybrid particle swarm optimization algorithm for satisficing data envelopment analysis under fuzzy chance constraints [J]. Expert Systems with Applications, 2014, 41 (4): 2074 – 2082.

[216] Mingxun Zhu. Implementation of support-vector machine algorithm to develop a model for electronic commerce energy regulatory system [J]. Energy Reports, 2021 (7): 2703 – 2710.

[217] Min-Yuan Cheng, Nhat-Duc Hoang, Andreas F. V. Roy, Yu-Wei Wu. A novel time-depended evolutionary fuzzy SVM inference model for estimating construction project at completion [J]. Engineering Applications of Artificial Intelligence, 2012, 25 (4): 744 – 752.

[218] Mir Saber Salehi Mir, Javad Rezaeian. A robust hybrid approach based on particle swarm optimization and genetic algorithm to minimize the total machine load on unrelated parallel machines [J]. Applied Soft Computing, 2016 (41): 488 – 504.

[219] Mohammad A. Abido, Ashraf Elazouni. Modified multi-objective evolutionary programming algorithm for solving project scheduling problems [J]. Expert Systems with Applications, 2021, Vol. 183.

[220] Mohammad Najjarpour, Hossein Jalalifar, Saeid Norouzi-Apourvari. Half a century experience in rate of penetration management: Application of machine learning methods and optimization algorithms-A review [J]. Journal of Petroleum Science and Engineering, 2022, Vol. 208, Part D.

[221] Momina Ahmad, Muhammad Zeeshan. Multi-objective optimization of concentrated solar power plants from an energy-water-environment nexus perspective under distinct climatic conditions-Part A: Techno-economic analysis [J]. Journal of Cleaner Production, 2022, Vol. 375.

[222] Mostafa Jamalipour, Reza Sayareh, Morteza Gharib, Farrokh Khoshahval, Mahmood Reza Karimi. Quantum behaved Particle Swarm Optimization with Differential Mutation operator applied to WWER – 1000 in-core fuel management optimization [J]. Annals of Nuclear Energy, 2013, 54 (4): 134 – 140.

[223] M. Rabbani, S. M. T. Fatemi Ghomi, F. Jolai, N. S. Lahiji. A new heuristic for resource-constrained project scheduling in stochastic networks using critical chain concept [J]. European Journal of Operational Research, 2007, 176 (2): 794 – 808.

［224］ M. Vidyasagar. Randomized algorithms for robust controller synthesis using statistical learning theory ［J］. Automatica, 2001, 37 (10): 1515 –1528.

［225］ Naihui He, David Z. Zhang, Baris Yuce. Integrated multi-project planning and schedulingamultiagent approach ［J］. European Journal of Operational Research, 2022, 302 (2): 688 –699.

［226］ Na Tian, Jun Sun, Wenbo Xu, Choi-Hong Lai. Estimation of unknown heat source function in inverse heat conduction problems using quantum-behaved particle swarm optimization ［J］. International Journal of Heat and Mass Transfer, 2011, 54 (8): 4110 –4116.

［227］ Nazirah Zainul Abidin, Nurul Zahirah Mokhtar Azizi. Soft cost elements: Exploring management components of project costs in green building projects ［J］. Environmental Impact Assessment Review, 2021, Vol. 87.

［228］ Nembhard D. A. Heuristic approach for assigning workers to tasks based on individual learning rates ［J］. International Journal of Production Research, 2001, 39 (9): 1955 –1968.

［229］ Nguyen Thi Thu Thao, Son LeThanh, Hans Schnitzer, Nguyen Viet Thang, Le ThanhHai. Development of decision support framework for optimizing resource recovery from a household-scale integrated agri-aquaculture system in the Mekong Delta, Vietnam ［J］. Journal of Cleaner Production, 2022, Vol. 379.

［230］ Nithin V. George, Ganapati Panda. A robust evolutionary feedforward active noise control system using Wilcoxon norm and particle swarm optimization algorithm ［J］. Expert Systems with Applications, 2012, 39 (8): 7574 –7580.

［231］ Noemie Balouka, Izack Cohen. A robust optimization approach for the multi-mode resource-constrained project scheduling problem ［J］. European Journal of Operational Research, 2021, 291 (2): 457 –470.

［232］ Oya I. Tukel, Walter O. Rom, Sandra Duni Eksioglu. An investigation of buffer sizing techniques in critical chain scheduling ［J］. European Journal of Operational Research, 2006, 172 (2): 401 –416.

［233］ Parviz Ghoddousi, Ehsan Eshtehardian, Shirin Jooybanpour, Ashtad Javanmardi. Multi-mode resource-constrained discrete time-cost-resource optimization in project scheduling using non-dominated sorting genetic algorithm ［J］. Automation in Construction, 2013, 30 (3): 216 –227.

［234］ Paweł B. Myszkowski, Łukasz P. Olech, Maciej Laszczyk, Marek E.

Skowroński. Hybrid Differential Evolution and Greedy Algorithm (DEGR) for solving multi-skill resource-constrained project scheduling problem [J]. Applied Soft Computing, 2018 (62): 1 – 14.

[235] P. Ballesteros-Pérez, Ma. C. González-Cruz, M. Fernández-Diego. Human resource allocation management in multiple projects using sociometric techniques [J]. International Journal of Project Management, 2012, 30 (8): 901 – 913.

[236] Pierre-Antoine Morin, Christian Artigues, Alain Haït, TamásKis, Frits C. R. Spieksma. A project scheduling problem with periodically aggregated resource-constraints [J]. Computers & Operations Research, 2022, Vol. 141.

[237] Pietro De Marinis, Guido Sali. Participatory analytic hierarchy process for resource allocation in agricultural development projects [J]. Evaluation and Program Planning, 2020, Vol. 80.

[238] P. Milička, P. Šůcha, M. Vanhoucke, B. Maenhout. The bilevel optimisation of a multi-agent project scheduling and staffing problem [J]. European Journal of Operational Research, 2022, 296 (1): 72 – 86.

[239] Pratibha Singh, Santanu Chaudhury, Bijaya Ketan Panigrahi. Hybrid MPSO-CNN: Multi-level particle swarm optimized hyperparameters of convolutional neural network [J]. Swarm and Evolutionary Computation, 2021, Vol. 63.

[240] Pritskera A. B, Watters L. J. , Wolfe P. M. Multiproject scheduling with limited resource: A zero-one programming approach [J]. Management Science. 1969, 16 (1): 93 – 108.

[241] Qinghua Gu, Qian Wang, Xuexian Li, Xinhong Li. A surrogate-assisted multi-objective particle swarm optimization of expensive constrained combinatorial optimization problems [J]. Knowledge-Based Systems, 2021, Vol. 223.

[242] Qun Niu, Taijin Zhou, Minrui Fei, Bing Wang. An efficient quantum immune algorithm to minimize mean flow time for hybrid flow shop problems [J]. Mathematics and Computers in Simulation, 2012, 84 (10): 1 – 25.

[243] Radu Ioan Boţ, Nicole Lorenz. Optimization problems in statistical learning: Duality and optimality conditions [J]. European Journal of Operational Research, 2011, 213 (2): 395 – 404.

[244] Richard Iorio, Nicholas Biadasz, Nancy Giunta, Antonia F. Chen, Thomas A. Einhorn, Raj Karia. A digital platform for the self-management of Knee Arthritis: My Arthritis Rx. com [J]. Orthopedic Clinics of North America, 2023, 54

（1）：1 - 6.

［245］R. Knosala, T. Wal. A production scheduling problem using genetic algorithm ［J］. Journal of Materials Processing Technology, 2001, 109 （1）: 90 - 95.

［246］Roberto Farias de Toledo, H. L. Miranda Junior, J. R. Farias Filho, Helder Gomes Costa. Ascientometric review of global research on sustainability and project management data set ［J］. DatainBrief, 2019, Vol. 25.

［247］Rob Van Eynde, Mario Vanhoucke. New summary measures and datasets for the multi-project scheduling problem ［J］. European Journal of Operational Research, 2021, 299 （3）: 853 - 868.

［248］Ruey - Maw Chen. Particle swarm optimization with justification and designed mechanisms for resource-constrained project scheduling problem ［J］. Expert Systems with Applications, 2011, 38 （2）: 7102 - 7111.

［249］Saber Elsayed, Ruhul Sarker, Tapabrata Ray, Carlos Coello Coello. Consolidated optimization algorithm for resource-constrained project scheduling problems ［J］. Information Sciences, 2017 （418/419）: 346 - 362.

［250］Santosh Bhattarai, Mihalis M. Golias, Sabyasachee Mishra, Ahmadreza Talebian. Multidimensional resource allocation for freight transportation project planning and decision making ［J］. Transportation Research Part A: Policy and Practice, 2020, 137 （4）: 95 - 110.

［251］Sebastian Toukola, Tuomas Ahola. Digital tools for stakeholder participation in urban development projects ［J］. Project Leadership and Society, 2022, Vol. 3.

［252］Sen Liu, Felix T. S. Chan, Wenxue Ran. Multi-attribute group decision-making with multi-granularity linguistic assessment information: An improved approach based on deviation and TOPSIS ［J］. Applied Mathematical Modelling, 2013, 37 （12）: 10129 - 10140.

［253］Seyed Ali Mirjalili, Siti Zaiton Mohd Hashim, Hossein Moradian Sardroudi. Training feedforward neural networks using hybrid particle swarm optimization and gravitational search algorithm ［J］. Applied Mathematics and Computation, 2012, 218 （22）: 11125 - 11137.

［254］Seyedmohammad Ebrahimi Saryazdi, Alireza Etemad, Ali Shafaat, Ammar M. Bahman. Data-driven performance analysis of a residential building applying artificial neural network （ANN） and multi-objective genetic algorithm （GA） ［J］. Building and Environment, 2022, Vol. 225.

［255］ Shanlin Yang, Lei Fu. Critical chain and evidence reasoning applied to multi-project resource schedule in automobile R&D process ［J］. International Journal of Project Management, 2014, 32（1）: 166 – 177.

［256］ Shuping Wan, Jiuying Dong. A possibility degree method for interval-valued intuitionistic fuzzy multi-attribute group decision making ［J］. Journal of Computer and System Sciences, 2014, 80（1）: 237 – 256.

［257］ Shu-Ping Wan, Qiang-Ying Wang, Jiu-Ying Dong. The extended VIKOR method for multi-attribute group decision making with triangular intuitionistic fuzzy numbers ［J］. Knowledge-Based Systems, 2013, 52（11）: 65 – 77.

［258］ S. M. Abd-Elazim, E. S. Ali. A hybrid particle swarm optimization and bacterial foraging for optimal power system stabilizers design ［J］. International Journal of Electrical Power & Energy Systems, 2013, 46（3）: 334 – 341.

［259］ S. M. T. Fatemi Ghomi, B Ashjari. A simulation model for multi-project resource allocation ［J］. International Journal of Project Management, 2002, 20（2）: 127 – 130.

［260］ Sönke Hartmann, Dirk Briskorn. An updated survey of variants and extensions of the resource-constrained project scheduling problem ［J］. European Journal of Operational Research, 2022, 297（1）: 1 – 14.

［261］ Songfeng Lu, Chengfu Sun, Zhengding Lu. An improved quantum-behaved particle swarm optimization method for short-term combined economic emission hydrothermal scheduling ［J］. Energy Conversion and Management, 2010, 51（3）: 561 – 571.

［262］ Song Zhao, Zhe Xu. New closed-loop approximate dynamic programming for solving stochastic decentralized multi-project scheduling problem with resource transfers ［J］. Expert Systems with Applications, 2021, Vol. 185.

［263］ Sunil Adhau, M. L. Mittal, Abhinav Mittal. A multi-agent system for decentralized multi-project scheduling with resource transfers ［J］. International Journal of Production Economics, 2013, 146（2）: 646 – 661.

［264］ Sunil Kumar Sharma. A novel approach on water resource management with multi-criteria optimization and intelligent water demand forecasting in Saudi Arabia ［J］. Environmental Research, 2022, Vol. 208.

［265］ S. Y. S. Leung, Yang Tang, W. K. Wong. A hybrid particle swarm optimization and its application in neural networks ［J］. Expert Systems with Applications,

2012, 39（1）: 395 –405.

［266］Taher Niknam, Hasan Doagou Mojarrad, Hamed Zeinoddini Meymand. A novel hybrid particle swarm optimization for economic dispatch with valve-point loading effects［J］. Energy Conversion and Management, 2011, 52（4）: 1800 –1809.

［267］Takafumi Kanamori. Statistical models and learning algorithms for ordinal regression problems［J］. Information Fusion, 2013, 14（2）: 199 –207.

［268］Tao Zhou, Qiang Long, Kris M. Y. Law, Changzhi Wu. Multi-objective stochastic project scheduling with alternative execution methods: An improved quantum-behaved particle swarm optimization approach［J］. Expert Systems with Applications, 2022, Vol. 203.

［269］Teemu Laine, Tuomas Korhonen, Petri Suomala. The dynamics of repairing multi-project control practice: A project governance viewpoint［J］. International Journal of Project Management, 2020, 38（7）: 405 –418.

［270］Thomas S. Kyriakidis, Georgios M. Kopanos, Michael C. Georgiadis. MILP formulations for single-and multi-mode resource-constrained project scheduling problems［J］. Computers & Chemical Engineering, 2012, 36（10）: 369 –385.

［271］Tommy Messelis, Patrick De Causmaecker. An automatic algorithm selection approach for the multi-mode resource-constrained project scheduling problem［J］. European Journal of Operational Research, 2014, 233（3）: 511 –528.

［272］Tuli Bakshi, Bijan Sarkar, Subir K. Sanyal. An evolutionary algorithm for multi-criteria resource constrained project scheduling problem based on PSO［J］. Procedia Technology, 2012, 70（6）: 231 –238.

［273］Turner, J. R. Handbook of project-based management: improving the processes for achieving strategic objectives［M］. London: McGraw-Hill, 1999.

［274］Tyson R. Browning, Ali A. Yassine. Resource-constrained multi-project scheduling: Priority rule performance revisited［J］. International Journal of Production Economics, 2010, 126（2）: 212 –228.

［275］Vahid Hosseinnezhad, Mansour Rafiee, Mohammad Ahmadian, Mohammad Taghi Ameli. Species-based quantum particle swarm optimization for economic load dispatch［J］. International Journal of Electrical Power & Energy Systems, 2014, 63（12）: 311 –322.

［276］Viana A., Sousa J. P. Using metaheuristics in multiobjective resource constrained project scheduling［J］. European Journal of Operational Research, 2000, 120

(5): 359 – 374.

[277] Vincent Van Peteghem, Mario Vanhoucke. An experimental investigation of metaheuristics for the multi-mode resource-constrained project scheduling problem on new dataset instances [J]. European Journal of Operational Research, 2014, 235 (1): 62 – 72.

[278] Wang Guo-yin, Hu Feng, Huang Hai, Wu Yu. A granular computing model based on tolerance relation [J]. The Journal of China Universities of Posts and Telecommunications. 2005, 12 (31): 86 – 90.

[279] Wang Ji-Bo, Wang Dan, Wang Li-Yan, Lin Lin, Yin Na, Wang Wei-Wei. Single machine scheduling with exponential time-dependent learning effect and past-sequence-depen-dent setup times [J]. Computers and Mathematics with Applications, 2009, 57 (8): 9 – 16.

[280] Wang Xiao-hua, Zhang Yong-mei. Multi-objective reactive power optimization based on the fuzzy adaptive particle swarm algorithm [J]. Procedia Engineering, 2011, 16 (1): 230 – 238.

[281] Wei-Chang Yeh, Peng-Jen Lai, Wen-Chiung Lee, Mei-Chi Chuang. Parallel-machine scheduling to minimize makespan with fuzzy processing times and learning effects [J]. Information Sciences, 2014, 269 (10): 142 – 158.

[382] Weikang Guo, Mario Vanhoucke, José Coelho. A prediction model for ranking branch-and-bound procedures for the resource-constrained project scheduling problem [J]. European Journal of Operational Research, 2023, 306 (2): 579 – 595.

[283] Wei-xin Wang, Xu Wang, Xian-long Ge, Lei Deng. Multi-objective optimization model for multi-project scheduling on critical chain [J]. Advances in Engineering Software, 2014, 68 (2): 33 – 39.

[284] Weize Wang, Xinwang Liu. An extended LINMAP method for multi-attribute group decision making under interval-valued intuitionistic fuzzy environment [J]. Procedia Computer Science, 2013, 17 (1): 490 – 497.

[285] Weize Wang, Xinwang Liu. The multi-attribute decision making method based on interval-valued intuitionistic fuzzy Einstein hybrid weighted geometric operator [J]. Computers & Mathematics with Applications, 2013, 66 (10): 1845 – 1856.

[386] Welmoed Barendsen, Anja C. Muß, Gilbert Silvius. Exploring team members' perceptions of internal sustainability communication in sustainable project

management [J]. Project Leadership and Society, 2021, Vol. 2.

[287] Wenxing Xu, Zhiqiang Geng, Qunxiong Zhu, Xiangbai Gu. A piecewise linear chaotic map and sequential quadratic programming based robust hybrid particle swarm optimization [J]. Information Sciences, 2013, 218 (1): 85 – 102.

[288] Witold Pedrycz. Allocation of information granularity in optimization and decision-making models: Towards building the foundations of granular computing [J]. European Journal of Operational Research, 2014, 232 (1): 137 – 145.

[289] Wu Chin-Chia, Lee Wen-Chiung. Single-machine and flowshop scheduling with a general learning effect model [J]. Computers & Industrial Engineering, 2009, 56 (10): 1553 – 1558.

[290] Xianyong Zhang, Duoqian Miao. Two basic double-quantitative rough set models of precision and grade and their investigation using granular computing [J]. International Journal of Approximate Reasoning, 2013, 54 (8): 1130 – 1148.

[291] Xiaohong Han, Long Quan, Xiaoyan Xiong, Bing Wu. Facing the classification of binary problems with a hybrid system based on quantum-inspired binary gravitational search algorithm and K-NN method [J]. Engineering Applications of Artificial Intelligence, 2013, 26 (10): 2424 – 2430.

[292] Xiaolu Zhang, Zeshui Xu. Interval programming method for hesitant fuzzy multi-attribute group decision making with incomplete preference over alternatives [J]. Computers & Industrial Engineering, 2014, 75 (9): 217 – 229.

[293] Xiaoning Shen, Yinan Guo, Aimin Li. Cooperative coevolution with an improved resource allocation for large-scale multi-objective software project scheduling [J]. Applied Soft Computing, 2020, Vol. 88.

[294] Xiaoyu Xu, QiongYue, Hui Wu, Shanshan Guo, Chenglong Zhang, Ping Guo. Coupling optimization of irrigation and fertilizer for synergic development of economy-resource-environment: A generalized inexact quadratic multi-objective programming [J]. Journal of Cleaner Production, 2022, Vol. 361.

[295] Xin Yang, Tianrui Li, Dun Liu, Hamido Fujita. A multilevel neighborhood sequential decision approach of three-way granular computing [J]. Information Sciences, 2020 (538): 119 – 141.

[296] Xin Yang, Yingying Zhang, Hamido Fujita, Dun Liu, Tianrui Li. Local temporal-spatial multi-granularity learning for sequential three-way granular computing [J]. Information Sciences, 2020 (541): 75 – 97.

［297］Xue-mei Xie, Guang Yang, Chuang Lin. Software development projects IRSE buffer settings and simulation based on critical chain ［J］. The Journal of China Universities of Posts and Telecommunications, 2010, 17（7）: 100 – 106.

［298］Yahui Zhang, Xiaofeng Hu, Xianfeng Cao, Chuanxun Wu. An efficient hybrid integer and categorical particle swarm optimization algorithm for the multi-mode multi-project inverse scheduling problem in turbine assembly workshop ［J］. Computers & Industrial Engineering, 2022, Vol. 169.

［299］Yinghui Song, Junwu Wang, Jiequn Lu, Xiang Si. Research on collaborative scheduling of multiple projects of prefabricated building based on the niche genetic-raccoon family optimization algorithm ［J］. Alexandria Engineering Journal, 2023（64）: 1015 – 1033.

［300］Ying Liu, Jing Zhou, Andrew Lim, Qian Hu. A tree search heuristic for the resource constrained project scheduling problem with transfer times ［J］. European Journal of Operational Research, 2023, 304（3）: 939 – 951.

［301］Yining Yu, ZheXu, Dongning Liu, Song Zhao. A two-stage approach with softmax scoring mechanism for a multi-project scheduling problem sharing multi-skilled staff ［J］. Expert Systems with Applications, 2022, Vol. 203.

［302］Yin Yunqiang, Xu Dehua, Sun Kaibiao, Li Hongxing. Some scheduling problems with general position-dependent and time-dependent learning effects ［J］. Information Sciences, 2009, 179（8）: 2416 – 2425.

［303］Yisong Yuan, Sudong Ye, Lin Lin, Mitsuo Gen. Multi-objective multi-mode resource-constrained project scheduling with fuzzy activity durations in prefabricated building construction ［J］. Computers & Industrial Engineering, 2021, Vol. 158.

［304］Yiyang Qiao, Fan Hu, Wen Xiong, Zihao Guo, Xiaoguang Zhou, Yajun Li. Multi-objective optimization of integrated energy system considering installation configuration ［J］. Energy, 2023, Vol. 263, Part C.

［305］Yongyi Shou, Ying Li, Changtao Lai. Hybrid particle swarm optimization for preemptive resource-constrained project scheduling ［J］. Neurocomputing, 2015（148）: 122 – 128.

［306］You-Min Jau, Kuo-Lan Su, Chia-Ju Wu, Jin-Tsong Jeng. Modified quantum-behaved particle swarm optimization for parameters estimation of generalized nonlinear multi-regressions model based on Choquet integral with outliers ［J］. Applied Mathematics and Computation, 2013, 221（9）: 282 – 295.

［307］Yuan Tian, Tifan Xiong, Zhenyuan Liu, Yi Mei, Li Wan. Multi-objective multi-skill resource-constrained project scheduling problem with skill switches: Model and evolutionary approaches ［J］. Computers & Industrial Engineering, 2022, Vol. 167.

［308］Yuan-Yuan Lu, Cai-Min Wei, Ji-Bo Wang. Several single-machine scheduling problems with general learning effects ［J］. Applied Mathematical Modelling, 2012, 36（11）: 5650 –5656.

［309］Yue Pan, Limao Zhang. A BIM-data mining integrated digital twin framework for advanced project management ［J］. Automation in Construction, 2021, Vol. 124.

［310］Yufei Zhuang, Haibin Huang. Time-optimal trajectory planning for underactuated spacecraft using a hybrid particle swarm optimization algorithm ［J］. Acta Astronautica, 2014, 94（2）: 690 –698.

［311］Yujie Liu, Wei Han, Xichao Su, Rongwei Cui. Optimization, of fixed aviation support resource station configuration for aircraft carrier based on aircraft dispatch mission scheduling ［J］. Chinese Journal of Aeronautics, 2023（2）: 127 –138.

［312］Yukun Xing, Shuting Chen, Bi Wu, Xuening Song, Zhengyu Jin. Multi-objective optimized pre-collection of sewage resources by sustainable enhanced coagulation process ［J］. Journal of Water Process Engineering, 2022, Vol. 47.

［313］Yu Qian Ang, Allison Polly, Aparna Kulkarni, Gloria Bahl Chambi, Matthew Hernandez, Maha N. Haji. Multi-objective optimization of hybrid renewable energy systems with urban building energy modeling for a prototypical coastal community ［J］. Renewable Energy, 2022, 201（1）: 72 –84.

［314］Zeshui Xu, Xiaolu Zhang. Hesitant fuzzy multi-attribute decision making based on TOPSIS with incomplete weight information ［J］. Knowledge-Based Systems, 2013, 52（11）: 53 –64.

［315］Zhang Zhisheng. Quantum-behaved particle swarm optimization algorithm for economic load dispatch of power system ［J］. Expert Systems with Applications, 2010, 37（2）: 1800 –1803.

［316］Zhenchen Wang, Yun Yang, Jianfeng Wu, Xiaomin Sun, Jin Lin, Jichun Wu. Multi-objective optimization of the coastal groundwater abstraction for striking the balance among conflicts of resource-environment-economy in Longkou City, China ［J］. Water Research, 2022, Vol. 211.

［317］ Zhengming Hua, Zhenyuan Liu, Lijing Yang, Liu Yang. Improved genetic algorithm based on time windows decomposition for solving resource-constrained project scheduling problem ［J］. Automation in Construction, 2022, Vol. 142.

［318］ Zhiqiang Ma, Weibo Zheng, Zhengwen He, Nengmin Wang, Xuejun Hu. A genetic algorithm for proactive project scheduling with resource transfer times ［J］. Computers & Industrial Engineering, 2022, Vol. 174.

［319］ Zhongyi Jiang, Fangfang Chen, Huiyan Kang. Single-machine scheduling problems with actual time-dependent and job-dependent learning effect ［J］. European Journal of Operational Research, 2013, 227 （1）: 76 – 80.

［320］ Zhoujing Wang, Kevin W. Li, Jianhui Xu. A mathematical programming approach to multi-attribute decision making with interval-valued intuitionistic fuzzy assessment information ［J］. Expert Systems with Applications, 2011, 38 （10）: 12462 – 12469.

［321］ Zohar Laslo, Albert I. Goldberg. Resource allocation under uncertainty in a multi-project matrix environment: Is organizational conflict inevitable? ［J］. International Journal of Project Management, 2008, 26 （8）: 773 – 788.

附录 A MP_j90 相关参数的实验结果

MP_j90	JOB	PROJECT	INSTANCE	DATE	G-RE	R1	R2	R3	R4
mp_j90_a10_nr3	90	10	10.00	6.00	2.00	1.34	1.40	1.34	1.34
mp_j90_a10_nr4	90	10	10.00	6.00	3.00	0.54	0.57	0.39	0.54
mp_j90_a10_nr5	90	10	10.00	6.00	1.00	0.60	0.60	1.47	0.60
mp_j90_a2_nr1	90	2	1.00	1.00	2.00	0.26	0.33	0.26	0.26
mp_j90_a2_nr2	90	2	2.00	2.00	1.00	0.98	0.98	0.98	0.98
mp_j90_a2_nr3	90	2	2.00	2.00	2.00	0.59	0.59	0.49	0.59
mp_j90_a2_nr4	90	2	2.00	2.00	3.00	0.42	0.37	0.38	0.42
mp_j90_a2_nr5	90	2	2.00	2.00	1.00	0.37	0.41	0.37	0.37
mp_j90_a20_nr1	90	20	1.00	1.00	2.00	0.62	0.62	0.63	0.62
mp_j90_a20_nr2	90	20	20.00	8.00	1.00	0.33	0.33	0.33	0.33
mp_j90_a20_nr3	90	20	20.00	7.00	2.00	0.53	0.57	0.53	0.53
mp_j90_a20_nr4	90	20	20.00	7.00	3.00	0.94	1.14	0.83	0.94
mp_j90_a20_nr5	90	20	20.00	9.00	1.00	1.59	1.59	1.59	1.59
mp_j90_a5_nr1	90	5	1.00	1.00	2.00	0.57	0.51	0.57	0.57
mp_j90_a5_nr2	90	5	5.00	1.00	1.00	0.32	0.32	0.32	0.32
mp_j90_a5_nr3	90	5	5.00	5.00	2.00	0.49	0.18	0.49	0.49
mp_j90_a5_nr4	90	5	5.00	5.00	3.00	0.63	0.79	0.70	0.63
mp_j90_a5_nr5	90	5	5.00	5.00	1.00	0.69	0.69	0.69	1.34
mp_j90_a10_nr5_AgentCopp1	90	10	10.00	10.00	4.00	3.37	4.65	4.43	4.09
mp_j90_a10_nr5_AgentCopp10	90	10	1.00	1.00	4.00	1.37	1.98	2.47	1.93
mp_j90_a10_nr5_AgentCopp2	90	10	10.00	10.00	4.00	5.56	4.89	4.5	4.33
mp_j90_a10_nr5_AgentCopp3	90	10	10.00	10.00	4.00	1.62	1.51	1.68	1.57
mp_j90_a10_nr5_AgentCopp4	90	10	1.00	10.00	4.00	5.12	4.72	4.74	4.97
mp_j90_a10_nr5_AgentCopp5	90	10	1.00	10.00	4.00	1.29	2.55	3.06	1.92

续表

MP_j90	JOB	PROJECT	INSTANCE	DATE	G－RE	R1	R2	R3	R4
mp_j90_a10_nr5_AgentCopp6	90	10	10.00	1.00	4.00	4.85	6.69	6.37	5.89
mp_j90_a10_nr5_AgentCopp7	90	10	10.00	1.00	4.00	3.83	3.77	3.67	3.98
mp_j90_a10_nr5_AgentCopp8	90	10	10.00	1.00	4.00	1.91	1.91	1.90	2.44
mp_j90_a10_nr5_AgentCopp9	90	10	1.00	1.00	4.00	2.75	2.77	2.86	2.70
mp_j90_a20_nr5_AgentCopp1	90	20	10.00	10.00	4.00	2.95	2.88	3.06	2.82
mp_j90_a20_nr5_AgentCopp10	90	20	1.00	1.00	4.00	3.77	5.04	7.00	4.10
mp_j90_a20_nr5_AgentCopp2	90	20	10.00	10.00	4.00	0.59	0.61	0.61	0.58
mp_j90_a20_nr5_AgentCopp3	90	20	10.00	10.00	4.00	0.81	0.81	0.86	0.88
mp_j90_a20_nr5_AgentCopp4	90	20	1.00	10.00	4.00	2.71	2.49	2.66	2.47
mp_j90_a20_nr5_AgentCopp5	90	20	1.00	10.00	4.00	0.50	0.72	0.95	0.62
mp_j90_a20_nr5_AgentCopp6	90	20	10.00	1.00	4.00	2.12	2.26	2.36	2.25
mp_j90_a20_nr5_AgentCopp7	90	20	10.00	1.00	4.00	2.63	2.58	2.82	2.38
mp_j90_a20_nr5_AgentCopp8	90	20	10.00	1.00	4.00	1.23	1.22	1.29	1.33
mp_j90_a20_nr5_AgentCopp9	90	20	1.00	1.00	4.00	5.30	4.85	5.19	4.78
mp_j90_a2_nr5_AgentCopp1	90	2	2.00	2.00	4.00	1.37	1.59	1.88	1.47
mp_j90_a2_nr5_AgentCopp10	90	2	1.00	1.00	4.00	0.75	1.11	1.43	0.96
mp_j90_a2_nr5_AgentCopp2	90	2	2.00	2.00	4.00	3.16	3.11	3.22	3.15
mp_j90_a2_nr5_AgentCopp3	90	2	2.00	2.00	4.00	1.29	1.56	1.48	1.51
mp_j90_a2_nr5_AgentCopp4	90	2	1.00	2.00	4.00	3.47	3.27	3.43	3.29
mp_j90_a2_nr5_AgentCopp5	90	2	1.00	2.00	4.00	0.33	0.46	0.59	0.40
mp_j90_a2_nr5_AgentCopp6	90	2	2.00	1.00	4.00	1.37	1.59	1.88	1.47
mp_j90_a2_nr5_AgentCopp7	90	2	2.00	1.00	4.00	3.35	3.30	3.41	3.35
mp_j90_a2_nr5_AgentCopp8	90	2	2.00	1.00	4.00	1.31	1.58	1.50	1.53
mp_j90_a2_nr5_AgentCopp9	90	2	1.00	1.00	4.00	3.71	3.49	3.66	3.51
mp_j90_a5_nr5_AgentCopp1	90	5	5.00	5.00	4.00	4.19	4.22	4.52	4.17
mp_j90_a5_nr5_AgentCopp10	90	5	1.00	1.00	4.00	1.88	2.77	3.59	2.41
mp_j90_a5_nr5_AgentCopp2	90	5	5.00	5.00	4.00	4.84	4.99	5.09	5.01
mp_j90_a5_nr5_AgentCopp3	90	5	5.00	5.00	4.00	2.38	2.66	2.24	2.82
mp_j90_a5_nr5_AgentCopp4	90	5	1.00	5.00	4.00	7.30	6.87	7.20	6.91

续表

MP_j90	JOB	PROJECT	INSTANCE	DATE	G – RE	R1	R2	R3	R4
mp_j90_a5_nr5_AgentCopp5	90	5	1.00	5.00	4.00	1.45	2.14	2.76	1.85
mp_j90_a5_nr5_AgentCopp6	90	5	5.00	1.00	4.00	5.13	5.17	5.53	5.11
mp_j90_a5_nr5_AgentCopp7	90	5	5.00	1.00	4.00	5.36	5.53	5.64	5.54
mp_j90_a5_nr5_AgentCopp8	90	5	5.00	1.00	4.00	2.85	3.19	2.68	3.38
mp_j90_a5_nr5_AgentCopp9	90	5	1.00	1.00	4.00	9.27	8.73	9.14	8.78

附录 B MP_j90 工序云参数实验结果

mp_j90_a5	Ex	ΔEx	En	ΔEn	He
j9021_10.1	$-1.3274e-016$	$-1.33E-16$	1.1031	1.1031	$0+0.4657i$
j9021_10.2	$-1.1102e-016$	$2.17E-17$	1.0984	-0.0047	$0+0.4544i$
j9021_10.3	$4.5857e-017$	$1.57E-16$	1.1066	0.0082	$0+0.4740i$
j9021_10.4	$-1.1102e-016$	$-1.57E-16$	1.0984	-0.0082	$0+0.4544i$
j9021_10.5	$1.3757e-016$	$2.49E-16$	1.1016	0.0032	$0+0.4621i$
j9021_10.6	$-3.3789e-017$	$-1.71E-16$	1.1014	-0.0002	$0+0.4615i$
j9021_10.7	$8.9301e-017$	$1.23E-16$	1.0979	-0.0035	$0+0.4531i$
j9021_10.8	$-9.8955e-017$	$-1.88E-16$	1.1005	0.0026	$0+0.4594i$
j9021_10.9	$-4.5857e-017$	$5.31E-17$	1.1035	0.0030	$0+0.4666i$
j9021_10.10	$4.5857e-017$	$9.17E-17$	1.1066	0.0031	$0+0.4740i$
j9021_10.11	$6.5165e-017$	$1.93E-17$	1.1036	-0.0030	$0+0.4667i$
j9021_10.12	$-4.5857e-017$	$-1.11E-16$	1.0986	-0.0050	$0+0.4548i$
j9021_10.13	$2.6549e-017$	$7.24E-17$	1.1009	0.0023	$0+0.4603i$
j9021_10.14	$-4.5857e-017$	$-7.24E-17$	1.1035	0.0026	$0+0.4666i$
j9021_10.15	$-1.1102e-016$	$-6.52E-17$	1.0984	-0.0051	$0+0.4544i$
j9021_10.16	$1.3757e-016$	$2.49E-16$	1.1016	0.0032	$0+0.4621i$
j9021_10.17	$-4.5857e-017$	$-1.83E-16$	1.1035	0.0019	$0+0.4666i$
j9021_10.18	$1.3757e-016$	$1.83E-16$	1.1016	-0.0019	$0+0.4621i$
j9021_10.20	$4.5857e-017$	$-9.17E-17$	1.1066	0.0050	$0+0.4740i$
j9021_10.21	$-1.1102e-016$	$-1.57E-16$	1.0984	-0.0082	$0+0.4544i$
j9021_10.22	$-4.5857e-017$	$6.52E-17$	1.1035	0.0051	$0+0.4666i$
j9021_10.23	$-1.1102e-016$	$-6.52E-17$	1.0984	-0.0051	$0+0.4544i$
j9021_10.24	$-3.3789e-017$	$7.72E-17$	1.1014	0.0030	$0+0.4615i$
j9021_10.25	$6.0338e-017$	$9.41E-17$	1.0979	-0.0035	$0+0.4531i$

续表

mp_j90_a5	Ex	ΔEx	En	ΔEn	He
j9021_10. 26	$-3.3789e-017$	$-9.41E-17$	1.1014	0.0035	$0+0.4615i$
j9021_10. 27	$2.6549e-017$	$6.03E-17$	1.1009	-0.0005	$0+0.4603i$
j9021_10. 28	$4.5857e-017$	$1.93E-17$	1.1066	0.0057	$0+0.4740i$
j9021_10. 29	$-4.5857e-017$	$-9.17E-17$	1.0986	-0.0080	$0+0.4548i$
j9021_10. 30	$1.3757e-016$	$1.83E-16$	1.1016	0.0030	$0+0.4621i$
j9021_10. 31	$6.9992e-017$	$-6.76E-17$	1.0979	-0.0037	$0+0.4531i$
j9021_10. 32	$6.9992e-017$	$0.00E+00$	1.0979	0.0000	$0+0.4531i$
j9021_10. 33	$-4.3444e-017$	$-1.13E-16$	1.1014	0.0035	$0+0.4615i$
j9021_10. 34	$-4.3444e-017$	$0.00E+00$	1.1014	0.0000	$0+0.4615i$
j9021_10. 35	$-4.3444e-017$	$0.00E+00$	1.1014	0.0000	$0+0.4615i$
j9021_10. 36	$6.9992e-017$	$1.13E-16$	1.0979	-0.0035	$0+0.4531i$
j9021_10. 37	$5.5511e-017$	$-1.45E-17$	1.1066	0.0087	$0+0.4740i$
j9021_10. 38	$7.2406e-018$	$-4.83E-17$	1.1009	-0.0057	$0+0.4603i$
j9021_10. 39	$-4.5857e-017$	$-5.31E-17$	1.0986	-0.0023	$0+0.4548i$
j9021_10. 40	$6.9992e-017$	$1.16E-16$	1.0979	-0.0007	$0+0.4531i$
j9021_10. 41	$1.3757e-016$	$6.76E-17$	1.1016	0.0037	$0+0.4621i$
j9021_10. 42	$1.3757e-016$	$0.00E+00$	1.1016	0.0000	$0+0.4621i$
j9021_10. 43	$6.0338e-017$	$-7.72E-17$	1.0979	-0.0037	$0+0.4531i$
j9021_10. 44	$-4.3444e-017$	$-1.04E-16$	1.1014	0.0035	$0+0.4615i$
j9021_10. 45	$6.5165e-017$	$1.09E-16$	1.1036	0.0022	$0+0.4667i$
j9021_10. 46	$-4.5857e-017$	$-1.11E-16$	1.0986	-0.0050	$0+0.4548i$
j9021_10. 47	$-4.5857e-017$	$0.00E+00$	1.1035	0.0049	$0+0.4666i$
j9021_10. 48	$-1.1102e-016$	$-6.52E-17$	1.0984	-0.0051	$0+0.4544i$
j9021_10. 49	$-1.1102e-016$	$0.00E+00$	1.0984	0.0000	$0+0.4544i$
j9021_10. 50	$1.3757e-016$	$2.49E-16$	1.1016	0.0032	$0+0.4621i$
j9021_10. 51	$-4.5857e-017$	$-1.83E-16$	1.1035	0.0019	$0+0.4666i$
j9021_10. 52	$-1.1102e-016$	$-6.52E-17$	1.0984	-0.0051	$0+0.4544i$
j9021_10. 53	$-8.9301e-017$	$2.17E-17$	1.1005	0.0021	$0+0.4594i$
j9021_10. 54	$1.1826e-016$	$2.08E-16$	1.1016	0.0011	$0+0.4621i$

续表

mp_j90_a5	Ex	ΔEx	En	ΔEn	He
j9021_10. 55	$-6.5165e-017$	$-1.83E-16$	1.0986	-0.0030	$0+0.4548i$
j9021_10. 56	$-3.3789e-017$	$3.14E-17$	1.1014	0.0028	$0+0.4615i$
j9021_10. 57	$7.2406e-018$	$4.10E-17$	1.1009	-0.0005	$0+0.4603i$
j9021_10. 58	$-3.3789e-017$	$-4.10E-17$	1.1014	0.0005	$0+0.4615i$
j9021_10. 59	$4.5857e-017$	$7.96E-17$	1.1036	0.0022	$0+0.4667i$
j9021_10. 60	$-3.3789e-017$	$-7.96E-17$	1.1014	-0.0022	$0+0.4615i$
j9021_10. 61	$-1.1102e-016$	$-7.72E-17$	1.0984	-0.0030	$0+0.4544i$
j9021_10. 62	$7.2406e-018$	$1.18E-16$	1.1009	0.0025	$0+0.4603i$
j9021_10. 63	$-4.5857e-017$	$-5.31E-17$	1.1035	0.0026	$0+0.4666i$
j9021_10. 64	$1.3757e-016$	$1.83E-16$	1.1016	-0.0019	$0+0.4621i$
j9021_10. 65	$-6.5165e-017$	$-2.03E-16$	1.0986	-0.0030	$0+0.4548i$
j9021_10. 66	$-3.3789e-017$	$3.14E-17$	1.1014	0.0028	$0+0.4615i$
j9021_10. 67	$-4.5857e-017$	$-1.21E-17$	1.1035	0.0021	$0+0.4666i$
j9021_10. 68	$-6.5165e-017$	$-1.93E-17$	1.0986	-0.0049	$0+0.4548i$
j9021_10. 69	$-8.9301e-017$	$-2.41E-17$	1.1005	0.0019	$0+0.4594i$
j9021_10. 70	$5.5511e-017$	$1.45E-16$	1.1066	0.0061	$0+0.4740i$
j9021_10. 71	$5.5511e-017$	$0.00E+00$	1.1066	0.0000	$0+0.4740i$
j9021_10. 72	$-7.9646e-017$	$-1.35E-16$	1.1005	-0.0061	$0+0.4594i$
j9021_10. 73	$-7.9646e-017$	$0.00E+00$	1.1005	0.0000	$0+0.4594i$
j9021_10. 74	$-9.6541e-017$	$-1.69E-17$	1.0984	-0.0021	$0+0.4544i$
j9021_10. 75	$-6.5165e-017$	$3.14E-17$	1.0986	0.0002	$0+0.4548i$
j9021_10. 76	$-8.9301e-017$	$-2.41E-17$	1.1005	0.0019	$0+0.4594i$
j9021_10. 77	$-8.9301e-017$	$0.00E+00$	1.1005	0.0000	$0+0.4594i$
j9021_10. 78	$-9.6541e-017$	$-7.24E-18$	1.0984	-0.0021	$0+0.4544i$
j9021_10. 79	$4.5857e-017$	$1.42E-16$	1.1036	0.0052	$0+0.4667i$
j9021_10. 80	$4.5857e-017$	$0.00E+00$	1.1036	0.0000	$0+0.4667i$
j9021_10. 81	$1.3757e-016$	$9.17E-17$	1.1016	-0.0020	$0+0.4621i$
j9021_10. 82	$-6.5165e-017$	$-2.03E-16$	1.0986	-0.0030	$0+0.4548i$
j9021_10. 83	$7.2406e-018$	$7.24E-17$	1.1009	0.0023	$0+0.4603i$

mp_j90_a5	Ex	ΔEx	En	ΔEn	He
j9021_10.84	$-2.8962e-017$	$-3.62E-17$	1.1014	0.0005	$0+0.4615i$
j9021_10.85	$-2.8962e-017$	$0.00E+00$	1.1014	0.0000	$0+0.4615i$
j9021_10.86	$1.4240e-016$	$1.71E-16$	1.1016	0.0002	$0+0.4621i$
j9021_10.87	$-3.1376e-017$	$-1.74E-16$	1.1014	-0.0002	$0+0.4615i$
j9021_10.88	$-8.4473e-017$	$-5.31E-17$	1.1005	-0.0009	$0+0.4594i$
j9021_10.89	$1.0620e-016$	$1.91E-16$	1.0979	-0.0026	$0+0.4531i$
j9021_10.90	$-1.3274e-016$	$-2.39E-16$	1.1031	0.0052	$0+0.4657i$